同济大学本科教材出版基金资助

国际经济法概论

主编 师 华 副主编 温树英

同济大学出版社
TONGJI UNIVERSITY PRESS

内容提要

本书是根据教育部关于高等院校法学专业国际经济法学的教学基本要求编写而成的。全书共十一章，内容包括：国际经济法导论，国际货物买卖法，国际货物运输与保险，国际贸易的支付方式，国际技术贸易法，国际服务贸易法，调整和管制国际贸易的法律制度，国际投资法律制度，国际货币金融法，国际税法，国际商事仲裁。每章开篇有主要内容及重点的介绍，章末附有思考题，体系完备，方便教学。

本书可作为普通高等教育本科法学专业课程的教材使用。

图书在版编目(CIP)数据

国际经济法概论 / 师华主编. -- 上海：同济大学出版社，2022.3

ISBN 978-7-5765-0189-6

Ⅰ.①国… Ⅱ.①师… Ⅲ.①国际经济法—高等学校—教材 Ⅳ.①D996

中国版本图书馆 CIP 数据核字(2022)第 043789 号

国际经济法概论

主编 师　华　　**副主编** 温树英

责任编辑 陈佳蔚　**责任校对** 徐逢乔　**封面设计** 陈益平

出版发行 同济大学出版社　www.tongjipress.com.cn
(地址:上海市四平路 1239 号　邮编:200092　电话:021-65985622)
经　销 全国各地新华书店
制　作 南京月叶图文制作有限公司
印　刷 常熟市大宏印刷有限公司
开　本 787 mm×1092 mm　1/16
印　张 12.5
字　数 312 000
版　次 2022 年 3 月第 1 版　2022 年 3 月第 1 次印刷
书　号 ISBN 978-7-5765-0189-6

定　价 49.00 元

前　言

本书的编写正值党中央召开全面依法治国工作会议之后，会议首次提出并系统阐述了习近平法治思想，不仅具有十分重大的理论和实践意义，而且具有非常深刻的政治和法治价值。“习近平法治思想”的核心要义之一，就是坚持统筹推进国内法治和涉外法治，是建设法治强国的必然要求。法治兴则国兴，法治强则国强。面对世界百年未有之大变局，必须统筹推进国内法治发展和涉外法治建设，积极参与全球治理体系改革和建设，加强国际法运用，维护以联合国为核心的国际体系和以国际法为基础的国际秩序，共同应对全球性挑战。中国走向世界，以负责任大国形象参与国际事务，必须善于运用法治，加强国际法治合作，推动全球治理体系变革，构建人类命运共同体。

本书在编写过程中，在对外贸易的国内法制、资本输入国法制以及资本输出国法制等很多部分都阐述了改革开放、特别是加入 WTO 后中国涉外法制的发展变化。《中华人民共和国对外贸易法》《中华人民共和国外商投资法》以及“一带一路”倡议下中国海外投资等法律制度的新变化，体现了国际法与国内法的紧密联系以及中国涉外法治与国际法治的结合，它们相辅相成共同推进全球法治体系的发展与改革。

本书是根据教育部关于高等院校法学专业国际经济法学的教学基本要求编写而成的。全书共十一章，简明、系统地阐述了国际经济法的核心问题，是在吸收国内有关教材的成果、资料，结合编者教学经验的基础上撰写的。内容包括：国际经济法导论，国际货物买卖法，国际货物运输与保险，国际贸易的支付方式，国际技术贸易法，国际服务贸易法，调整和管制国际贸易的法律制度，国际投资法律制度，国际货币金融法，国际税法，国际商事仲裁。每章开篇有主要内容及重点的介绍，章末附有思考题，可作为普通高等教育本科法学专业课程的教材使用。

本书由师华（现为同济大学法学院教授）任主编，温树英（现为山西大学法学院教授）任副主编，第一章由朱国华（现为同济大学法学院教授）撰写、师华修订，第二、三、四、五、七、八章由师华撰写、修订，第六章由范铭超（现为上海仲裁委员会常务副主任)撰写、师华修订,第九章由温树英撰写、修订,第十章由何艳梅(现为上海政法大学经济法学院教授)撰写、温树英修订,第十一章由王艳冰(现为上海政法大学国际法学院副教授)撰写、温树英修订。全书由师华拟订大纲、统稿、定稿。

本书在编写过程中,吸收了国内有关教材的成果,在此向原作者深表谢意,并感谢同济大学出版社的大力支持。由于作者的水平所限,书中难免有许多不足或错误之处,诚恳地希望广大读者批评指正。

师　华

2021年10月于同济大学

目　录

前言

第一章　国际经济法导论 …… 1
　第一节　国际经济法的概念与特征 …… 1
　第二节　国际经济法的产生与发展 …… 5
　第三节　国际经济法的主体 …… 9
　第四节　国际经济法的基本原则 …… 12
　第五节　国际经济法的渊源 …… 15
　第六节　国际经济法与相邻法律部门的关系 …… 18
　第七节　国际经济法学及学习方法 …… 21

第二章　国际货物买卖法 …… 23
　第一节　国际货物买卖的法律 …… 23
　第二节　国际货物买卖合同 …… 32

第三章　国际货物运输与保险 …… 39
　第一节　国际货物运输概述 …… 39
　第二节　国际海上货物运输 …… 40
　第三节　国际货物运输的其他形式 …… 45
　第四节　国际货物运输保险 …… 48

第四章　国际贸易的支付方式 …… 54
　第一节　汇付 …… 54
　第二节　托收 …… 56
　第三节　银行信用证 …… 58

第五章　国际技术贸易法 …… 62
　第一节　国际技术贸易法概述 …… 62
　第二节　国际技术贸易方式 …… 64
　第三节　与贸易有关的知识产权保护 …… 68

第四节 国际技术贸易管理 …… 73

第六章 国际服务贸易法 …… 76
第一节 国际服务贸易概述 …… 76
第二节 乌拉圭回合与《服务贸易总协定》 …… 77

第七章 调整和管制国际贸易的法律制度 …… 82
第一节 对外贸易管理的国内法制度 …… 82
第二节 国际反倾销法律制度 …… 88
第三节 管理国际贸易的多边法律制度——世界贸易组织(WTO)法 …… 91

第八章 国际投资法律制度 …… 103
第一节 国际投资与国际投资法概述 …… 103
第二节 资本输入国外国投资法 …… 107
第三节 资本输出国的海外投资法 …… 113
第四节 保护国际投资的国际立法 …… 119

第九章 国际货币金融法 …… 130
第一节 国际货币制度 …… 131
第二节 国际借贷及担保制度 …… 137
第三节 国际证券制度 …… 149

第十章 国际税法 …… 155
第一节 国际税法概述 …… 155
第二节 税收管辖权 …… 157
第三节 国际重复征税 …… 161
第四节 国际逃税与避税 …… 166
第五节 国际税收协定 …… 171

第十一章 国际商事仲裁 …… 175
第一节 国际商事仲裁概述 …… 175
第二节 国际商事仲裁协议 …… 179
第三节 国际商事仲裁中的法律适用 …… 183
第四节 国际商事仲裁裁决的承认和执行 …… 187

参考文献 …… 191

第一章

国际经济法导论

本章主要内容及重点

本章除简述国际经济法的概念和特点外，也对其主要原理加以介绍。主要包括三部分：第一部分为国际经济法的概念、调整对象、特征、范围和体系；第二部分为国际经济法的萌芽、形成和发展；第三部分为国际经济法的主体，包括自然人、法人、国家（或地区）、国际组织等在国际经济法上的主体地位；第四部分为国际经济法的基本原则，如国家经济主权原则、公平互利原则和国际合作以谋发展原则；第五部分为国际经济法的国际渊源和国内渊源；第六部分为国际经济法与国际公法、国际私法和国内经济法的区别和联系；最后探讨了国际经济法学的含义及学习方法。

本章的重点是国际经济法的概念、特征、调整对象，国际经济法的主体，国际经济法的原则，国际经济法与其他相邻法律部门的关系。

第一节　国际经济法的概念与特征

一、国际经济法的概念

国际经济法是调整从事跨国经济交往的自然人、法人、国家（或地区，以下简称"国家"）以及国际组织间经济关系的法律规范，是国际社会中经济关系和经济组织的国际法和国内法规范的总称，是一个新兴的独立的法的部门。①

二、国际经济法的调整对象

国际经济法是调整国际经济关系的。国际经济关系是人们在物质资料生产过程中在国际经济领域中结成的相互关系。

具体来说，国际经济关系是指在国际投资、国际货物买卖及服务和技术贸易、国际融资和税收等国际经济活动中形成的关系。国际经济法调整的国际经济关系既包括国际法上的关系，也包括国内法上的关系；既包括国际经济法主体公法方面的事项（如待遇原则），也包括私法方面的事项（如各种合同关系），而且在一项具体的国际经济关系中，常常同时具

① 余劲松主编，《国际经济法问题专论》，武汉大学出版社，2003 年，第 5 页。

有双重的法律关系。因此,国际经济法既调整国际法主体之间(国家之间,国家与国际组织之间,国际组织之间)的关系;也调整自然人、法人与国家或国际组织,自然人和/或法人间因经济交往而产生的法律关系。这些关系从其性质来说,不仅包含有当事人之间以等价有偿为基础的横向经济关系,而且含有国家对法人和自然人的国际经济交易活动进行管理和管制的关系即纵向经济关系,是一种广义的国际经济关系。国际经济关系具有多层次性和立体性的特点。

所谓纵向关系,是指国家依据国际条约及国内立法对法人、自然人的国际经济活动实施管理和调节的关系,如投资保护、市场准入、外贸管制、外汇管理、海关监督等,这是一种纵向对国际经济活动实施行政管理的统制关系。在这种统制关系中,参与国际经济活动的法人和自然人处于从属于国家的地位。

所谓横向关系,包括两种不同性质的关系。第一种是作为国际法主体的国家及/或国际组织相互间的关系。例如,世界各国彼此订立双边或多边条约或协定调整缔约国之间的经济贸易关系,或者国际组织与其成员国为协调贸易、货币等国际经济活动所产生的关系,这种宏观的横向国际经济关系,事关重大,必须由国际公约和国际协定加以调整。第二种是(但不限于)自然人、法人相互间发生的跨越一国国境的经济交往关系,这是一种双方当事人在平等有偿的基础上建立的国际经济流转关系,这种关系的特点就在于其平等性。

在当今全球化的经济实践中,国际经济关系的一体性质决定了横向国际经济关系和纵向国际经济关系的一体性。国际经济关系是统一体,自然人、法人、国家和国际组织间的国际经济关系具有紧密的内在联系性。不同国家的自然人与法人间、私人与国家间的经济关系往往是国家、国际组织间经济关系的基础和前提。没有自然人、法人与国家之间的经济交往,国家与国际组织间的经济关系就会受到严重限制甚至不可能发生。国家参与国际经济关系,在很大程度上,是为了保障私人间的正常国际经济交往。反之,国家、国际组织间的经济关系又制约和影响着私人间的经济关系,国家间是否存在经济关系,对于私人间的经济交往具有重要的限制和促进作用。在物质资料生产过程中,从事跨越国境的生产、交换、消费活动的主体不仅仅是国家,主要还是自然人和法人。国际生产的统一性决定了由此产生的国际经济关系的统一性。① 而国际经济关系的统一性又决定了国际经济法律关系的统一性,从而也决定了调整国际经济关系的国际经济法的独立性。

三、国际经济法的特征②

国际经济法作为调整国际经济关系的法律规范的总和,具有如下重要特征。

(一) 主体的多元性

国际经济法的主体具有多元性,不仅包括不同国家(或地区)的自然人、法人,还包括国家(或地区)、政府间国际组织。

---

① 余劲松、吴志攀主编,《国际经济法》,北京大学出版社、高等教育出版社,2000 年,第 5 页。

② 刘颖、邓瑞平著,《国际经济法》,中信出版社,2003 年,第 7-8 页。

不同国家的自然人、法人作为国际经济法的主体很早就存在，一直是国际经济法的基本主体，在当代国际经济交往中仍然发挥着重要的作用。世界上绝大多数的国际经济交往行为，是由不同国家的自然人和法人完成的。法人主体中的跨国公司是现代主要国家对外经济交往的工具，在国际经济交往中起着巨大的支配作用。发达国家的商品、技术、资本输出和其他经济活动主要通过跨国公司进行。国家从来都是国际经济关系的参与者、调整者，国家作为国际经济法的主体具有主权者和民事主体的双重身份。国家的主体身份由其代表和政府机构来行使。国家的主权者身份主要体现在两个方面：一方面是缔结国际条约，独立自主地处理国际经济事务；另一方面，国家对本国人、外国人进行与本国经济有关的活动行使立法、司法和行政管辖权。国家的民事主体身份主要表现为通过国家代表或政府机关参与国际经济交往，设定民事义务。国际组织作为国际经济法的主体是国际经济关系发展到近代尤其是发展到第二次世界大战以后的结果。战后，大量政府间国际组织出现后，它才成为国际经济法的重要主体。在现代国际经济关系中，国际组织要通过制定或促成制定有关国际经济条约或协定，协调各国有关法律，收集、传播或制定有关国际贸易、金融、投资、技术、信息等方面的资料和政策，与国家或私人签订国际经济合同或协定，参与国际经济交往。

（二）调整对象的特定性

国际经济法调整的特定的社会关系是国际经济关系。这种社会关系具有两个重要的特征。第一是国际经济关系包含有跨国的因素，即超越一国范围的因素，体现为参与国际经济交往的当事人来自不同的国家，或当事人之间的事项已经超越一国国界范围；第二是国际经济关系产生于国际经济交往与活动这一特定的领域。具体而言，则是发生于国际货物、技术和服务贸易、国际投资、国际金融、国际税收等领域的国际经济交往活动。

（三）法律规范构成的多重性

构成国际经济法规范不局限于某些特定的法律规范，因而有多重性。这一特性表明国际经济法是由一系列有关的多方面、多层次的法律规范所构成的法律集群。该集群包含国际法规范（如国际经济条约、国际经济贸易惯例）与国内规范（如国内立法、判例和涉外商业惯例），实体性规范、程序性规范和冲突性规范，任意性规范和强制性规范，公法规范和私法规范等。

（四）调整方法的综合性

国际经济法作为一个新兴的法律部门，具有边缘性、综合性，在调整国际经济关系的过程中，公法规范、私法规范、实体性规范、程序性规范、冲突性规范、国内规范和国际规范等不同性质、不同渊源的法律规范，彼此相互渗透、相互补充、相互融合，共同调整国际经济关系，由此决定了国际经济关系的调整方法是综合的，其调整方法既包括直接调整方法，也包括程序性的调整方法，还包括间接调整方法。国际贸易的实践最能够说明这一点。在国际货物贸易关系中，进出口国对进出口商的资格、进出口产品的出入境管理适用本国对外贸易管理法律，同时进出口国必须遵守本国缔结或参加的双边或多边的贸易协定；买卖双方发生争议时，双方当事人必须依照有关的法律规定或当事人的约定，选择解决争议的程序性准据法和实体性准据法。在这里，私法规范与公法规范，国内规范和国际规范，程序性规范、实体性规范和冲突性规范，对国际货物贸易关系进行综合调整的特点，一览无余。

四、国际经济法的范围和体系

调整国际经济关系的法律规范包含以下四个层次：第一层次，涉及私人国际经济交往的民商法规范，包括合同法、保险法等。这类法律规范通常是统一适用于国内与涉外经济关系的，因此，原则上属于国内法，只有那些专门调整涉外经济关系的法律，如统一合同法以前的"涉外经济合同法"，才会归入国际经济法。第二层次，国家政府管理对外经济交往的法律规范，如关税法、进出口管制法、反倾销法、外资法以及涉外税法等。第三层次，国际商业惯例，指的是那些为国际公约或国内法所认可的具有法律约束力的国际惯例，不包括那些根本不具有法律约束力的通例。第四层次，是调整国家间经济关系的国际法规范，包含了相关的多边条约、双边条约和国际惯例等。①

国际经济法包括以下五个主要的分支：国际贸易法，国际投资法，国际金融法，国际税法，国际经济争端处理法（主要是国际商事仲裁）。如进一步细分，国际贸易法还可以分为国际货物贸易法、国际技术贸易法、国际服务贸易法、国际贸易的管制法律等。

（一）国际贸易法

国际贸易法是调整国际贸易关系以及与国际贸易有关的其他经济关系的法律规范的总称。与国际贸易有关的经济关系包括货物的运输、保险、支付、结算等。国际贸易法包括国际货物贸易法、国际技术贸易法和国际服务贸易法。国际贸易关系可发生于国家、国际组织、自然人和法人之间，因此，它所包含的规范既包括国际贸易的条约和国际惯例，也包括国家的贸易管制法等国内法规范。

（二）国际投资法

国际投资法是调整国际私人直接投资关系的法律关系的总称。国际直接投资关系包括外国私人直接投资关系、海外投资保险关系以及国家间为保护投资而产生的关系。所以，国际投资法包括资本输入国的外国投资法、资本输出国的海外投资法和双边以及多边的投资条约。

（三）国际金融法

国际金融法是调整国际货币金融关系的法律规范的总和。国际金融关系包括国际金融交易（如贷款、融资、证券交易）关系，国际结算与支付关系，金融管理关系，国际货币体制等。其法律规范包括有关国际法和国内法的规范，如国际货币基金协定、银行法、证券法、外汇管理法等。

---

① 余劲松主编，《国际经济法问题专论》，武汉大学出版社，2003年，第9页。

（四）国际税法

国际税法是调整国际税收关系的法律规范的总称。国际税收法律关系既包括国家间的税收分配关系，也包括国家同跨国纳税人的税收征纳关系。国际税法的法律规范包括国际税收条约和国家的涉外税法。

（五）国际经济争端处理法

国际经济争端处理法主要有国际商事仲裁法。

由此可知，国际经济法是一个新兴的、独立的、综合性的法律部门。

第二节　国际经济法的产生与发展

国际经济法作为一类法律规范，以国际经济交往为基础，以国际经济关系为调整对象，在遥远的古代就已经存在。随着国际经济交往和国际经济关系的发展到一定历史阶段，尤其是第二次世界大战以后，国际经济关系发生了根本性变化后，国际经济法才成为一个新兴的、独立的法律部门。国际经济法作为独立的部门法，其标志是国际经济关系的三大支柱《国际货币基金协定》《国际复兴开发银行协定》和《关贸总协定》。接下来，本书将国际经济法的历史发展分为古代的萌芽阶段、近代初步形成阶段、现代的形成和发展阶段三个阶段进行阐述。

一、国际经济法的萌芽阶段

人们之间的产品交换和商业交往，早在原始社会的氏族和部落间就已经存在，自国家产生以后，不同国家政府及其民间的经济交往和经济关系不断发展，并相应地产生了早期的一些国际经济法规范，如古代国家的涉外经济法律规范和区域性的商人习惯法。在 4 000 多年前的古埃及和两河流域，国际贸易相当发达，古埃及人和苏美尔人的铸币已经在国外流通，其银行家在国外发行纸莎草信用证和黏土片支票，并被外国出口商接受。在古埃及法和汉穆拉比法典中记载了调整国际贸易的法律规范。古埃及法中有调整跨国借贷、租赁、支付和海上贸易的法律规范。汉穆拉比法典则有调整跨国买卖、跨国借贷、跨国支付、船舶碰撞、船舶租赁、损害赔偿的法律规范。古希腊城邦全盛时期，希腊人在航海贸易中创制了国际海上贸易习惯法，并设立特别法庭加以实施。赫勒尼斯后期，罗得人于公元前 6 世纪开始将长期形成的商业习惯作为判案依据。经过几个世纪，这些商业习惯被汇编成世界上第一部综合性的海事法律《罗得海法》。古罗马时期有“万民法”和“市民法”之分，还有与陆上贸易相分离的调整海上贸易的海事法。“市民法”调整罗马人之间的关系，而“万民法”调整罗马人与外国人的关系。“万民法”的大部分内容是调整经济关系或财产关系的法律，如所有权关系和债权关系。“万民法”仍然是古罗马的国内法，但是，它对于世界许多国家的法律有重要影响。海事法律综合了地中海地区所有古老的海事规则和新惯例，同时适应新的需要，延续到以后 6 个世纪。在东罗马后期还产生了巨型海事法典《巴西里卡法》。该法典重新汇集了罗马帝国所有海事法条规范，并对《罗得海法》重新解释。法典包括公法、私法和海事审判程序，法典的实体法部分适用于地中海东部地区，为后世海商法的发展和完善奠定了基础。中世纪中后期，随着商品经济的日益发展，经济交往也日益增多。从地中海沿岸各自治城市到西欧大陆各国，商法日渐发达，特别是出现了至今仍然受其影响的《康索拉多海商法》《奥裂隆海法》《维斯比海法》和《汉莎同盟航运法》。同时从 11 世纪起，各国商业惯例或商人习惯法也得以形成和发展。商人习惯法最早出现在威尼斯，后来随着航海贸易的发展扩展到西班牙、法国、英国和德国。其内容主要包括货物买卖合同的标准条款、两合公司、海上运输与保险、汇票及破产程序等。商人习惯法跨越国界普遍适用于各国商人，由商人自己选出的法官来执行，对于促进国际贸易的发展，解决商人的纠纷，起到了重要的作用。

在 15 世纪，欧洲国家为了促进国际经济交往，开始通过条约形式调整国家间经济贸易关系，产生了一些国际经济条约和条款。1417 年，英王亨利五世与布尔格尔公爵和弗兰德伯爵缔结的条约中规定有最惠国待遇条款，1496 年，英国与荷兰订立的商务专约中规定了互惠待遇及税则。

古代萌芽阶段的国际经济法律规范具有以下四个特点。

(1) 调整国际商事交往的法律规范数量少而且零散，在法的体系中不具有重要性。

(2) 国际经济交往主要体现在国际贸易领域，涉及的法律主要是民商法及国际商务专约，领域单一狭窄。

(3) 贸易上自由竞争，法律上自由缔约，少有公法或经济法。

(4) 诸法合体，或者说，国际商事法律规范与其他法律规范合为一体，国际经济法的规范处于萌芽状态。

二、国际经济法的初步形成阶段

自 16 世纪后期起，地理大发现导致欧洲各海上强国制海权和海上贸易控制权扩张，国家间竞争日趋激烈。17 世纪中期后，欧洲大部分国家因工业革命而进入资本主义社会。陆上贸易与海上贸易日趋频繁，国际经济贸易空前发展。西欧各国在接受罗马法的基础上，开始将自治性和国际性的商事习惯法转化为国内法，制定具有民族主义特征的民商事法。法国开风气之先，于 1673 年和 1681 年分别制定了统一调整国内外商事、海事关系的《商事条例》和《海事条例》。这两部立法对资本主义国家商事立法具有深远的影响。欧洲国家纷纷仿效。荷兰于 1721 年颁布了《鹿特丹海事条例》；普鲁士于 1727 年颁布《普鲁士海事条例》；西班牙于 1737 年颁布了《比尔堡海事条例》；英国也开始成文立法，1734 年制定了《船东责任法》，1786 年制定了《商航法》。到 19 世纪末期自由资本主义进入垄断资本主义阶段以后，在“私法自治”的基础上，国家通过一些强制性法律规范直接管理经济。各国商品和资本跨越国界大量流动，使许多国家的生产、流通和消费都具有了世界性，一些国家为了保护本国工业，建立了许多关税壁垒和非关税壁垒，加强对本国经济的干预，实行贸易保护主义。为此各国普遍制定了对进出口贸易实施管制的各类法规，经济法逐步成为一个独立于民商法的法律部门。美国率先制定了反托拉斯法，如1890年的《谢尔曼法》，1914年的《克莱顿法》和《联邦贸易委员会法》。此后，德国也颁布了许多经济法，如《强制卡特尔法》等；日本颁布了《出口组合法》和《外汇管理法》。这些经济法对在其境内进行的投资、贸易等经济活动的外国自然人和企业同样适用，同时还有专门调整涉外经济关系的法规，如外汇法、关税法、出口卡特尔法，涉外经济法也就产生了。在垄断资本的国际竞争中，资本主义各国政权越来越卷入其中。多项国际卡特尔专项商品协定就说明了这一点。1902年的布鲁塞尔砂糖协定，就是欧洲生产国间针对当时用奖励金实行倾销的政策，为禁止关于生产与出口的补足金等订立的。第一次世界大战后，为调整某种商品的生产限额及出口配额等问题，商品生产国之间、或生产国与消费国之间又签订了一系列的多项专项商品协定，如1931年、1937年国际砂糖协定，1931年国际锡协定，1933年国际小麦协定，1934年国际橡胶协定等。

第一次世界大战后，由于金本位制崩溃，世界性经济危机经常发生，各国进一步加强对经济的干预，实行关税壁垒、外贸统制和外汇管制等，出现了大量调整国家与私人之间具有公法性质的法律规范。除了国内立法外，国际经济贸易条约日渐增多，内容逐步丰富和定型化，涉及贸易、运输、关税、人员流动、知识产权和贸易待遇等。其中双边的“友好通商航海条约”最为典型，因为那时调整国际经济关系的私法规范已经远不能满足经济发展的需求，国家之间为了开拓市场，协调两国间的贸易关系，确定两国各自在发展两国国际经济贸易关系上的权利和义务，需要通过签订和履行双边国际经济条约来实现。第二次世界大战以前还出现了民商事国际公约和国际贸易惯例。国际公约，如1861年《统一海上碰撞国际规则国际协定》，1883年《保护工业产权巴黎公约》，1886年《保护文学艺术作品伯尔尼公约》，1891年《商标注册马德里协定》，1890年《国际铁路货物运输公约》，1924年《统一提单若干法律规则的公约》（海牙规则），1929年《统一航空运输某些规则的国际公约》（华沙公约），1930年《统一汇票本票法公约》，1931年《统一支票法公约》。国际贸易惯例，如1877年《约克·安特卫普规则》，1930年《商业跟单信用证统一惯例》，1932年《华沙-牛津规则》，1936年《国际贸易术语解释通则》等。

近代国际经济法律关系比以前发生了一些重要的变化。主要表现在以下四个方面：①法律主体范围扩大，不仅包括商人，还包括不同国家的自然人、法人和国家。②法律关系也因为多个主体之间的关系而比以前复杂得多。③涉及的领域更广泛，已经不限于国际贸易，而且扩展到国际投资、支付、税收等多个领域。④包含的法律规范更具有多重性，不限于过去的“私法”和通商条约，还包括有关的涉外经济法、各种经济条约、商品协定和贸易惯例。这一阶段显示了国际经济法的雏形。

三、国际经济法的形成和发展阶段

第二次世界大战后，国际关系发生了重大变化，各国在经济上相互合作与相互依赖日益增加，调整国际经济交易的法律数量急剧增加且日益丰富和完善，国际经济法发展为一个独立的法律部门。

（一）普遍性国际经济组织和国际经济条约的产生

《联合国宪章》对发展国际经济、确保会员国通商自由及公平待遇作了规定。1944 年布雷顿森林会议上签订了《国际货币基金协定》和《国际复兴开发银行协定》，1947 年签订了《关税及贸易总协定》。这三项协定及其组织，具有全球性的影响，是第二次世界大战后世界经济体系的三大支柱，对于促进国际货币金融关系的相对稳定和自由化，促进国际贸易的发展具有重要的作用。国际社会从此进入了以多边条约调整国际经济关系的新阶段。1995 年起成立的世界贸易组织及其框架内的一揽子协定对国际经济法产生了深远的影响，同时也给国际经济法增添了许多新的内容，代表了近年来国际经济法的最新发展。

（二）100 多个新独立国家的兴起和争取建立国际经济新秩序的斗争不断展开

100 多个新兴国家形成第三世界，运用集体力量，以谋求本国经济发展，整个国际经济关系在“东西关系”“南北关系”“南南关系”“北北关系”中形成纵横交错的复杂格局。社会主义和第三世界使国际经济法从本质上进入了全新的发展阶段。在争取国际经济新秩序的过程中，为了改变发展中国家的从属、边缘地位，促使各国在国际经济关系中尊重他国对其自然资源的永久主权，坚持公平互利，第三世界国家运用集体力量促使联合国先后通过了一系列宣言、决议，如 1962 年《关于自然资源永久主权宣言》，1974 年《关于建立新的国际经济秩序宣言》及《行动纲领》，1974 年《各国经济权利与义务宪章》等。这些宣言性文件揭示了新的法律理念和原则，构成国际经济新秩序的基本文件，给国际经济法增添了崭新的内容。从各国角度看，许多发展中国家为了维护本国经济主权和利益，发展本国经济和对外关系，制定了各种涉外经济立法，如外资法，外贸法，外汇管理法，涉外税法等。这些国内规范与争取建立国际经济新秩序所形成的国际法规范相互联系、相互配合，为建立平等互利的国际关系，建立新的国际经济秩序发挥了重要作用。在全球化进程中，跨国公司发挥着独特的主导作用，同时也带来危害。联合国“跨国公司委员会”拟订了《跨国公司行动守则》，试图加以规范。

（三）区域性国际经济条约和组织不断发展

其中有发达国家间的条约和组织，如欧洲经济共同体（现在为欧洲联盟，简称“欧盟”）、经济合作与发展组织；有社会主义国家的组织，如苏联与东欧国家间的“经济互助委员会”；有发展中国家间的组织，如东南亚国家联盟、西非国家经济共同体、安第斯条约组织；还有发达国家与发展中国家间的组织，如北美自由贸易区、亚太经济合作组织。这些国际经济组织是国际经济活动的重要组织和机构，对于促进国际经济法的发展具有重要的作用。

从现代国际经济法发展的历史中可以看出，各种国际经济协议与交往活动涉及投资、贸易、金融、货币、税收等广泛的领域，在适用法律方面，也完全突破了公法和私法、国际法与国内法的分野，形成了一个传统国际法无法包容或调整的，包括国际法规范和国内法规范，用以调整自然人、法人、国家、国际组织间经济关系的国际经济法规则，并逐步形成为一个独立的、新兴的法律部门。

第三节 国际经济法的主体

国际经济法的主体，是指在国际经济交往的法律关系中可以享受权利、承担义务的法律人格者，包含自然人、法人、国家和国际组织。

一、自然人

自然人是国际经济关系的参加者，能够依照有关国家的国内法享有权利和承担义务，自古以来，是国际经济法的重要主体之一。自然人作为国际经济法的主体，参与国际经济交往，除应当享有民事权利能力和完全的民事行为能力外，还应当有从事国际经济活动的特殊的权利能力和行为能力或资格。自然人从事国际经济活动的特殊权利能力决定了自然人从事国际经济交往的合法性，法律设定的国际经济权利是否得到法律保护，其设定的国际经济义务是否被依法履行。自然人从事国际经济活动的权利能力需要具备一定的条件并经过政府许可而获得。从各国的法律实施来看，本国自然人获得国际经济权利能力的基本方式有备案制和审批制。备案制是指具有从事国际经济交往的法定条件的自然人向本国主管机关申请备案，经过主管机关备案登记后发给许可证的方式。审批制是指符合从事国际经济交往法定条件的自然人按照法定程序向本国审批机关提出申请，经过审批机关审查批准后发给许可证的方式。

自然人的国际经济权利能力和行为能力一般是依照属人法(属人法依照自然人的国籍确定)确定的，许多国家的国际私法规范对此均有规定。但是对于特殊的权利能力，根据国际私法，则需要依照不同的法律关系，依物之所在地法或契约准据法确定。对于行为能力，不少国家为了保护国内交易安全，对于属人法的适用有一定的限制，而以行为地法作为确定自然人行为能力的准据法。依属人法确立的资格还须获得其他国家的认可。内国对外国自然人权利能力的认可有两种基本的方式：一是国内法认可，二是通过国际条约认可。国内法认可是指某国通过其国内立法、行政法规按照法定程序承认外国人从事国际经济活动的权利能力和行为能力。国内法认可的方式又分为一般认可制、特别认可制、审批认可制和备案认可制。国际条约认可是指内国与外国在签订的有关国际条约中相互认可对方国家的自然人从事国际经济活动的资格。我国同时采取了上述两种基本方式。

二、法人

在当代国际经济关系中，因为法人在资金筹集、组织规模和承担责任等方面存在优势，所以法人已经成为国际经济活动的基本主体。几乎绝大部分的国际贸易、投资、资金融通、技术转让都是在跨国公司之间或者跨国公司与发展中国家公司间进行的。法人从事国际经济活动的权利能力和行为能力，取决于其属人法。一般情况下，一国法人从事国际经济活动的权利能力不仅要符合本国法律所规定的各项具体条件，而且还要按照本国法定程序得到政府的许可。因此不是所有法人都具有从事国际经济活动的权利能力。各国赋予法人从事国际经济活动的资格的法律模式与赋予自然人一样，主要有审批制和备案制。审批制是指具备从事国际经济交往的法定条件的法人按照法定程序向本国审批机关提出申请，经过审批机关审查批准后发给许可证的方式。审批制包含一般审批许可制和特别审批许可制。备案制是指具备从事国际经济交往法定条件的法人向本国主管机关申请备案，经济主管机关备案登记后发给许可证的方式。备案方式包括两种：一是因为某项具体的业务进行备案登记，二是因为时间比较长需要备案登记，以利于政府的管理。

各国对外国法人的认可主要有以下三种方式。

(1) 一般认可制。外国法人只需要根据国内法的规定，办理必要的登记或注册手续，就可以在内国以法人名义开展有关的经营活动。英国、美国等国采取这种做法。

(2) 特别认可制。外国法人必须按照法定程序经过审批机关审核批准，才能得到承认。苏联和奥地利等国采取这种做法。

(3) 相互承认制。通过国内立法或国际条约，相互承认对方法人在本国的法律地位，不必经过特别认可或办理有关手续。在实际操作中，各国为保护其主权利益，都对外国法人的承认加以一定的限制。有的国家对不同性质的法人分别采取不同的承认制度。

除了条约另有规定外，每个国家都有权自由规定外国法人在本国享有权利和进行活动的范围。例如，每个国家有权禁止或限制外国法人在国防、军工以及支配国家经济命脉的部门进行投资。各国可以根据本国的实际情况给予外国法人以国民待遇、最惠国待遇等。

三、国家

国家作为国际经济法的主体有悠久的历史，自国家产生后、跨国经济交往发生之时就存在，是历史上最早成为国际经济法主体的当事人之一。

(一) 国家作为国际经济法的主体特殊性

(1) 国家作为国际法上的主权者，是国际法规范的创制者。国家有权与其他国家、国际组织缔结或参加调整国际经济关系的双边或多边国际条约，通过其参加或创设的国际组织制定调整国际经济关系的规范性文件；在本国制定调整本国涉外经济关系的法律或政策，对本国当事人的涉外经济活动进行管理。

(2) 国家在一定范围内直接参与国际经济贸易活动，有权与另一国的私人签订各类国际经济合同；有权与外国投资者签订特许协议，授权外国投资者在本国境内从事自然资源开发或者公用设施建设；可以直接在国际市场销售或者采购商品；可以在国际资本市场上发行国债。在国际经济关系中，国家作为当事人具有主权者和合同当事人的双重身份。它除了享有当事人的平等权利以外，还享有国家主权决定的某些特权，如国家财产豁免权。

(3) 国家的主体地位由其授权的国家机关或机构代表。对于国家机构的行为，国家对经过其授权的、以国家名义从事国际经济活动所产生的权利义务直接加以承受。

（二）国家作为国际经济法主体的权利能力和行为能力

（1）缔结国际经济条约的能力。任何一个国家都会与其他国家或国际组织签订国际经济条约或协定，如国际贸易条约、通商航海条约、国际支付协定、政府贷款协定、投资协定以及税收协定等。当然，由哪个国家机构代表国家行使国际条约缔结权，由各国法律规定。

（2）缔结国际经济合同的能力。每个国家均有权直接参与国际经济贸易活动，缔结国际经济合同，成为合同的当事人。国家的这项能力由国家授权的国家机关行使。这里要区分以国家名义签订的国际经济合同的国家能力和以独立法人资格签订的国际经济合同的国有企业能力。只有第一种情形，国家才以国库承担责任，在国家与外国私人间发生争议后根据国家豁免的国际法原则，不受外国法院管辖；第二种情形由企业独立承担责任。

（三）国家作为国际经济法的主体牵涉国家主权豁免的问题

国家主权豁免一般是指一个国家不受另一个国家管辖。其主要内容有以下两个方面。

（1）管辖豁免。是指未经一国同意，不得在他国法院对其起诉或以其财产作为诉讼标的。

（2）执行豁免。是指未经一国同意，不得对其财产加以扣押或执行。国家豁免是从“平等者之间无管辖权”的古老法律原则演化而来。国际法存在绝对豁免和相对豁免两种理论与实践。所谓绝对豁免理论是指不论国家从事是公法上还是私法上的行为，除非该国放弃豁免，都给予豁免；相对豁免或限制豁免是指对外国公法上的行为给予豁免。英、美等国从原来的绝对豁免立场转向了相对豁免立场。世界上对国家在国际商业活动中的豁免权将受到某些限制，不能不认为是大势所趋①。

四、国际组织

国际组织尤其是政府间国际经济组织作为国际经济法的主体之一，基本上是第二次世界大战后出现的，凡是具备一定权利能力和行为能力的国际经济组织，都可以成为国际经济法的主体。

国际经济组织是若干个国家为实现一定的共同经济目标，通过缔结国际条约而成立的、具有经济职能和常设机构的联合体。它具有如下五个特征。

（1）由若干个国家或地区为实现某种共同经济目标的国家的联合体；

（2）是人为建立而不是自然形成的、由国家间通过缔结条约而建立的；

（3）有明确的目标宗旨和实现这些目标宗旨的经济职能和应当遵循的原则；

（4）有相应的常设机构；

（5）有自己的组织机构章程，拥有一定资产，并在设立国际条约规定的范围内享有权利、承担义务，具有独立的国际法律人格。

国际经济组织可以按照不同的标准进行分类。按照国际经济组织的性质，分为政府间组织和非政府间组织；按其成员进行分类，分为全球性组织（如世界贸易组织、国际货币基

① 陈治东、朱榄叶主编，《国际经济法学》，法律出版社，1999 年，第 15 页。

金组织、世界银行),区域性组织(如欧洲联盟、东南亚联盟、亚太经济合作组织)。此外,还有大量的专业性的国际经济组织,如石油输出国组织等。

国际经济组织具有完全独立的国际法律人格,有缔结契约的能力,有取得和处理动产和不动产的能力,有提起诉讼的权利,它或它的成员享有成立它的国际条约所规定的特权与豁免。国际经济组织作为国际经济法的主体具有区别于国家的特殊性,体现在以下两个方面。

(1) 国际经济组织权利能力和行为能力来源于成员国的授权。国际经济组织必须在设立它的条约及组织章程的范围内履行职责,进行活动,否则便为无效。它不是国家主权政府实体。

(2) 国际经济组织不具有国家主权的性质,不是主权者,其法律能力不是固有的,而是由国家赋予的。

第四节　国际经济法的基本原则

国际经济法的基本原则是指被国际社会普遍接受的、调整国际经济关系的、贯穿于整个国际经济法律中的根本准则与指导思想。依照该定义,国际经济法的基本原则具有如下三个特点。

(1) 国际经济法是国际社会共同认可与普遍接受的准则,体现各国的共同意志;

(2) 国际经济法贯穿于国际经济法的各个领域各个方面的具体制度中;

(3) 国际经济法对国际经济领域的立法、司法、法理研究和法律补充起着指导作用。

因此,国际经济法的基本原则具有普遍意义,适用于一切国际经济领域,并构成国际经济法的基础。国际经济法的基本原则对促进国际经济新秩序的建立,保障国际经济贸易发展具有十分重要的意义。一般认为,国际经济法的基本原则有国家经济主权原则、公平互利原则和国际合作以谋发展的原则。

一、国家经济主权原则

国家主权原则在国际经济领域表现为国家对自然资源的永久主权,即国家经济主权。也就是每个主权国家对其全部财富、资源和经济活动享有永久的主权,包括拥有、使用、处置和自由行使的权利。国家经济主权是国家主权不可分割的部分,是国际经济新秩序的基础。广大发展中国家政治上获得了独立,而经济上仍然是过去的宗主国(现代的发达国家)的附庸,为了维护发展中国家的经济主权,发展中国家进行了长期的斗争,国家经济主权原则逐渐获得了联合国的确认。1952 年,联合国《关于经济发展和通商协定的决定》确认了各国人民享有经济上的自决权,同年,联合国《关于自由开发自然财富和自然资源的权利的决定》明确了开发自然资源是主权固有的内容。1962 年,联合国《关于自然资源永久主权宣言》正式确认国家对自然资源拥有永久主权的原则。1974 年,《各国经济权利和义务宪章》

《建立新的国际经济秩序宣言》及其《行动纲领》等文件进一步明确了国家经济主权原则的内容。

国家经济主权依照《各国经济权利义务宪章》，是指国家在经济上享有独立自主的权利，“每个国家对其全部财富、自然资源和经济活动享有充分的永久主权，包括拥有权、使用权和处置权在内，并得自由行驶此项主权”。具体而言包括以下三个部分。

(1) 国家对其自然资源拥有永久主权。自然资源是国家、民族生存和发展的物质基础。国家对其境内自然资源的永久主权是国家经济主权的核心内容，是国家基本的和不可剥夺的权利。国家有权自由开发和利用其自然资源，有权自由处置其自然资源，包括实行国有化或把所有权转移给本国国民。任何国家都不得阻碍资源国自由行使这一权利。还包括应当尽一切努力，通过对自然资源行使主权来结束一切形式的外国占领、种族歧视、种族隔绝和新旧殖民主义的外国统治和剥削；尽一切努力挫败妄图阻止自由和有效地行使每个国家对自己的自然资源享有充分的和永久主权的权利的尝试。

(2) 国家有权对其境内的外国投资以及跨国公司的活动进行管理和监督。国家对其境内的一切经济活动享有充分的永久主权。每个国家有权按照其法律和规章并依照本国的目标和优先顺序，对其国家管辖范围内的外国投资加以管理和行使权力。任何国家不得被迫对国外投资给予优惠待遇。各国有权管理和监督其国家管辖范围内跨国公司的活动，并采取措施保证这些活动遵守其法律规章和条例及符合国家经济社会政策。跨国公司不得干涉所在国内政。

(3) 国家有权将外国财产收归国有或征用。每个国家有权把外国资产收归国有、征用或转移其所有权。在这种场合，采取上述措施的国家应当考虑本国有关的法律、条例和本国认为有关的一切情况，给予适当的补偿。因赔偿问题引起的任何争议均由实行国有化国家的法院依照其国内法加以解决，除非有关各国自由和互相同意根据各国主权平等原则并依照自由选择方法的原则寻求其他和平解决方法。所以，国家实行国有化是其经济主权权利的行使，国有化赔偿问题是国内法管辖事项，而不是依照传统的国际法赔偿。

二、公平互利原则

公平互利原则是国际经济关系中的基本原则，是指所有国家一律平等，并作为国际社会的平等成员，有权充分和有效地参加解决世界经济、金融和货币问题作出国际决定的过程，并公平地分享由此产生的利益。依照《各国经济权利义务宪章》，公平互利原则是指“所有国家在法律上一律平等，并作为国际社会的平等成员，有权充分有效地参加解决世界经济、金融和货币问题作出国际决定的过程，并公平分享由此产生的利益”。所谓公平不仅要求形式上的平等，而且要求实质上的平等；互利是指要照顾到各方的利益。公平互利合二为一，是一个统一体，其中互利是核心和基础。公平互利原则不仅要求国家间平等互利，同时也要求私人间平等互利。国家间平等互利要求一切国家在国际社会中的法律地位完全平等，国家间经济关系中应当公平合理、权利和义务相对应，各方均能够受益。建立新的国际经济关系的实质是建立一种使发展中国家受益的国际经济秩序，实现与发达国家关系中实质上的公平互利，实际上要求发达国家承担更多的国际经济义务和责任。关贸总协定规定的发达国家对发展中国家的非互惠的普惠待遇制度和非互惠的关税普惠制度，是向实质公平互利方向迈出的重要一步。私人间平等互利要求不同国家的自然人、法人在相互之间的国际经济关系上，双方当事人彼此尊重对方的意志，权利义务对等，兼顾各方的经济利益，任何一方不得利用其优势地位强迫对方。在此前提下，根据各方当事人的需要，在自愿的基础上协商达成合意的国际经济贸易合同关系，以确实保证从事国际经济贸易活动的当事人之间的关系建立在平等、自愿、合意的基础上，而不是建立在一方对另一方的强迫的基础上。任何一方必须既享受权利又承担义务，绝不能一方只享受权利，另一方只承担义务。

三、国际合作以谋发展的原则

国际合作以谋发展的原则是依照《各国经济权利义务宪章》制定的，国际合作以谋发展是"所有国家的一致目标和共同义务，每个国家都应对发展中国家的努力给予合作，提供有利的外在条件，给予符合其发展和发展目标的积极协助，要严格尊重各国的主权平等，不附带任何有损它们主权的条件，以加速它们的经济和社会发展"。该原则要求必须首先促进发展中国家的经济发展，尊重发展中国家的发展权。"发达国家的繁荣同发展中国家的利益不能相互分离，发达国家的繁荣与发展中国家的增长与发展紧密相连，整个世界的繁荣取决于它的组成部分的繁荣"；同时，为了促进所有国家特别是发展中国家的经济发展，必须加强国际合作。每个国家不论政治、经济制度有何差异，都有权进行国际贸易和其他方式的国际合作，每个国家进行合作时，可以自由选择对外经济组织方式和订立符合其国际义务及国际经济合作需要的双边和多边协议；各国应当合作以促进较为合理的国际经济关系，并在均衡的意义上鼓励结构变革，要符合所有国家特别是发展中国家的需要和利益，并为此目的采取适当措施；所有国家在经济、社会、文化、科技领域应当进行合作，以促进全世界尤其是发展中国家的经济和社会进步。在这方面，欧盟与非洲、加勒比和太平洋地区国家签订的四项《洛美协定》是发达国家和发展中国家开展全球合作"南北合作"以谋求共同发展的一种富有成果的合作方式。从 1975 年第一个《洛美协定》开始到 2000 年第四个《洛美协定》结束，再到新的《伙伴关系协定》（又称《科努托协定》）实施 20 多年来，参加的国家从 55 个增加到 86 个，欧盟提供了越来越多的优惠条件，虽然矛盾重重但总是有新的合作，正在导向更合理的国际经济关系。当然差距仍然非常明显，在高技术方面还有扩大的趋势。《洛美协定》在实现南北合作、改变南北不平等关系，纠正世界财富国际分配不公方面，虽然有初步的重要成果，但距离建立国际经济新秩序的目标还有相当艰辛和漫长的路程。①

① 陈安主编，《国际经济法学专论》（上编），高等教育出版社，2002 年，第 310-313 页。

第五节 国际经济法的渊源

法律渊源指法律的表现形式。国际经济法的渊源指国际经济法的表现形式。国际经济法的渊源有国际、国内两大渊源。国际渊源包括国际经济条约、国际经济贸易惯例、重要国际经济组织的规范性文件和国际判例。国内渊源包括国内立法、国内判例与司法解释、涉外经济贸易惯例。

一、国际渊源

（一）国际经济条约

现代国际经济法的重要原则、规则制度体现于国际经济条约中，国际经济条约是国际经济法的主要渊源之一。国际经济条约是指国家、国际经济组织之间为了实现国际经济领域某种或某些共同目标而缔结的，以国际法为准并确定其相互关系中权利和义务的国际书面协议，对缔约方有拘束力。国际经济条约可以依据多重标准分为双边和多边国际经济条约，全球性的和区域性的国际经济条约，普遍性和特殊性的国际经济条约，造法性的和契约性的国际经济条约。国际经济法渊源主要是多边国际经济条约，尤其是那些创设新的国际经济法规则的或确认或改变旧的国际经济规则的造法性国际经济条约。

多边性国际经济条约按其所涉及的内容可以分为多边国际经济协定和国际经济公约。前者是多国间就国际经济领域某事项达成的协议，如《国际货币基金协定》《关税及贸易总协定》《国际商品协定》等；后者是指多国间为解决国际经济领域某个或其方面的重大事项，必须通过外交大会缔结的协议。国际经济公约涉及国际经济领域各个方面，如贸易、投资、知识产权、产品责任、票据、货物运输、争端解决等，著名的公约如《联合国国际货物销售合同公约》《保护工业产权巴黎公约》《统一汇票本票法公约》《解决国家与他国国民间投资争端公约》等。

全球性国际经济公约是指其缔约国或参加国资格向世界所有国家开放的国际经济条约，如《世界贸易组织协定》《国际复兴开发银行协定》《国际货币基金协定》《统一提单若干法律规则的国际公约》《保护工业产权巴黎公约》等。区域性的国际经济条约是指由同一地理区域的国家之间所缔结的国际经济条约，如《罗马条约》《北美自由贸易区协定》《东盟六国促进和保护投资协定》《阿拉伯区域内投资保证公司公约》《亚洲开发银行协定》等。

（二）重要国际组织的决议及规范性文件

根据国际法规定，国际组织一般无立法权，不能创设必须履行的法律义务。但是，联合国大会就国际经济关系所通过的一系列决议，目的在于建立新的国际经济秩序，提出若干具有规范性的意见，宣告国际法的原则和规范，应当具有法律效力，有的已经在国际实践中逐渐被接受而成为有法律拘束力的规范。

在争取建立国际经济新秩序方面，联合国大会从 20 世纪 60 年代以来通过了一系列的决议，如《关于自然资源永久主权宣言》(1962 年)、《关于建立新的国际经济秩序宣言》(1974

年）及《行动纲领》（1974 年）、《各国经济权利和义务宪章》（1974 年）等。这些决议和宣言宣示了正在形成中的国际经济法的原则和规则，得到了绝大多数会员国的投票赞成，除了对投票赞成的会员国有法律拘束力外，还在国际关系中具有一定的普遍意义。这些决议有力地摧毁了维持旧的国际经济秩序的传统习惯国际法规则，确立了建立国际经济新秩序的新规则，这些决议无疑具有法律效力。

（三）国际惯例

国际惯例是指在国际交往中逐渐形成的不成文但被人们普遍认可或接受的原则和规则。作为国际经济法的国际惯例包括两个部分：一是国家间经济关系的国际习惯，二是调整私人经济交往的国际经济贸易惯例。从法律效力的强弱看，有的具有强制力，是强制性规范，有的无强制力，是任意性规范。国际经济贸易惯例一般属于任意性规范。但是任意性法律规范仍然具有法律拘束力，不同于那些尚不具有法律拘束力的通例或通行做法。

国际经济贸易惯例在国际经济交往中运用十分广泛，具有重要作用。为了避免对国际经济贸易惯例的解释发生歧义，减少不必要的纠纷，便于当事人选择适用，一些国家民间组织或国际学术团体、国际民间组织将某一方面的国际惯例进行收集整理，以成文形式加以编撰，成为成文的惯例规则，如《美国对外贸易定义（1941 年修订本）》《1932 年华沙-牛津规则》《国际贸易术语解释通则》《托收统一规则》《跟单信用证统一惯例》《约克·安特卫普规则》等。国际惯例不仅能够确定国际经济贸易当事人的权利义务，成为解决当事人纠纷的准据法，而且在当事人没有明确选择解决争议的准据法时，法院或仲裁机构可以根据有关国际司法规则，适用有关国际惯例。所以国际惯例是国际经济法的重要渊源之一。

（四）国际判例

国际判例从广义上是指国际司法机构和仲裁机构对受理的国际经济争议案件依照其适用的法律所作的个案判决和裁决。国际判例包括联合国常设国际法院、区域性国际法院和临时国际法庭的裁决、国际委员会的决定。在解决国际经济争议方面，国际法院和各种仲裁机构起着重要作用。国际法院曾审理判决过著名的巴塞罗那牵引、电灯和电话公司案。各种国际仲裁机构，尤其是“解决投资争端国际中心”通过仲裁解决了很多争端。依据《国际法院规约》第 59 条规定，法院判决只对本案及本案当事国有约束力。而各种形式的仲裁依赖于仲裁协议，裁决效力当然也只限于本案及本案当事人。所以，这些判例没有“造法”的功能，不会被以后的裁决所援引。但是，依照《国际法院规约》第 38 条规定，国际判例不仅应当适用于作为国际法律原则的补充资料，而且应作为适用法律的依据，“国际法院在适用和解释国际法时要对国际法原则、规则和规章、制度加以认证和确定，而这种认证和确定往往在一般国际实践中受到尊重”。国际判例作为国际经济法的渊源是由其本身的性质和它在国际经济法律事务中所起的作用决定的。在当代国际司法和仲裁实践中，国际判例对国际经济法律原则、规则的产生、发展具有重要的影响和作用，在整个国际经济法中占有重要地位。国际判例不仅可以确定国际经济法的原则、规则和准则，而且可以创设新的国际经济法原则、准则，丰富国际经济法的内容，还可以使国际经济贸易习惯上升为国际惯例，使之成为国际习惯法。国际判例对以后的裁判起着间接的指导作用，国际判案机构在尊重以往判案的基础上，自由援引成案所确定的规则，并以此作为决案的依据。当代国际司法机构引用国际判例已经司空见惯，决案机构越来越多，国际判例越来越多，已经形成了各自的国际成案法，而且成案法还在不断地向前自然延伸。成案法对裁判者判案具有重大影响，甚至有可能居于首位。

二、国内渊源

（一）国内立法

作为国际经济法渊源的国内立法，是指各国立法机关或行政机关依法定程序制定的，调整涉外经济关系的法律、法令、条例、规定、规则、办法等规范性文件。国内立法以国家的立法权为基础，包括本国专门制定的调整涉外经济关系的涉外经济法律规范和与调整涉外经济关系有关的国内民商事法律规范。各国调整涉外经济关系的国内模式有统一制和分流制。统一制是指制定的国内经济立法同时适用于国内经济关系和涉外经济关系。比如美国、英国、德国、日本等国，其民商法和各种经济法，如反托拉斯法、公平交易法、外贸法、关税法等均统一适用于国内与涉外经济关系。所谓分流制，是指内外有别的做法，即分别制定不同的法律来调整国内及涉外经济关系。内国经济法与涉外经济法并行。分流也只是经济法分流，民商法并不分流。一些发展中国家和社会主义国家实行内外分流。我国《民法通则》（今《民法典》）、《民事诉讼法》《专利法》《商标法》均是统一适用的，同时又制定一系列的涉外经济法，专门调整涉外经济关系，如《中外合资经营企业法》《中外合作经营企业法》《外资企业法》（今《外商投资法》）等。调整涉外经济关系的国内立法一般只在国内具有效力，特别是具有公法性质的经济法，不应当具有域外效力。

（二）国内司法判例或司法解释

国内司法判例在国际法上也是确定国际法律原则的"辅助资料"，与国际司法判例相比较，更接近于国际法上的资料。国内司法判例能否构成国际经济法的渊源，取决于在国内是否构成法律。在普通法系国家，判例是先例，起着法律的作用。所以，在这些国家，判例构成国际法的重要渊源。而在大陆法系国家，判例不构成法律，就不是国际经济法的渊源，但它们事实上具有权威性，值得重视。

在中国，判例不属于法律渊源。在我国起着法律渊源作用的是司法解释。最高人民法院对审理涉外经济案件所作出的司法解释具有司法权威性，是我国涉外经济法律规范的重要组成部分。例如，最高人民法院曾经的《关于贯彻执行〈民法通则〉若干问题的意见（试行）》《关于审理涉外海上人身伤亡案件损害赔偿的具体规定（试行）》《关于人民法院处理与涉外仲裁事项有关问题的通知》等。

第六节　国际经济法与相邻法律部门的关系

一、国际经济法与国际公法的关系

（一）国际经济法与国际公法的联系

国际经济法与国际公法的联系表现在以下五个方面。

（1）部分主体相同。国际经济法的主体包括不同国家的私人、国家和国际组织，而国际公法的主体主要是国家和国际组织。

（2）调整对象有部分相同。国际经济法调整的对象是国际经济关系，国际公法调整的是国际公共性关系、国家或地区之间、国家与国际组织之间和国际组织相互间的经济关系，它们既是国际经济法的调整范围，也是国际公法调整范围。

（3）基本原则大致相似。国际经济法中的国家经济主权原则、公平互利原则和国际合作以谋发展原则是国际公法中国家主权原则、平等互利原则和国际合作以谋共同发展原则的派生原则，是国际公法原则在国际经济法领域的体现。

（4）法律渊源部分相同和相似。重要国际组织的规范性文件，如重要决议、宣言、宪章和国际经济管理多边条约是二者共同的法律渊源。例如，联合国的《各国经济权利义务宪章》《建立国际经济新秩序宣言》及其《行动纲领》《跨国公司行动守则》《国际技术转让行动守则》等既是国际经济法的渊源也是国际公法的渊源，《国际货币基金组织协定》《国际复兴开发银行协定》《世界贸易组织协定》《北美自由贸易区协定》等同时是国际经济法和国际公法的法律渊源。

（5）部分法律规范相同。涉及国际经济关系的国际公法性规范和解决国家与国际组织相互间争端的法律规范，同时构成国际经济法和国际公法的法律规范。

（二）国际经济法与国际公法的区别

国际经济法与国际公法的区别表现在以下三个方面。

（1）法律关系的主体不同。国际经济法的主体包括自然人、法人、国家、国际组织；而国际公法的主体主要包括国家和国际组织。

（2）调整对象不同。国际经济法调整的是国家间、自然人及/或法人间，以及自然人、法人与国家间的经济关系，这种关系绝对不涉及国家间的政治等公共性关系；而国际公法调整的一般是国家间的政治、外交、军事等非经济关系。

（3）法律渊源不同。国际经济法除了国际条约外，还参照包括了作为商人习惯法的国际商业惯例以及国内法；而就国际公法而言，国际条约是最主要的渊源，可作为其渊源的国际惯例产生于国家间的政治和外交活动，并非来源于商人们的商业习惯。

由此可见，国际经济法与国际公法虽然存在着密切的联系，但是二者相互渗透和交叉，又有着根本区别的相互独立的法律部门。这是正确理解国际经济法与国际公法的关系和确定国际经济法在国际法律体系中的地位的关键所在。

二、国际经济法与国际私法的关系

（一）国际经济法与国际私法的联系

在国际经济法与国际私法的区别或许远远大于二者之间的联系和共同点。其联系表现在以下五个方面。

（1）主体部分相同。不同国家的自然人、法人是国际经济法和国际私法的重要主体之一。

（2）基本原则部分相同。国家主权原则、公平互利原则是二者共同应当遵守的基本原则。

（3）调整对象部分相同。一国私人与他国私人之间的涉外经济贸易关系同时属于二者的调整对象。

（4）法律渊源部分相同或相似。调整私人间国际经济贸易关系的国际条约、国际惯例和各国涉外经济法律法规是国际经济法和国际私法的重要渊源。

（5）法律调整方法部分相似。在私人间的国际经济活动中，双方当事人发生纠纷时，争议解决机构或裁决机构为解决纠纷都需要运用国际私法的"冲突规范"来确定案件实体问题的准据法，因而二者在调整社会关系中均需使用间接调整方法。

（二）国际经济法与国际私法的区别

虽然二者之间存在着密切的联系，但有着质的不同，主要表现在以下四个方面。

（1）主体不同。国际经济法的主体包括自然人、法人、国家和国际组织。国家和国际组织可以作为主体的身份从事国际经济交往，承担相应的权利和义务。而国际私法的主体基本上是自然人和法人，国家不可能以主权者资格从事一般的民事活动。只有在特殊的情况下，如果国家不以主权实体的身份，而是以一般私法法人的身份，从事跨越国境的商事活动，才有可能成为国际私法的主体。

（2）调整对象不同。国际经济法的调整对象是自然人、法人、国家、国际组织相互间国际的或跨越国境的经济关系，不涉及只有自然人才有的婚姻、抚养、继承等法律关系；而国际私法主要调整涉外民商事关系的法律适用问题、外国人的民事法律地位以及国际民事诉讼的规范。从经济的侧面看，国际经济法的调整对象显然比国际私法的调整范围要广泛得多。但从涉外角度看，国际私法的范围就要广泛得多。

（3）法律规范的性质不同。国际经济法的法律规范的性质主要是实体规范，所以能够直接加以适用以确定当事人的权利义务关系。而国际私法法律规范的性质基本是冲突规范，它本身并不直接确定当事人的权利义务关系，而是通过指出应当适用哪一个国家的实体法（有时包括程序法），间接地解决当事人的纷争，国际私法常常是在当事人争议发生后才发挥其作用。

（4）法律渊源不同。国际经济法的法律渊源以实体规范为主，以冲突法规范和程序法规范为辅，因而国际经济法的渊源包括调整国际经济法主体之间国际经济关系的所有国内法律规范（事实上主要是国内法中涉外规范）和国际法律规范。而国际私法以冲突规范、程序法规范为主，以实体法规范为辅，因而国际私法的渊源是各国有关法律适用、争议管辖之管辖权的国内法律规范，辅之以有关的国际条约和国际惯例。有人说国际私法本质上是国内法，也有一定的道理。

三、国际经济法与内国经济法的关系

（一）国际经济法与内国经济法的联系

国际经济法与内国经济法具有十分重要的联系和区别，尤其是全球化时代，国界的重要性越来越下降，国际经济法与内国经济法的差异会越来越小，融合的价值越来越突出。二者的联系主要体现在以下七个方面。

（1）部分主体相同。自然人、法人和国家都是国际经济法和内国经济法的主体。

（2）调整对象有部分相同。特定国家的涉外经济关系是国际经济法调整对象的一个方面，也是内国经济法调整对象的重要组成部分。

（3）基本原则部分相同。国家经济主权原则和平等互利原则是二者所遵循的基本原则。

（4）部分法律渊源相同。一国缔结或参加的国际经济条约、国内涉外经济法律规范、本国法律认可的国际商业惯例是国际经济法的组成部分，也是内国经济法的重要渊源。

（5）部分法律规范具有一致性。内国涉外经济法律规范与本国缔结或参加的国际条约在内容上必须保持一致，因此，一国的涉外经济法律规范与某些国际经济法律规范具有一致性。

（6）调整方法相同。二者都以直接调整方法为主。

（7）法律规范的性质完全相同。构成二者的法律规范主要是实体法规范。

（二）国际经济法与内国经济法的区别

国际经济法与内国经济法仍然存在实质性的差别，具体体现在以下五个方面。

（1）权利义务关系的主体不同。国际经济法属于国际法的范畴，而内国经济法属于国内法的范畴。二者的主体并不完全等同。国际经济法的主体是各国私人、国家和国际组织，而国际组织就不可能成为国内法上的内国经济法的主体，国家能够成为内国经济法的主体但只能是本国，而且只能是由政府来代表。

（2）调整对象存在重大差异。国际经济法的调整对象是跨越国界的经济关系，而内国经济法调整的是本国境内私人之间、本国政府与私人之间的经济关系以及本国私人与外国私人之间在本国境内或外国私人与本国私人的经济关系，这种关系发生在国内国外两个领域。国际经济法不调整国内经济关系。

（3）渊源和法律规范构成不同。国际经济法的渊源是由国际渊源和国内渊源两个部分组成，而内国经济法的渊源是国内渊源。内国经济法由国内经济法律规范所构成，而国际经济法由国际经济法律规范和国内涉外经济法律规范所组成。

（4）法律作用存在差异。国际经济法的作用主要在于建立和维护国际经济新秩序，促进和扩大国际经济交往；而内国经济法主要着眼于建立和维护有利于本国的经济秩序。

(5) 法律效力范围不同。国际经济法规范是由国际社会或区域国家共同体共同认可的或接受的，对承认或接受它的国家具有拘束力。而构成内国经济法的国内经济法律规范是由一国的立法机关或行政机关制定或认可的，对本国境内的人、物、事实行法律管辖，通常不会具有"域外效力"，只有其中包含的涉外经济法律规范具有一定程度的"域外效力"。①

第七节　国际经济法学及学习方法

一、国际经济法学

国际经济法学是法学中的一门新兴学科，是以国际经济法及其发展规律为研究对象的法律科学。国际经济法学成为一门独立的法律科学，主要原因在于其研究对象国际经济法随着国际经济关系的发展已经发展成为一个独立的法律部门而具有自身的特点和独立性。它如同国际公法学和国际私法学一样，有自己固有的科学规定性，其他法律学科不可取代。

国际经济法学是一门综合性的新兴学科。由于国际经济关系要靠国内法和国际法综合调整，国际经济法学就必须联系国际法和国内法进行研究，这就使它成为跨国国际公法学、国际私法学、经济法学、民商法学等学科的交叉、边缘和综合性学科。国际公法学、国际私法学、经济法学和民商法学是国际经济法学的相邻学科，它们的研究对象与国际经济法学既有联系又有区别。它们的原理、原则和某些具体的规定，对国际经济法学的研究有着直接的关系。因此，学习国际经济法学要注意了解这些相邻学科。

国际经济法学体系宏大，内容广泛，其理论结构包括：国际经济法总论，国际贸易法学(国际货物贸易法，国际技术贸易法，国际服务贸易法和国际贸易管制)，国际投资法学，国际货币金融法学，国际税法学，国际经济争端处理法学(主要为国际商事仲裁法)等。

二、国际经济法学的学习方法

由于国际经济法学的综合性，要求掌握本学科的基础课，如民法，商法，经济法，民事诉讼法，国际公法和国际私法以及国际关系学，国际政治学等相邻学科。在此基础上，学习国际经济法学要抓住要点，学会运用国际经济法的基本理论与实践，分析解决国际经济交往中的法律问题。学习国际经济法学，最重要的是把握以下三点。

(一) 掌握国际经济法的基本理论

从根本上弄明白国际经济法的产生与发展，调整对象与调整范围，国际经济法的基本原则，国际经济法的作用，国际经济法与国际公法、国际私法、内国经济法、民商法等部门之间的关系。国际经济法就调整的国际经济关系而言，涉及的范围广泛，包括国际货物买卖、国际技术买卖、国际服务贸易、国际投资、国际货币金融、国际税收和国际经济争端解决(主

---

① 刘颖、邓瑞平著，《国际经济法》，中信出版社，2003 年，第 44-48 页。

要为国际商事仲裁)等内容和分支。其中每一个分支又可以成为相对独立的研究对象。学习国际经济法应当从总体上重点理解和掌握国际经济法的内涵和外延。其内涵是国际经济法的调整对象及其所涉及的法律规范的表现形式。而外延就是各种具体的经济关系,如国际货物买卖、技术和服务贸易、投资、税收、金融及争端解决(商事仲裁)等。

(二)密切联系我国涉外经济立法与司法实践

国际经济法有很强的实践性,学习国际经济法应当密切注视我国涉外经济立法及实践,同时还要注意整个国际经济关系和相关法律规范的演变。在国际经济交往中,任何一个经济交往,首先,涉及平等当事人之间的合同关系,如买卖、运输、保险、支付、合作、投资、借贷等合同关系。在这类关系中,当事人在不违反有关国家法律的情况下,自行设立他们之间的权利义务。调整这类关系的法律,一般表现为各个国家民商法等私法规范。其次,涉及国家对国际经济交往的管制关系,如国家对进出口货物的关税管理、动植物检疫、商品检验、外汇管理、涉外税收等的管理。这类关系中的管理者是国家及其授权机关,被管理者是从事国际经济交往的当事人。从法律地位看,管理者与被管理者之间不是平等主体,而是管理和被管理的关系。调整此类关系一般是公法规范。再次,如果国际经济交往双方当事人所属国之间有双边协定,或为某一多边国际公约的缔约国和参加国,那么,当事人还要遵守该双边和多边国际公约中的有关规定,如各国缔结的双边贸易协定、世界贸易组织下的各项协定、联合国国际货物销售合同公约等。

密切联系我国的涉外经济立法和司法实践,就是在学会基本理论的基础上,对每一章的学习,都应当把重点放在我国调整相关事项的立法与实践上,包括我国颁布的相关国内法,我国缔结的或参加的双边和多边国际公约,以及我国法院或仲裁机关审结的相关案件或裁决,还有不能忽视每章的国际惯例。

(三)重视案例研究分析法

学生应当认真阅读案例,认真听取老师的案例分析,主张学生自己做适当的案例研究。当然,要做案例研究,需要在掌握国际经济法的基础知识基础上,搞清楚事实是什么,应当适用什么样的法律,依据是什么,只有这样才会有实际的长进。

思考题

1. 什么是国际经济法?它有哪些特征?
2. 为什么说国际经济法是独立的法律部门?
3. 国际经济法有哪些主体?各具有什么样的法律地位?
4. 国际经济法的基本原则是什么?为什么?
5. 国际经济法的各个历史发展阶段的特点是什么?
6. 国际经济法与其他相邻法律部门的关系是什么?

第二章

国际货物买卖法

本章主要内容及重点

本章主要内容是介绍国际货物买卖的法律。主要包括两部分，即国际货物买卖的法律与国际货物买卖合同。在国际货物买卖法律中主要介绍了《联合国国际货物销售合同公约》和《国际贸易术语解释通则》；在国际货物买卖合同中，主要介绍了国际货物买卖合同的订立、买卖双方的权利与义务、违约的补救以及风险的承担。

本章的重点是《联合国国际货物销售合同公约》的适用范围，《国际贸易术语解释通则》及国际货物买卖合同的订立。

第一节　国际货物买卖的法律

有关国际货物买卖的法律包括国际公约、国际商业惯例和有关的国内立法。

一、国际货物买卖的国际公约

在国际货物买卖法方面，主要的国际公约有罗马国际统一私法协会编纂的1964年的两个海牙公约，以及1980年联合国国际贸易法委员会制定的《联合国国际货物销售合同公约》。

（一）国际货物买卖统一法公约

1926年国际联盟下属罗马国际统一私法协会成立，其第一件工作就是着手研究国际货物买卖方面的法律。1930年开始起草《国际货物买卖统一法公约》草案，1935年初稿完成。1936年开始草拟《国际货物买卖合同成立统一法公约》，由于第二次世界大战的爆发，致使工作中断。后来，在1951年的21个国家参加的海牙外交会议上，代表们对这两个公约文本进行了讨论和修改，并在1958年至1963年完成了对这两个公约文本进行的修改后，在1964年4月25日海牙会议上获得通过。《国际货物买卖统一法公约》(The Uniform Law on International Sale of Goods，简称ULIS)于1972年8月18日起生效，参加或核准的国家有比利时、冈比亚、联邦德国、以色列、意大利、荷兰、圣马力诺、英国，共8个。《国际货物买卖合同成立统一法公约》(The Uniform Law on the Formation of Contract for International Sale of Goods，简称ULF)于1972年8月23日起生效，参加或核准国为上述除以色列以外的7个国家。

两个海牙公约的核准生效，是国际货物买卖法向法典化方向发展迈出的重要一步，但在理论与实践中存在着明显的局限性和不足，其主要表现在以下三个方面。

(1) 公约采纳的基本上是欧洲大陆法系国家的合同法原则，未考虑普通法系和社会主义国家的合同法原则。

(2) 对发展中国家利益的考虑很少。

(3) 有些条文过于烦琐，含义不清，并且参加这两个公约的国家数目也不多。

(二)《联合国国际货物销售合同公约》

为了使公约得到不同法律制度和不同社会、经济制度国家的接受，1966 年联合国国际贸易法委员会成立后组织了专门工作组——国际货物买卖工作组，对两个海牙公约进行修改。大卫(David)、施米托夫(Schmitthoff)和巴布斯库(Tudor Popescu)教授组成的指导委员会分别代表大陆法系、普通法系和社会主义国家的法律体系，于 1974 年举行第一次会议开始工作。1977 年，国际贸易法委员会第 10 届年会通过了《国际货物买卖合同公约》草案，第二年，在第 11 届年会上通过了《国际货物买卖合同成立公约》草案，并决定将这两个公约合并为《联合国国际货物销售合同公约》(the united nations Convention on contracts for the International Sale of Goods，简称 CISG)草案。该公约草案于 1980 年 3 月，在由 62 个国家代表参加的维也纳外交会议上正式通过。我国政府代表以观察员身份参加了会议，并提出了补充和修改意见。按照《联合国国际货物销售合同公约》第 99 条的规定，公约在由 10 个国家批准之日起 12 个月后生效。自 1988 年 1 月 1 日起，该公约对包括我国在内的 11 个成员国生效。

《联合国国际货物销售合同公约》的宗旨是：以建立新的国际经济秩序为目标，在平等互利的基础上发展国际贸易，促进各国间的友好关系。

公约的内容分四部分共 101 条。其中，第一、第四部分规定适用范围和最后条款；第二、第三部分规定合同的成立与货物买卖。按该公约的规定，其适用范围为以下四个方面。

(1) 缔约国中营业地分处不同国家的当事人之间的货物买卖。

(2) 由国际私法规则导致适用某一缔约国法律。

(3) 货物买卖。关于货物，各国法律有不同规定，通常指有形动产，包括尚待生产与制造的货物。公约用排除法，列举了不适用公约的货物买卖：①股票，债券，票据，货币，其他投资证券的交易；②船舶、飞机、气垫船的买卖；③电力的买卖；④卖方的主要义务在于提供劳务或其他服务的买卖；⑤仅供私人、家人或家庭使用的货物买卖；⑥由拍卖方式进行的销售；⑦根据法律执行令状或其他令状的销售。

(4) 就买卖合同而言，公约仅适用合同的订立和买卖双方的权利、义务，而不涉及：①合同的效力，或其任何条款的效力或惯例的效力；②合同对所有权的影响；③货物对人身造成的伤亡或损害的产品责任问题。

凡公约未涉及的问题，可依照双方业已同意的惯例或依据合同适用的国内法予以解决。

公约还不是一部完整的、全面的关于国际货物买卖的统一法。然而就其灵活性及获得普遍接受的程度来说，则是任何一部国内法或国际惯例都不能比拟的。公约在合同法领域对各国成文法、判例法以及法理学说、国际惯例作了充分的比较分析，在比基础上提取出被普遍承认的原则和规则，以此来弥补国内法和国际惯例的不足。它的目的不是取代或调和各国国内法的规则，而是提出一套适合于国际贸易特殊要求的原则和办法供买卖双方选择适用，以实现其序言中提出的建立国际经济新秩序"减少国际贸易的法律障碍，促进国际贸易发展"的宗旨和目的。在充分考虑各国具有不同社会制度、经济制度和法律制度这一现实以及对发达国家和发展中国家对外贸易中的不同做法给予充分肯定方面，《联合国国际货物销售合同公约》较之前身——两个海牙公约有了较大的改进。

我国在核准加入该公约时，对其第 1 条第 1 款 b 项和第 11 条的规定作了保留。根据我国原《涉外经济合同法》[①]第 7 条、第 32 条的规定，涉外经济合同须以书面方式订立，其转让、变更和解除，均须采用书面方式方为有效。又根据我国司法实践，合同适用的法律，无论是当事人自由选择的法律，还是人民法院按照最密切联系原则确定的法律，都是指该国现行实体法，而不包括其冲突规范和程序法。自此，以我方当事人与其他缔约国当事人之间订立的国际货物买卖合同，除双方当事人特别说明外，公约将自动予以适用。

2013 年 1 月我国撤回了国际货物买卖合同必须以书面形式订立的条款。

二、国际货物买卖的国际商业惯例

国际货物买卖惯例，通称国际贸易惯例，是在从事国际贸易的人们长期实践中逐步形成的。国际贸易惯例还被称为"商业术语"或"贸易术语"，以及"价格条件"或"价格术语"，通常用一个简短的概念或外文缩写来表示（如 FOB）。

国际贸易惯例来源于国际贸易实践又服务于国际贸易实践，它针对性强，为从事国际货物买卖的人们所采用。它产生之后不会一成不变，而是经常在演化之中，并随着人们的国际贸易活动的发展而发展。有些国际性民间组织（如国际商会或学术团体），将国际贸易惯例加以整理，进行编纂，使之成文，有些并作了一些解释。成文化了的国际贸易惯例主要有三种：《国际贸易术语解释通则》《1932 年华沙-牛津规则》《美国对外贸易定义 1941 年修正本》。其中影响最大，并在国际贸易实践中得到广泛使用的是国际商会编纂的《国际贸易术语解释通则》（International Rules for the Interpretation of Trade Terms，简称 INCOTERMS）。

（一）《国际贸易术语解释通则》

1. 产生

《国际贸易术语解释通则》是巴黎国际商会以国际贸易中应用最为广泛的国际惯例为基础，首次于 1936 年公布的具有国际性的通则的解释。此后，该通则先后在 1953 年，1967 年，1976 年，1980 年，1990 年，2000 年，2010 年和 2020 年多次补充和修订。其目的在于对

① 1999 年 10 月 1 日《中华人民共和国合同法》实施，《中华人民共和国涉外经济合同法》废止。目前合同法已包含在《民法典》中。

国际贸易合同中使用的主要术语提供一套具有国际性通用的解释,使从事国际商业的人们在这些术语因国家不同而有不同解释的情况下,能选用确定而统一的解释。

经1953年修改的《1936年国际贸易术语解释通则》对9种贸易术语作了解释。1967年补充本、1976年补充本以及1980年补充本,又增加了若干个贸易术语。由于科学技术的发展,国际贸易领域不断发生新的变化,为了使贸易术语适应电子数据交换系统(EDI)日益频繁应用的需要以及日益更新的运输技术,如集装箱运输、滚装船运输以及近海中铁路车皮摆渡等运输方式的需要,国际商会国际商业惯例委员会在总结了自1980年以来国际贸易中新经验和新情况后,于1989年11月通过了国际贸易术语解释通则新修订本,称为《1990年国际贸易术语解释通则》简称《1990年通则》。该通则于1990年7月1日生效。

后又经过近10年不断从各行业国际贸易从业者吸收意见和建议,1999年7月,国际商会对国际贸易术语再次进行修订,即《2000年国际贸易术语解释通则》(简称INCOTERMS2000),该通则于2000年1月1日生效。

2010年、2020年分别又进行了修改。

2.《2000年国际贸易术语解释通则》

INCOTERMS2000分四组贸易术语的规定。

1) E组

E组包括一个贸易术语EXW[全称为EX Works (named place)],意思是工厂交货(指定地点)。

在E组的贸易术语中,卖方的责任是:

(1) 在其所在地或其他指定地点(工场、工厂或仓库)把货物交给买方处置时,即履行交货义务;

(2) 承担交货前的风险和费用。

买方的责任是:

(1) 自备运输工具将货物运至预期的目的地;

(2) 承担卖方交货后的风险和费用;

(3) 自费办理出口结关手续等,当买方无力办理出口清关手续时,不应选用这一术语。

在E组的贸易术语中,卖方的责任最小,它适用于任何方式的运输。

2) F组

F组包括三个贸易术语:FAS(全称为Free Alongside Ship ... named port of shipment),意思是船边交货(指定装运港);FOB(全称为Free on Board ... named port of shipment),意思是船上交货(指定装运港);FCA(全称为Free Carrier ... named place),意思是货交承运人(指定地点)。

在F组的贸易术语中,卖方的责任是:

(1) 在出口国承运人所在地(包括港口)将货物交给承运人履行自己的交货义务;

(2) 自费办理货物的出口结关手续;

(3) 自费向买方提交与货物有关的单证或相等的电子单证。

买方的责任是：

（1）自费办理货物的运输和保险手续并支付费用；

（2）自费办理货物的进口和结关手续等。

在 F 组的贸易术语中应当注意以下两点。

（1）三种贸易术语的交货地点、风险和费用的划分。FAS 是以指定装运港买方指定装货地点的指定船边作为界线；FOB 是以装运港货物是否越过船舷作为界线；而在 FCA 中，则是以货物交付承运人的时间和地点作为界线。根据 INCCTERMS2000 的新规定，在 FCA 术语中，如卖方在其所在地交货，则当货物在被卖方指定的承运人提供的运输工具时，完成交货；在其他情况下，当货物在卖方的车辆上，尚未卸货而交给买方指定的承运人或其他人处置时，即完成交货。

（2）FAS 和 FOB 适用于海运和内河航运，而 FCA 适用于任何运输方式。

3）C 组

C 组包括四个贸易术语：CFR（全称为 Cost and Freight … named port of destination），意思是成本加运费（指定目的港）；CIF（全称为 Cost ，Insurance and Freight … named port of destination），意思是成本、保险费加运费（指定目的港）；CPT（全称为 Carriage paid to … named place of destination），意思是运费付至（指定目的地）；CIP（全称为 Carriage，Insurance Paid to … named place of destination），意思是运费、保险费付至（指定目的地）。

在 C 组的贸易术语中，卖方的责任是：

（1）自费办理货物的运输手续并交纳运输费用；在 CIF 和 CIP 术语中，卖方按伦敦保险业协会货物保险条款险别自费办理投保手续并交纳保险费用；

（2）在 CFR 和 CIF 术语中，承担货物在装运港越过船舷以前的风险和费用；在 CPT 和 CIP 术语中，承担货交承运人以前的风险和费用；

（3）自费办理货物出口及结关手续；

（4）向买方提交与货物有关的单据或相等的电子单证。

买方的责任是：

（1）在 CFR 和 CPT 术语中，自费投保并支付保险费用；

（2）在 CFR 和 CIF 术语中，承担货物在装运港越过船舷以后的风险和费用；

（3）在 CPT 和 CIP 术语中，承担货物提交承运人以后的风险和费用；

（4）自费办理货物进口的结关手续。

在 C 组贸易术语中，CFR 和 CIF 适用于海上或内河运输；CPT 和 CIP 适用于任何方式的运输。

4）D 组

D 组包括五个贸易术语：DAF（全称为 Delivered at Frontier … named place），意思是边境交货（指定地点）；DES（全称为 Delivered Ex ship … named port of destination），意思是目的港船上交货（指定目的港）；DEQ（全称为 Delivered Ex Quay … named port of destination），意思是目的港码头交货（指定目的港）；DDU（全称为 Delivered Duty

Unpaid ... named place of destination)，意思是未完税交货（指定目的地）；DDP（全称为Delivered Duty Paid ... named place of destination)，意思是完税后交货（指定目的地）。

在D组的贸易术语中，卖方的责任是：

（1）除DEQ外，将货物运至约定的目的地或目的港在运输工具上尚未卸下的货物交买方处置即完成交货；

（2）承担货物交货前的全部风险和费用；

（3）自费办理出口结关手续、交纳费用，在DDP术语中，卖方不但自费办理货物出口结关手续，还要办理货物进口的海关手续并交纳进口关税及其他税、费。

买方的责任是：

（1）承担货物在目的地（港口）交货后的一切风险和费用；

（2）除DDP贸易术语外，自费办理进口结关手续。

在D组的贸易术语中，DES和DEQ主要用于海上和内河航运；DAF可用于陆地交界交货的各种运输方式；DDU和DDP可用于任何运输方式。

贸易术语不但明确买卖合同的交货地点及价格构成，而且解决买卖双方在交易中的责任划分。例如，确定商品从启运地到目的地的运输、保险、单证的取得及其他手续问题由谁办理、费用由谁承担；确定货物风险转移的时间、地点等。贸易术语的标准化、规范化，简化了交易程序，节约了交易时间和费用，减少了贸易中的纠纷，对促进国际贸易的顺利发展起了很大作用。

3.《2010年国际贸易术语解释通则》（以下简称《2010年通则》）

《2010年通则》于2010年9月27日公布，并于2011年1月1日正式生效。《2010年通则》内容与INCOTERMS2000比较，主要变化如下：

（1）贸易术语的数量由原来的13个减少为11个。《2010年通则》删去了INCOTERMS2000的4个术语：DAF，DES，DEQ，DDU；新增了2个术语：DAT，DAP。

（2）贸易术语由原来的E，F，C，D四组分为两大类：适用于各种运输方式的贸易术语和仅适用水运的贸易术语。

第一大类：适用于任何运输方式的贸易术语，即EXW，FCA，CPT，CIP，DAT，DAP，DDP。其中，DAT，即Delivered at Terminal，类似于INCOTERMS2000里DEQ，指卖方在指定目的地（包括港口）卸货后，将货物交给买方处置，即完成交货；而DAP，即Delivered at Place，类似于INCOTERMS2000里的DAF，DES和DDU，指卖方在指定的目的地（包括港口）交货，只需做好卸货准备无须卸货，即完成交货。

第二大类：适用于水上运输方式的术语四种，即FAS，FOB，CFR，CIF。

（3）加入终端处理费用的归属，以保证不出现真空。《2010年通则》有助船舶管理公司弄清码头处理费的责任方，因为经常有买方在货物到港后，投诉被要求双重缴付码头处理费，一是来自卖方，一是来自船公司，而《2010年通则》明确标明货物买卖双方支付码头处理费的责任。

（4）取消了“船舷”的概念。《2010年通则》删除了FOB，CFR，CIF下以货物越过船舷作为买卖双方风险划分界限的规定，规定：卖方承担货物自装运港装上船之前的一切风险，买方承担货物自装运港装上船之后的一切风险。这一变化更准确地反映了现代国际贸易实务。货物越过船舷这一风险划分标准，是与传统的吊装吊卸方式相适应的。现代运输方式的滚装滚卸船方式和集装箱运输已在国际贸易运输中广泛使用。在采用滚装滚卸船运输方式下，货物是经打开的船门直接运进和运出的，而在集装箱或多式联运情形下，货物实行的是门到门、仓到仓运输。因此，货物越过船舷这一风险划分标准在实际中已不起作用，应予取消。以"船舷"来划分买卖双方的风险长期以来饱受争议，而该争议在修订《1990 年通则》时就已存在，但当时还是保留了"船舷"的规定。此次修订最终删除了"船舷"的规定，强调在 FOB,CFR 和 CIF 下买卖双方的风险以货物在装运港口被装上船时为界。

(5) 规定了连环贸易中国际货物买卖双方责任义务的划分。《2010 年通则》在指导性说明中对 FAS,FOB,CFR 和 CIF 几种适用水上运输的术语首次提及连环贸易。在商品的销售中，尤其是大宗货物买卖中(矿产贸易中很常见)，货物经常在一笔连环贸易下的运输期间被多次买卖，由于连环贸易中货物由第一个卖方运输，作为中间环节的卖方就无须装运货物，而是由"获得"所装运的货物而履行其义务。着眼于贸易术语在这种销售中的应用，《2010 年通则》的相关术语中同时规定了"设法获取已装船货物"和将货物装船的义务。因此，《2010 年通则》对连环贸易模式下卖方的交付义务做了细分，弥补了 INCOTERMS2000 中在此问题上的不足。

(6) 将《2010 年通则》适用于自由贸易区内部货物销售合同和国内货物销售合同。《2010 年通则》不仅适用于国际货物销售合同，也适用于自由贸易区内部货物销售合同和国内货物销售合同。贸易术语在传统上被运用于国际货物销售合同。然而，世界上一些地区的大型贸易集团，像东盟自由贸易区和欧洲单一市场的存在，使得原本实际存在的边界通关手续在某些情况下变得不再那么有意义。另外，美国人更愿意选择国际贸易术语解释通则适用于国内货物销售，而不是将美国统一商法典里装运和交货条款适用于国内货物销售。国际商会认识到这些贸易术语对国内和国际销售合同都是适用的。所以，《2010 年通则》在一些地方作出明确说明，只有在适用的地方，才有义务遵守出口、进口所需的手续。

(7) 电子文件取代纸质文件。《2010 年通则》顺应国际贸易的电子货运趋势，规定在货物买卖双方同意下，电子文件可取代纸质文件。《2010 年通则》赋予电子文件与纸质文件完全等同的功能，只要各方当事人达成一致或者在使用地是惯例，这一规定有利于新的电子程序的演变发展。随着电子信息化技术在国际货物贸易中的广泛使用，电子文件可以取代纸质文件，顺应了国际货物贸易数据电子信息化趋势。这和电子商务方面的国际示范法、发达国家国内法的做法也保持一致。这也体现了科技发展对国际贸易惯例发展的影响。

(8) 引入了伦敦保险业协会海运货物保险条款 2009 年版本的保险条款。由于英国在保险业的历史影响，伦敦保险业协会海运货物保险条款是国际货物保险中运用最广泛的条款。《2010 年通则》是自伦敦保险协会货物保险条款 2009 年修改以来的第一个版本，充分考虑了这些保险条款的变动。

(9) 加入与反恐有关系的内容。这表现在有关安全的核准书及这种核准书要求的信息。如今对货物在转移过程中的安全关注度很高，因而要求检定货物不会因除其自身属性外的原因而造成对生命财产的威胁。

4.《2020年国际贸易术语解释通则》(简称 INCOTERMS2020)

INCOTERMS2020(中文又称之为《2020年通则》)，是国际商会(ICC)根据国际货物贸易的发展对《2010年通则》的修订版本，于2019年9月10日公布，2020年1月1日开始在全球范围内实施。

《2020年通则》较《2010年通则》的基础上进一步明确了国际贸易体系下买卖双方的责任，其生效后对贸易实务、国际结算和贸易融资实务等方面都将产生重要的影响。

国际贸易惯例在适用的时间效力上并不存在"新法取代旧法"的说法，即《2020年通则》实施之后并非《2010年通则》就自动废止，当事人在订立贸易合同时仍然可以选择适用《2010年通则》。

《2020年通则》是国际商会(ICC)从国际贸易中具有代表性的参与人那里收集了全面的反馈意见，并评估了共计3 000多条相关评论。它的目标是找到一个为全世界200个国家服务的折中方案。其结果是具有高度的现实意义和实践导向的国际贸易术语解释通则的新版本。

1)《2020年通则》与《2010年通则》的变化

相对《2010年通则》,《2020年通则》为出口商、进口商和物流供应商带来了一系列变化，主要有以下五个方面。

(1) DAT(运输终端交货)变成了DPU(卸货地交货)；

(2) 增加CIP(运费和保险费付至)的保险范围；

(3) 货交承运人(FCA)提单；

(4) 自定义运输方式的承运；

(5) 对担保义务的更清晰的分配。

2)《2020年通则》的变化说明

(1) DAT(运输终端交货)变成了DPU(卸货地交货)。

在2010年的之前版本的《国际贸易术语解释通则》中，DAT(运输终端交货)指货物在商定的目的地卸货后即视为交货。在国际商会(ICC)收集的反馈中，用户要求《国际贸易术语解释通则》中涵盖在其他地点交货的情形，如厂房。这就是现在使用更通用的措辞DPU(卸货地交货)来替换DAT(运输终端交货)的原因。

(2) 增加CIP(运费和保险费付至)的保险范围。

CIP(运费和保险费付至)是指卖方将货物交付承运人，但支付包括保险费在内的直至目的地的运输费用。同样的规则也适用于CIF(成本加保险费、运费)，然而，本《国际贸易术语解释通则》只适用于海运费。

根据《2010年通则》，在这两种情况下，卖方都有义务提供与第C条(货物协会条款)相对应的最低保险范围。这是一种基本的保险形式，只包括明确界定的损害赔偿。

随着《2020年通则》的发布，CIP(运费和保险费付至)的最低保险范围延伸到第A条，这是涵盖了所有风险的最高保险级别。其背后的原因是，CIF（成本加保险费、运费）通常用于大宗商品，而 CIP（运费和保险费付至）则更常用于制成品。

（3）货交承运人（FCA）提单。

如果买卖双方已就《国际贸易术语解释通则》中的 FCA（货交承运人）达成一致，则卖方应将货物交付至买方指定的地点和人员。此时，风险和成本转移给买方。

这一方式通常是由买方选择的，他们希望避免承担货物在交付到目的地后可能受到损害的风险。直到最近，其缺点是卖方不能收到提单，因此没有信用证可以保证货物的付款。

为此，《2020 年通则》提出了一个务实的解决方案。如果双方同意卖方按照 FCA（货交承运人）要求将货物交付集装箱码头，买方可以指示承运人在卸货时向卖方签发已装船提单。这样，卖方就可以更好地防范风险，如在卸货期间。

（4）自定义运输方式的承运。

《2020 年通则》假设，当适用《国际贸易术语解释通则》中的货交承运人（FCA）、目的地交货（DAP）、DPU（卸货地交货）或完税后交货（DDP）时，卖方和买方之间的货物运输由第三方进行。在《2020 年通则》中，这一定义已经扩展到包括卖方或买方自定义运输方式的承运。

（5）对担保义务的更清晰的分配。

《国际贸易术语解释通则》还对买卖双方之间的相关担保要求（包括相关费用）进行了更为精确的分配。一方面，这一步骤可视为对国际贸易中加强担保监管的反应。另一方面，它的目的在于防范可能产生的费用纠纷，特别是在港口或交货地点。

（二）《1932 年华沙-牛津规则》

国际法协会于 1928 年在波兰华沙举行会议，针对 CIF 合同制定了《1928 年华沙规则》，共 22 条，其后，该规则经 1930 年纽约会议、1931 年巴黎会议和 1932 年牛津会议修订为 21 条，定名为《1932 年华沙-牛津规则》一直沿用，但现在一般应用的已经多数是《国际贸易术语解释通则》中的 CIF 规则了。

（三）《美国对外贸易定义 1941 年修正本》

1919 年，美国九个商业团体联合制定了《美国出口报价及其缩写条例》，该条例后经修订，于 1941 年经美国商会、美国进口商协会和全国对外贸易协会所组成的联合国委员会通过，定为现名并一直沿用。1941 年，《美国对外贸易定义 1941 年修正本》对美国常用的 6 种贸易术语作了规定，其中许多术语的规定与人们通常的理解不同，如仅 FOB 术语就有 6 种类型。《美国对外贸易定义 1941 年修正本》既是国际贸易惯例的编纂，所以也仅在当事人同意并在合同中规定采用时，才对一项交易适用，否则是没有约束力的。

三、国际货物买卖的国内立法

除公约、惯例外，各国的国内法也可以成为国际货物买卖的法律。21 世纪左右，当经过长时间商事活动在地中海沿岸产生商人习惯法（Law Merchant）之后，欧洲大陆的一些国家，以各种方式将这些商业惯例吸收、引进，形成商法。其中典型的有以下四个方面。

（1）英国的《1893 年货物销售法》(Sale of Goods Act 1893)。英国是著名的判例法国家，但它也有许多制定法。19 世纪末，英国有一部制定法《1893 年货物销售法》。这部法律汇集了货物买卖这一领域的许多规范，对合同的成立、合同的效力、合同的履行、未收货款的卖方对货物的权利等都作了规定，在调整货物买卖的法律关系中起着重要的作用。这部法律已经过多次修订，如《1979 年货物销售法》，它既适用于国内货物买卖，也适用于国际货物买卖。

（2）美国的《统一商法典》(Uniform Commercial Code，简称 UCC)。这部法典是由美国统一州法全国委员会和美国法学会共同拟定，于 1958 年由委员会会议通过。尽管这两个组织并非立法机关，但在美国 51 个州中，除路易斯安那州以外的州都已采用，具有法律效力。货物买卖规定在法典的第二编，也是既适用于国内货物买卖，又适用于国际货物买卖。

（3）在大陆法系，民商合一的国家，买卖法通常是作为民法典的一部分在债篇中加以规定的，如瑞士债务法典、意大利民法典。在民商分立的国家，除了民法典外，还制定单独的商法典。民法的规定适用于商法，商法典作为民法的特别法，针对商行为作出补充规定，如法国民法典、商法典，日本民法、商法等。

（4）我国没有制定专门的商法典，有关货物买卖的法律在《中华人民共和国民法通则》中有原则性规定。此外还制定了单独的《中华人民共和国涉外经济合同法》，当涉及国际货物买卖时，除了适用《中华人民共和国民法通则》的原则外，还适用《中华人民共和国涉外经济合同法》的有关规定。1999 年 10 月 1 日《中华人民共和国合同法》实施后，《中华人民共和国涉外经济合同法》废止。此外，1988 年我国加入了《联合国国际货物销售合同公约》，作为我国有外贸经营权的公司、企业或其他经济组织在对外签订货物买卖合同时，还可以选择《联合国国际货物销售合同公约》作为该合同适用的法律。对于公约的未尽事项，仍要适用《中华人民共和国民法通则》和《中华人民共和国涉外经济合同法》(1999 年 10 月 1 日以后为《合同法》)的有关规定。2020 年我国民法典实施后，统一适用民法典中相关规定。

第二节　国际货物买卖合同

国际货物买卖合同与国内货物买卖合同不同，其区别在于前者具有国际性，或称“具有涉外因素”。关于国际性，可以用许多标准来划分，如以当事人的国籍为标准；以当事人营业所在地为标准；以行为发生地为标准；以货物是否跨越国境为标准；等等。《联合国国际货物销售合同公约》采用了以当事人营业地为标准，规定公约适用于“营业地分处不同国家的当事人之间订立的货物买卖合同，当事人的国籍不予考虑”。

国际货物买卖合同的标的为出口或进口的货物。正因为国际货物买卖合同具有这样的特点，便从合同的成立到合同的履行，形成了一系列特有的法律问题，所有国际货物买卖的法律，都是为了解决这些特有的法律问题的。从这一角度看，国际货物买卖合同不失为国际货物买卖法律的核心，关于国际货物买卖的法律，完全是为国际货物买卖合同而存在的。

一、国际货物买卖合同的订立

国际货物买卖合同是买卖双方意思表示一致的结果，它是通过一方提出合同的条件（即要约），另一方对这一条件表示承诺而订立的。

（一）要约（发盘）

1. 要约

要约是向一个或一个以上特定的人提出的订立合同的建议。一项有效的要约必须是：

（1）向一个或一个以上特定的人发出；

（2）内容十分明确、肯定，一经对方接受，合同即能成立；

（3）要约于送达受约人时生效。

2. 要约的约束力

根据要约理论，要约在送达受约人时生效。要约在生效前的收回称为撤回；要约生效后的收回称为撤销。各国法律都承认，要约发出后，只要尚未送达于受约人，要约人可随时使用更为快捷的方法将其追回。但在要约送达受约人后，是否可以撤销或变更其内容，大陆法系和英美法系则适用不同的原则。

《联合国国际货物销售合同公约》第 16 条第 2 款规定，一项要约即使是不可撤销的，也可以撤回，只要撤回通知于要约送达受约人之前或同时送达受约人。在未订立合同之前，只要撤销通知于受约人发出承诺通知之前送达受约人，要约可以撤销，基本采纳了英、美、法的观点。然而，在但书部分，该公约采纳了大陆法系的依赖原则，规定在合同成立前，写明或以其他方式表示要约是不可撤销的，则不能撤销；受约人有理由依赖要约是不可撤销的，并本着这种依赖行事，则要约不能撤销。

（二）承诺（收盘）

1. 承诺

承诺是受约人无条件接受要约表示，并愿意按这些条件与要约人订立合同的意思表示。一项有效的承诺必须满足以下四个条件。

（1）承诺要由受要约人做出才发生法律效力；

（2）承诺要与要约的条件保持一致；

（3）承诺应在要约有效的时间内作出；

（4）承诺必须通知要约人才发生效力。

2. 承诺的效力

承诺的生效时间在要约理论上是一个十分重要的问题。这是因为承诺生效的时间、地点就是合同生效的时间、地点。承诺对于在日后解决合同争议及对法院确定管辖权及适用法律问题具有重要的意义。各国在实践中，承诺生效时间有以下两种原则。

（1）投邮生效原则；

（2）送达生效原则。

在国际货物买卖领域，《联合国国际货物销售合同公约》第 18 条第 2 款规定，承诺在表示同意的通知送达于要约人时生效。所谓送达，是指送交要约人的营业地、通信地址或惯常居所。按照同样的原则，撤回承诺的通知也在承诺送达要约人之前或同时生效，这样，各国在承诺生效时间上的分歧通过公约得到了解决。

我国在外贸实践中的做法与《联合国国际货物销售合同公约》的规定一致。但根据我国《合同法》第 33 条规定，通过信件、数据电文等形式订立合同的，如一方要求签订确认书时，则合同不是在收到承诺的函件、数据电文时成立，而是在确认书经双方签字后才能成立。2020 年我国民法典实施后，统一适用民法典中相关规定。

二、国际货物买卖合同的形式与内容

（一）合同的形式

《联合国国际货物销售合同公约》规定，国际货物买卖合同，包括其更改、终止，要约或承诺，或者其他条件的限制，可以用包括证人在内的任何方法证明。

考虑到某些发展中国家和社会主义国家合同法的不同规定，公约允许成员国在核准或加入时对第 11 条及其有关规定做出保留。我国原《涉外经济合同法》要求涉外经济合同的所有条款都必须是书面的，包括电报和电传，尽管这些条款不必载于同一份合同文件中。合同的附件是合同的组成部分，因此也必须具有书面形式。1999 年 10 月 1 日后实施的《中华人民共和国合同法》则规定，合同可以是口头形式或其他形式。

（二）合同的内容

国际货物买卖合同的内容一般由约首、正文与约尾三部分组成。约首包括合同的名称，编号，缔约日期，缔约地点，缔约双方的名称、地址及合同序言等。正文是合同的主体部分，包括各项交易条件及有关条款。约尾是合同的结束部分，包括合同的份数，附件，使用文字及其效力，合同生效日期与双方的签字等。

1. 货物的品质规格条款

货物的品质规格是指商品所具有的内在质量与外观形态。品质规格条款的主要内容是品名，规格和牌号。

2. 数量条款

数量是指用一定的度量衡表示出商品的重量、个数、长度、面积和容积等的量。数量条款的基本内容是交货数量，计时单位与计量方法。

3. 包装条款

包装条款的主要内容是包装方式、规格、包装材料、费用和运输标志。

4. 价格条款

价格是指每一计量单位货物的价值。价格条款的主要内容有每一计量单位的价格金额，计价货币，指定交货地点，贸易术语与商品的作价方法等。

在合同中可以增订外汇保值条款，规定在计价货币币值发生变动时，价格应作出相应调整，以防止商品价格受汇率波动的影响。

5. 装运条款

装运条款的主要内容是装运时间，运输方式，装运港（地）与目的港（地），装运方式（分批、转船）及装运通知等。

6. 保险条款

保险是指进、出口商按一定险别向保险公司投保并交纳保险费，以便当货物在运输过程中受到损失时，从保险人处得到经济补偿。保险条款的主要内容是确定投保人及支付保险费，投保险别和保险金额。

7. 支付条款

支付是指用固定的手段，在一定的时间、地点，用一定的方式支付货款及其从属费用。支付条款的主要内容包括支付手段、支付方式与支付时间和地点。

8. 检验条款

检验条款又称索赔条款，主要内容包括：检验机构，检验权与复验权，检验与复验的时间与地点，检验标准与方法及检验证书。

9. 不可抗力条款

不可抗力是指合同订立以后发生的当事人订立合同时不能预见、不能避免、人力不可控制的意外事故，导致不能履约或不能如期履约。主要内容包括：不可抗力的含义、范围以及不可抗力引起的法律后果，双方的权利义务等。

10. 仲裁条款

仲裁条款又称仲裁协议，是指双方当事人愿意将他们的争议提交第三方进行裁决的意思表示。仲裁是国际贸易中解决争议时最常用的方法，它是以双方当事人订有仲裁协议为前提的。主要内容包括：仲裁机构，仲裁程序规则，仲裁地点及裁决效力等。

11. 法律适用条款

国际货物买卖合同是在营业地分处不同国家的当事人之间订立的，由于各国政治、经济、法律制度不同，这样就产生了法律冲突与法律适用问题。当事人在合同中明确宣布合同适用何国法律的条款称为法律适用条款或法律选择条款。

三、卖方和买方的义务

（一）卖方的义务

1. 提交货物

卖方必须按照合同规定的时间、地点、方式完成交付货物的义务。如果合同没有规定交货的具体时间，卖方应在订立合同后一段合理时间内交货。卖方所交付的货物必须与合同所规定的货物数量、质量和规定相符，并且必须按照合同所规定的方式装箱或包装。卖方交付的货物还必须是任何第三方不能提出权利和要求的货物，即卖方对其出售的货物享有合法的权利。

2. 移交单据

《联合国国际货物销售合同公约》规定：如果卖方有义务移交与货物有关的单据，必须按照合同所规定的时间、地点和方式移交这些单据，如果卖方在这个时间以前已移交这些单据，他可以在这个时间到达前纠正单据中任何不符合合同规定的内容。但是，这一权利的行使不得使买方遭受不合理的不便或承担不合理的开支。但买方保留本公约所规定的要求损害赔偿的任何权利。

3. 转移货物的所有权

转移货物的所有权是买卖合同的主要法律特征，也是买卖双方订立买卖合同的直接目的。

（二）买方的义务

按照《联合国国际货物销售合同公约》的规定，买方必须按照合同与公约的规定支付货物价款和收取货物。根据这一规定，买方主要有以下两项义务。

1. 支付价款

《联合国国际货物销售合同公约》规定，买方必须严格根据合同或有关法律规定的步骤和手续支付价款。如果合同已有效订立，但没有明示或默示地规定价格或规定如何确定价格，在没有任何相反表示的情况下，双方当事人应视为已默示地引用订立合同时此种货物在有关贸易的类似情况下销售的通常价格。如果价格是按货物的重量规定的，如有疑问，应按净重确定。

2. 收取货物

《联合国国际货物销售合同公约》第 60 条规定了买方有关收取货物的以下两项义务。

（1）采取一切理应采取的行动，以期卖方能交付货物；

（2）接受货物。

四、违反合同的补救方法

（一）卖方违约的补救方法

卖方违约是指卖方不交付货物或单据或交付延迟；交货不符合合同规定以及第三者对交付货物存在权利或权利主张。当发生以上违约行为时，给买方提供了以下四种补救方法。

（1）卖方实际履行合同义务；

（2）减少价金；

（3）宣告合同无效。

根据《联合国国际货物销售合同公约》的规定，当卖方不履行合同或公约义务构成根本违反合同时，买方可以宣告合同无效。所谓根本违反合同，是指一方当事人违反合同的结果，使另一方蒙受损害，实际上剥夺了他根据合同规定有权期待得到的东西。如果卖方已交货，买方则丧失宣告合同无效的权利。根据《联合国国际货物销售合同公约》的规定，买方宣布合同无效的声明，只有在向卖方发出通知时才产生效力。

（4）损害赔偿。

根据《联合国国际货物销售合同公约》的规定，买方享有要求损害赔偿的权利不因其行使采取其他救济办法的权利而丧失。如果不足以弥补由于卖方违约造成的损失，买方仍可以继续要求损害赔偿。

（二）买方违约的补救方法

1. 实际履行

《联合国国际货物销售合同公约》第 62 条规定，卖方可要求买方支付价款、收取货物或履行其他义务。除非卖方已采取了与此项要求相抵触的救济方法。

根据《联合国国际货物销售合同公约》的规定，实际履行的救济不影响卖方对由于买方延迟付款或接收货物蒙受的损失，提出要求损害赔偿的权利。

2. 损害赔偿

实际履行可以达到买卖双方当初订立合同时预期的目的，但在买方违约并拒绝履行合同时，尽管卖方依公约可以要求实际履行，但法院能否作出实际履行的判决，以及判决的执行等都是费时、费力的事情。在瞬息万变的国际市场上，卖方往往不愿冒将货物长期留在自己手中的风险，特别当货物属于易于腐烂，或保存货物要支出较高费用的时候，卖方宁愿选择较为简便、快捷的办法处理货物，同时向买方要求损害赔偿。

根据《联合国国际货物销售合同公约》的规定，损失赔偿额应与买方违约给卖方造成的实际损失与可得利润相等，即赔偿额为合同价与转售额之间的差价。此外，卖方为保全货物支出的合理费用都可从转售额中予以扣除。

3. 宣告合同无效

根据《联合国国际货物销售合同公约》的规定，在下列情况发生时，卖方可以宣布合同无效：买方不履行其在合同或公约中的义务，构成根本违反合同；买方不在卖方给予的宽限期内履行合同；买方声明不履行合同。

五、风险的转移

在国际货物买卖中，货物风险主要指货物在高温、水浸、火灾、严寒、盗窃或查封等非正常情况下发生的短少、变质或灭失等损失。划分风险的目的就是确定对这些损失应当由谁承担。

按照以交货时间作为风险转移时间的原则，《联合国国际货物销售合同公约》将交货分为以下三类。

（1）涉及运输的交货：①规定卖方在特定地点交货的，风险于该地点转移，卖方保留控制货物处置权的单据，不影响风险的转移；②卖方没有义务在指定地点交货的，风险于货交第一承运人时起转移给买方。

（2）在运输途中出售的货物，风险于订立合同时转移。

（3）在其他情况下，风险自买方接受货物时转移。《联合国国际货物销售合同公约》规定，在不属于上述情况下，从买方接受货物时起，或如果买方不在适当时间内收受货物，则从货物交给他处置但他不收取货物而违反合同时起，风险转移至买方。

思考题

1.《联合国国际货物销售合同公约》的适用范围是什么？

2.《2000年国际贸易术语解释通则》中CIF，CFR，FOB的含义及异同是什么？

3. 国际货物买卖合同的订立程序如何？

4. 国际货物买卖合同的主要内容有哪些？

5. 国际货物买卖合同当事人的主要义务是什么？

第三章

国际货物运输与保险

本章主要内容及重点

国际货物买卖的实现，需要买卖、运输、保险、支付等一系列的环节。本章以货物为连接点，对货物的运输与保险这两大环节进行介绍。在国际货物运输部分，主要介绍了国际海上货物运输的两种合同形式提单和租船合同，并简述了国际航空货物、铁路货物运输以及国际货物多式联运的相关制度。在国际货物运输保险部分，主要介绍了海上货物运输保险合同承保的风险、损失、费用问题，中国人民保险公司海运货物保险条款的内容以及其他运输方式下的保险合同。

本章的重点是有关提单运输的相关内容及三个国际公约，海上货物运输保险合同承保的风险、损失、费用问题以及主要保险险别等。

第一节　国际货物运输概述

一、国际货物运输的概念

国际货物运输是指承运人受托采用一种或者多种运输方式，将托运人托运的货物从一国境内的某一地点运至另一国境内某一地点的运输。在国际货物买卖中，卖方要将货物按时交付给买方，但由于双方当事人的营业地位于不同的国家，这时就需要通过国际货物运输的方式来完成货物的交接转移。因此，在国际货物贸易中，国际货物运输是必不可少的一个环节。

调整国际货物运输合同的主要法律规范是国际公约、国际惯例和相关国家的国内立法。但受统一实体法条约的影响，各国用来调整国际货物运输合同的国内立法趋于一致，因此调整国际货物运输合同的法律在国际范围内统一程度比较高。

二、国际货物运输的方式

国际货物运输方式具有多样性，主要包括国际海上货物运输，国际航空货物运输，国际铁路货物运输以及国际多式联运等，每种运输方式各具特色，当事人可根据自己不同的需要选择适用。

第二节　国际海上货物运输

一、国际海上货物运输概述

（一）国际海上货物运输的概念

国际海上货物运输是指使用船舶经海路将货物从一个国家的特定港口运至另一国的特定港口的运输。这种运输方式易受气候和自然条件影响，风险大，且速度慢，但是由于它载运量大，价格便宜，在国际货物运输中占有显著地位。国际海上货物运输一般都是通过合同来实现的。

根据经营方式的不同，国际海上货物运输可分为班轮运输和租船运输两类。

(1) 班轮运输是指轮船公司在预先公告的航线上航行，沿线停靠固定的港口，按照固定的航期和固定的运费率所进行的将托运人货物运往目的港的运输。班轮运输具有航线固定、港口固定、船期固定和费率相对固定的特点，因此多用于批量小、批次多、交接港口分散的进出口货物运输。班轮运输的书面内容多以提单的形式表现出来，承运人的责任以提单为限，所以这种运输方式又称为提单运输，适用有关提单的国内法和国际公约。

(2) 租船运输是指货方（承租人）按商定的价格支付运费，租用船方（出租人）船舱的全部、部分或指定舱位运送货物的一种运输方式。租船运输不具有“四固定”的特点，有利于大宗货物的成交，且运价水平低于班轮运输。各国法律一般都允许双方当事人自由商定租船合同的条款，不受有关提单运输的法律或国际公约的管辖。

二、提单

（一）提单的定义和作用

提单(Bill of Loading)是一种用以证明海上运输合同和货物已经由承运人接管或者装船，以及承运人保证凭以交货的单据。提单主要适用于散杂货定期班轮运输，有时在航次租船的情况下也签发提单。

作为国际海上货物运输中最广泛适用的一种合同形式，提单具有以下三个作用。

(1) 提单是托运人与承运人之间订有海上运输合同的凭证。在班轮运输中，承运人和托运人之间的运输合同在确定舱位时即已成立。承运人签发提单的行为是履行合同过程中的一个环节，因此，提单是合同的一种证明。但是，作为一种可转让的单证，当提单转让给善意第三者时，它就是承运人和受让人之间的运输合同。

(2) 提单是承运人收到托运人交付承运货物的收据。承运人向托运人签发提单，表明承运人已收到了提单上载明的货物或该货物已装船，日后，承运人即按提单所载的内容向收货人交付货物。

(3) 提单是货物所有权的凭证。谁持有提单，谁就是提单所载货物的所有者。提单持有人有权要求承运人交付提单项下的货物，承运人有义务在目的地向提单持有人交付货物，而不问提单持有人的权利来源。提单作为物权凭证，可以自由转让。

（二）提单的种类

提单的种类，根据以下不同的方法分为不同类别。

1. 按收货人抬头可分为记名提单，不记名提单和指示提单

记名提单是指在收货人栏上指明特定人的提单。这种提单不能通过背书方式转让，因此也称为不可转让提单。

不记名提单，又称空白提单，是指在“收货人”一栏空白或载明货物“交于持票人”字样的提单。这种提单无须背书即可转让，谁持有提单谁就可以提货，在实践中称为见单交货。此类提单给买卖双方带来一定风险，在国际海上货物运输中使用较少。

指示提单是指收货人一栏内载明“凭指示”或“凭某人指示”字样的提单。指示提单可以通过背书自由转让，所以又称为可转让提单，在国际贸易中得到普遍使用。

2. 按是否已装船划分为已装船提单和收货待运提单

已装船提单是指货物装船后，由承运人签发给托运人的提单。这种提单上注有船名，通常还注明装船日期。已装船提单对于收货人来说收货有保障，是国际货物买卖中最常用的提单方式。

收货待运提单，又称备运提单，是指承运人收到货物但未将货物装船前签发的提单，通常不记载船名和装货日期。由于这种提单不能证明货物已装船的事实，所以信用度比较低，在国际货物买卖中，银行和买方一般不愿意接受这种提单。目前，收货待运提单在集装箱运输中使用较广泛。承运人签发备运提单后，如果把货物装船了，则承运人可通过在提单的正面加注“已装船”字样和装船日期，并签名，使之成为已装船提单。

3. 按提单上是否有批注可以分为清洁提单和不清洁提单

清洁提单是指承运人对货物表面状况没有加以任何批注的提单。承运人如签发了清洁提单，就表明所接受的货物表面或包装完好，承运人不得事后以货物包装不良等为由而推卸其运送责任。银行或买方或提单的受让人一般只接受清洁提单。

不清洁提单是指承运人对其接收或已装船的货物的表面状况加有不良批注（如注明“包装不牢”“沾有油污”等）的提单。这种提单有碍结汇，且一般不能自由转让。托运人可以在向承运人出具保函的情况下要求其签发清洁提单。

4. 按照运输方式可分为直达提单，转船提单和多式联运提单

直达提单是指货物从装运港直接运往目的港，中途不转船的提单。

转船提单是指货物从装卸港运往目的港途中需换船转运的提单，通常载有“转船”或“在某港转船”的字样。

多式联运提单是指由第一承运人在接收货物时签发的、包括海运在内的多种运输方式联合运输全程的提单，但海运承运人仅负责由其经营的船舶所完成的海运区的责任。

此外，按船舶的性质提单可分为班轮提单和租船提单；按运费支付的时间可分为运费预付提单和运费到付提单；还有略式提单，舱面提单，倒签提单，预借提单等特殊提单。

（三）有关提单的国际公约

目前有关提单的国际公约主要有《海牙规则》《维斯比规则》和《汉堡规则》以及《鹿特丹规则》。上述公约中国均未参加，但是中国的《海商法》在有关提单的法律规定上是以海牙-维斯比体系为基础的，同时还吸收了《汉堡规则》的内容。

1.《海牙规则》

《海牙规则》的全称是《统一提单的若干法律规定的国际公约》，1924 年 8 月 25 日订立于布鲁塞尔，1931 年 6 月 2 日起生效，目前已有 90 多个缔约国。《海牙规则》共有 16 个条款，主要规定了承运人的最低限度责任、权利与豁免、责任起讫、最低赔偿数额、托运人义务以及索赔与诉讼。同以往提单条款完全由承运人任意制定相比，《海牙规则》确定了承运人的最低责任，使托运人的利益得到了一定保障，但由于布鲁塞尔会议的参加国大多是海运大国，所以该公约的不少内容仍明显维护承运人的利益。

2.《海牙-维斯比规则》

《海牙-维斯比规则》的全称是《关于修改统一提单若干法律规定的国际公约的议定书》，生效于 1977 年 6 月 23 日。由于《海牙规则》主要由代表船方利益的国家签订，它带有偏袒承运人利益的倾向，因此自签订以来，一直受到代表货方利益和航运欠发达国家的反对。为了使承运人和货方利益达到平衡，1968 年通过的《海牙-维斯比规则》对其进行了补充和修改。《海牙-维斯比规则》共 17 条，主要是扩大了公约的适用范围和承运人的责任限制的范围，提高了承运人的赔偿金额，明确了提单的最终证据作用，增加了有关集装箱的规定，修改了诉讼时效。

3.《汉堡规则》

《汉堡规则》的全称是《1978 年联合国海上货物运输公约》，于 1992 年 11 月 1 日正式生效。本着公平地分配承运人与货主之间在国际海上货物运输过程中的风险的指导思想，《汉堡规则》对《海牙规则》进行了实质性修改，主要是加重了承运人责任。《汉堡公约》共 34 条，更加明确了公约的适用范围，增加了实际承运人的概念，延长了承运人的责任期间，提高了承运人的赔偿金额，改变了承运人承担赔偿责任的原则，将为换取清洁提单而出具保函的行为合法化，延长了诉讼时效。但是，《汉堡规则》缔约国多为非洲国家和一些小的国家，主要的航运大国和贸易大国都没有批准此规则。

4.《鹿特丹规则》

2008 年 7 月 3 日，联合国国际贸易法委员会（UNCITRAL）在维也纳第 41 届大会上制定了《联合国全程或者部分国际海上货物运输合同公约》（UN Convention on Contract for the International Carriage of Goods Wholly or Partly by Sea）草案，并经 2008 年 12 月 11 日第 63 届联合国大会第 67 次全体会议审议通过，即《鹿特丹规则》。它创新了承运人责任制度，使海运的责任阶段延伸至国际多式联运的适用范围。由于该公约需要获得 20 个国家批准后方能生效，至今批准国不足而未生效。中国国内对是否参加该规则存在较大分歧。

三个规则的关系：根据《汉堡规则》的规定，凡《海牙规则》和（或）《海牙-维斯比规则》的缔约国，在加入《汉堡规则》时，必须声明退出《海牙规则》和（或）《海牙-维斯比规则》。如有必要，这种退出可推迟至《汉堡规则》生效之日起 5 年，即以前《海牙规则》和（或）《海牙-维斯比规则》的缔约国，在加入《汉堡规则》后，从 1997 年 11 月 1 日起，不再是前述两公约的缔约国。

我国均不是以上四规则的缔约国，但《中华人民共和国海商法》一般被认为是《海牙-维斯比规则》与《汉堡规则》的结合，并包括其他中国法特有的规定。

（四）提单的内容

国际航运中使用的提单没有统一的编制标准，大多是由船舶公司自行编制而成的，因此为了保证提单的效力，国际公约和各国海商法对提单必要记载的内容作了规定。提单有正、反两面，分别包含不同内容。

提单的正面主要包括：船名，承运人名称，托运人名称，收货人名称，装运港目的港名称，货物名称，标志，包装，数量，体积或重量，运费支付方式条款，提单签发时间，地点等。这里特别指出船名是提单正面的主要内容，承运人必须在提单上填写清楚运输货物的船舶名称，这也意味着签发提单的船方对所装载的货物必须负责，是船舶特定化的法律依据，一旦发生纠纷，法院凭此能对特定船舶行使抵押、留置、诉讼保全或对物诉讼的措施。

提单的背面主要是有关承运人和托运人的权利义务的条款，各国的航运公司大多运用《海牙规则》和《汉堡规则》的内容。

1. 承运人的责任

《海牙规则》规定了承运人两项最低限度义务，在提单中解除或者降低承运人的这两项义务的条款均无效。

第一项是适航义务，即承运人须在开航前和开航时恪尽职守，以便：①使船舶具有适航性；②适当地配备船员、设备和船舶供应品；③使货舱、冷藏舱和该船的其他运载货物的部位适宜并能安全地收受、运送和保管货物。凡因船舶不适航所造成的货物灭失或损坏，如果承运人要求免责的，要对自己的恪尽职守负举证责任，否则应对此承担责任。

第二项是管货义务，是指承运人应当适当和谨慎地装载、操作、积载、运送、保管、照料及卸载所运送的货物。

2. 承运人的责任期间

《海牙规则》规定，自货物装上船时起至卸下船时止货物处于承运人掌管下的全部期间为承运人的责任期间，即采用“钩至钩”（或“弦到弦”）原则。而《汉堡规则》将承运人的责任期间扩展为从收到货物时起到交付货物时止货物处于承运人掌管下的全部期间，即采用“接到交”原则。

3. 承运人责任的豁免

《海牙规则》实行的是承运人的不完全过失责任，在下列情况下可免责：承运人在船舶驾驶和管理方面的过失，火灾，海上或其他可航水域的灾难，危险和意外事故，天灾，战争行为，公敌行为，当权者的扣留，拘禁或依法扣押，检疫限制，暴动，骚乱，罢工，包装不良等，共计 17 项。《汉堡规则》取消了对承运人航行过失的免责，因而它采用的是严格过失责任制。

同时，它还采用推定过失责任制，即在货损发生后，先推定承运人有过失，如承运人主张自己无过失，则必须承担举证责任。

4. 承运人的责任限额

承运人承担损失赔偿的最高限额为每件或每单位不得超过100英镑或与其等值的货币，但托运人于装货前已声明该货物性质和价值，并在提单上注明的不在此限。《汉堡规则》提高到每件或每单位835特别提款权或每千克2.5特别提款权，以高者为准。

5. 托运人的责任

有关托运人的责任比较简单，主要是托运人需提交托运的货物、保证提供的有关资料正确，办理必要的手续单证给承运人，支付运费和在目的港接受货物。

6. 索赔和诉讼时效

《海牙规则》规定，收货人在提货时应立即向承运人提出索赔(《汉堡规则》规定为提货之后的第一个工作日提出)，如果货物残损不明显的，则在3日内提出书面通知(《汉堡规则》规定为15日内)，否则将丧失索赔权利。

诉讼时效从货物交付或应当交付之日起计算，《海牙规则》规定为1年，《海牙-维斯比规则》规定经当事人各方同意可延长，并有3个月的宽限期，《汉堡规则》延长为2年。

（五）提单的流通性

提单作为物权凭证是可以转让的。提单的合法持有人可以通过转让提单来转移货物的所有权以及提单中所体现的运输合同中的权利与义务，这就是提单的可流通性。

指示提单和不记名提单都可以转让，但转让的方式不同。指示提单必须由提单持有人在提单上背书，并把提单交付给受让人，才能产生转让提单的法律效力，而不记名提单仅凭交付就可以实现转让提单的目的。提单受让人的权利不能优于转让人的权利。

三、租船合同

租船合同是指船舶出租人按照一定的条件将船舶全部或者部分出租给承租人进行货物运输的合同。它不同于提单，不具有物权凭证的性质，只具有运输合同的性质。合同内容可由当事人自由商定，主要由各国国内法调整，而不受国际条约的限制。租船合同主要有以下三类。

(1) 航次租船合同。又称航程租船合同，是指航次出租人向承租人提供船舶或者部分舱位，装运约定的货物，从一港运至另一港，由承租人支付约定的运费的合同。按照这种合同，出租人保留对船舶的所有权和占有权，管理船舶，负责安排船长、船员，并支付船员工资以及各种营运费用，承租人不直接参与船舶的经营管理。

航次租船合同的内容主要包括：出租人和承租人的名称，船名，船籍，载货重量，容积，货名，装船港和目的港，受载期限，卸载期限，运费，滞期费和速遣费等其他有关事项。

航次租船合同下可以签发提单，此时提单丧失了作为运输合同证明的作用，若它与航次租船合同的规定相抵触时，以合同内容为准。当航次租船合同项下的提单转让给第三人时，提单持有人和承运人之间的权利义务关系适用提单的规定，提单是运输合同的最终证明。但是,当提单中载明适用航次租船合同时,则适用航次租船合同。

(2)定期租船合同。是指船舶出租人向承租人提供约定的由出租人配备船员的船舶,由承租人在约定的期限内按约定用途使用,并支付租金的合同。按此合同,出租人仍保留船舶的所有权和占有权,并负责保持船舶的工作效能,以及支付船长、船员的工资和给养。船舶的经营管理及其费用由承租人负责。

(3)光船租赁合同。又称空船租赁合同,是指船舶所有人提供不配备船员的光船,由租船人雇用船员,在约定期限内占有,使用船舶、并支付约定租金的租船合同。按照此合同,船舶出租人只保留船舶所有权,船舶的占有权、使用权和经营权都移转给了承租人,所以,从法律性质上讲,光船租船合同是一种财产租赁合同,而不是运输合同。

第三节　国际货物运输的其他形式

一、国际航空货物运输

(一)国际航空货物运输概述

国际航空运输作为一种现代化运输,出现得较晚,但因其具有速度快、安全性高、破损率低、不受地面条件限制等特点,适合于鲜活商品、急需物资和易碎易损物品的运输。航空运输主要有班机运输、包机运输和集中托运三种方式。

(二)调整国际航空货物运输的国际公约

1.《华沙公约》

1929 年的《华沙公约》,全称为《统一国际航空运输某些规则的公约》;1955 年的《海牙议定书》,全称为《修改 1929 年 10 月 12 日在华沙签订的统一国际航空运输某些规则的公约的议定书》;1961 年的《瓜达拉哈拉公约》,全称为《统一非缔约承运人所办国际航空运输某些规则以补充华沙公约的公约》。其中,《华沙公约》是基础,另两个公约是对《华沙公约》的补充和修改,三者的核心内容在于空运承运人的责任与豁免、空运承运人的责任限制及索赔和诉讼等几个方面。我国已于 1975 年成为了前两项公约的缔约国。

根据《华沙公约》规定,承运人有权要求托运人填写航空货运单。航空货运单是国际航空货物运输中托运人和承运人之间订有运输合同的证据,也是托运人将货物交给承运人后取得的货物收据,但它不是货物的物权凭证,一般不可转让。航空货运单一般要记载:航空托运单的填写地点和日期,起运地和目的地,约定的经停点,托运人、承运人和收货人的名称与地址,货物性质、包装件数及包装方式、特殊标志,重量、数量、体积和尺寸,声明运输应受本公约的责任制度的约束。如果承运人接受了货物但未填写货运单,将无权引用公约关于限制或免除承运人责任的规定。

承运人对航运期间发生的货损、货物灭失、延误承担责任,赔偿数额以每千克 250 金法郎为限。对货物的损失,如果承运人证明其本人和其代理人为避免损失已采取一切必要的措施，或不可能采取这种措施时；证明损失是由于驾驶中、航空器的操作中或航行中的过失，而其他方面承运人和其代理人已采取一切必要措施避免损失，承运人不承担责任。如货物损失是由受害人的过失造成或促成的，可据具体情况免除承运人的全部或部分责任。

有关赔偿的诉讼，应在航空器到达目的地之日起2年内提起，否则丧失追诉权。诉讼地点由原告选择，可以是承运人营业所在地、目的地或合同订立地。

2.《芝加哥公约》

1944年11月1日至12月7日，52个国家参加了在芝加哥召开的国际会议，产生了三个重要的协定：《国际民用航空公约》《国际航班过境协定》和《国际航空运输协定》，为国际航空运输多边管理框架的形成奠定了基础。《国际民用航空公约》(Convention on International Civil Aviation)，又称《芝加哥公约》(Chicago Convention)，为管理世界航空运输奠定了法律基础，是国际民航组织的宪法。

3.《蒙特利尔公约》

《蒙特利尔公约》的正式名称是《统一国际航空运输某些规则的公约》(Convention for the Unification of Certain Rules for International Carriage by Air)，目的在于确保国际航空运输消费者的利益，对在国际航空运输中旅客的人身伤亡或行李损失，或者运输货物的损失，在恢复性赔偿原则基础上建立公平赔偿的规范体系。

随着历史的发展，《华沙公约》中的某些规定已显陈旧，而且相关修订文件数量较多。为了使《华沙公约》及其相关文件现代化和一体化，国际民航组织起草定稿了《蒙特利尔公约》，并于1999年5月在蒙特利尔召开的国际航空法大会上由参加国签署。中国和其他51个国家在该大会上签署了该项公约。需要说明的是，政府签署该项公约并不代表该国同意加入，只有在本国立法机构批准该公约并提交批准书后，此公约才对该国生效。《蒙特利尔公约》正式生效后将取代现有的《华沙公约》文件。

二、国际铁路货物运输

（一）国际铁路货物运输概述

国际铁路运输是指使用统一的国际铁路联运单据，由铁路部门经过两个或者两个以上国家的铁路进行的运输。铁路运输速度较快、载货量大、连续性强，受气候条件影响小，风险小，因此在国际货物运输中广泛应用。

关于国际铁路货物运输的国际公约主要有两个，即1938年的(最新版本为1999年修订版)《国际铁路货物运输公约》(简称《国际货约》)和1951年的《国际铁路货物联运协定》(简称《国际货协》)。我国是《国际货协》的参加国。

（二）《国际货协》的主要规定

《国际货协》的缔约国主要是冷战时期的社会主义阵营，根据《国际货协》，运单是铁路收取货物、承运货物的凭证，是铁路在终点站向收货人交付货物和核收运杂费的依据。运单不是所有权凭证，不能转让。

承运人对签发运单时起，到终点交付货物时止的期限内的货物损失承担责任。负责运送某一路段的承运人对整个损失承担连带责任。铁路对货物的赔偿额不超过货物全部灭失时的数额。铁路对下列原因造成的损失不负赔偿责任：铁路不能预防、不能消除的情况，货物的自然属性，发货人或收货人的过失，发货人使用不正确、不完全的名称，装运时不能发现的容器或包装的缺陷，等等。有关赔偿的诉讼时效为 9 个月。

（三）《国际货约》的主要规定

《国际货约》的缔约国主要包括西欧、北非、西亚各国。其体系包括一个基本条约文本和数个附件。涉及国际铁路货物运输问题，通常仅指《国际货约》和其附件《国际铁路货物运输合同统一规则》(CIM)。

《国际货协》更多程度上体现了计划经济的特点，《国际货约》是建立在市场经济国家之间的国际铁路货物运输规则的集合体。在当今"一带一路"倡议下，中欧班列运输频繁，我国应该尽早参加《国际货约》。

三、国际货物多式联运

（一）国际多式联运的概述

国际货物多式联运是指按照多式联运合同，以至少两种不同的运输方式，由多式联运经营人将货物从一国境内接管货物的地点运至另一国境内指定交付货物的地点。这种运输是在集装箱运输的基础上产生发展起来的新型运输方式。它以集装箱为媒介，将海上运输、陆上运输、航空运输等传统运输方式集合起来，形成了一体化的门到门的运输。它具有速度快、运费低、货物不易受损的优点。

（二）联合国国际货物多式联运公约

为了促进国际多式联运的发展，在联合国贸发会的主持下，于 1980 年 5 月制定并通过了《联合国国际货物多式联运公约》（简称《联运公约》），我国在会议最后文件上签了字，但公约目前尚未生效。公约有以下主要内容。

1. 适用范围

该公约适用两国境内各地之间的所有多式联运合同，只要合同中规定的联运经营人接管或交付货物的地点是在一个缔约国境内。

2. 多式联运单据

多式联运单据是多式联运合同的证明，是多式联运经营人接管货物并负责按照合同条款交付货物的凭证。多式联运经营人根据发货人的要求，可以签发可转让或不可转让的多式联运单据。若签发的是可转让单据，应载明按指示或向持票人交付，此单据具有货物权利凭证的作用。若签发的是不可转让单据，则应载明记名的收货人。

多式联运单据应记载多式联运经营人的名称和地址，发货人和收货人的名称，多式联运经营人接管货物的地点和日期，交付货物的时间和地点，单据签发的时间和地点，货物的表面状况等事项。发货人应保证其在多式联运单据中提供的货物资料的准确性。

3. **多式联运的赔偿责任**

1）责任期间

多式联运公约实行的是联运经营人的全程统一责任制，即自其接管货物之日起至交付货物时为止的整个期间承担责任。

2）赔偿范围和责任限制

多式联运经营人的赔偿责任以推定过失或疏忽为原则，多式联运经营人对在其掌管货物期间内发生的货物灭失、损坏和迟延交付引起的损失承担责任，除非他能证明其本人、受雇人或代理人为避免事故的发生及其后果已采取一切所能合理要求的措施。

多式联运包括海上和内河运输时，按每包或其他计价单位不得超过920特别提款权，或按毛重每千克不得超过2.75特别提款权，以较高者为准。不包括海上和内河运输时，则按毛重每千克不得超过8.33特别提款权。如能确定损失发生的运输区段，而该区段所适用的国际公约或国内法规定有较高的赔偿限额，则适用该公约或该国内法的规定。

对延迟交货造成损失的赔偿，以相当于该迟延支付的货物应计运费的2.5倍为限，但不得超过多式联运合同规定的应付运费的总额。

4. **发货人的赔偿责任**

如果多式联运经营人能证明其所遭受的损失是由于发货人的过失或其受雇人或代理人在其受损范围内行驶时的过失所造成的，发货人应负赔偿责任。

5. **索赔和诉讼**

公约规定，无论是收货人还是联运人提出索赔，都必须在规定的时间内向对方发出有关货物灭失、损坏或延迟交货的书面通知。收货人向联运人提出索赔，应在货物交给他的次一工作日提出；如果货物的灭失或损坏不明显时，则在接货之日后的6日内提出；如果是延迟交货的索赔，收货人应在接货之后的60日内提出；联运人向发货人索赔时，应在损失发生后的90日内提出。

公约规定的诉讼时效为2年，但如果在货物交付之日起或应交付之日起6个月内没有提出书面索赔通知，将失去索赔权。

第四节　国际货物运输保险

一、国际货物运输保险概述

（一）国际货物运输保险的概念

国际货物运输保险是指一方当事人预先向对方当事人支付一定的保险费，而对方对在国际运输中的货物可能发生的某种损失承担约定的赔偿责任的一种法律关系。国际货物运输保险是国际贸易的重要组成部分，它不仅可以为运输中的货物提供保障，还能为国家提供无形的外汇收入。国际货物运输保险主要包括海上货物运输保险，陆上货物运输保险，航空货物运输保险和邮包运输保险等。

由于国际上没有统一的货物运输保险法，实践中保险人和被保险人的权利义务通常是由各国国内法以及当事人双方订立保险合同确定的。

（二）国际货物运输保险合同

1. 国际货物运输保险合同的订立

国际货物运输保险合同是指以进行国际运输的货物为保险标的而在保险人和被保险人之间达成的合同。作为货主的被保险人按一定的金额向保险人投保一定的险别并缴纳保险费，保险人对被保险货物遭遇承保责任范围内的风险而受到损失负赔偿责任。

国际货物运输保险合同的订立是由被保险人以填制投保单的形式向保险人提出保险要求（即要约），经保险人同意承保，并就货物运输保险的条款达成协议后（即承诺），保险合同即告成立。保险人应当及时向被保险人签发保险单或其他保险单证，并载明当事人双方约定的合同内容。

与订立其他财产保险合同一样，订立货物运输保险合同要遵循保险利益原则、最大诚信原则、损失补偿原则和近因原则。

2. 国际货物运输保险合同的内容

国际货物运输保险合同的主要内容应包括：保险人名称，被保险人名称，保险标的，保险价值，保险金额，保险责任和除外责任，保险期间，保险费等。

（1）合同当事人。国际货物运输保险合同的当事人是保险人、投保人和被保险人。保险人是收取保险费，并在合同约定的保险事故发生时，对被保险人因此而遭受的约定范围内的损失进行补偿的一方当事人。被保险人是指在保险范围内的事故发生时受到损失的一方当事人。投保人是同保险人订立保险合同的人，投保人通常是被保险人。

（2）保险标的，保险价值，保险金额。国际货物运输保险合同的标的主要是货物，包括贸易货物和非贸易货物。保险价值是被保险人投保的财产的实际价值，通常由当事人协商确定。保险金额是指合同约定的保险人的最高赔偿数额。法律规定保险金额不得超过保险价值，超过部分无效。

（3）保险责任和除外责任。保险责任是保险人对约定的危险事故造成的损失所承担的赔偿责任。“约定的危险事故”就是保险人承保的风险。承保风险是确定保险责任范围的界限。除外责任就是保险人不承保的风险。

（4）保险期间。即保险人承担保险责任的起讫时限。在国际货物运输保险的实践中主要采用“仓至仓”条款，即保险人的责任从被保险货物运离保险单所载明的启运地仓库或储存地开始运输时起，至该货物到达保险单所载明的目的地收货人最后仓库或储存所止，如未抵达上述仓库的，则以货物在最后卸载地后满 60 日，航空运输中，为货物卸离飞机后 30 日。

二、国际海上货物运输保险

（一）海上货物保险中的风险、损失和费用

1. 保险人承保的风险

承保风险是指尚未发生的、有可能使保险标的遭受损害或灭失的危险和事故。在海上货物运输保险中，各国法律所承保的风险有以下三种：①自然灾害，指如雷电、恶劣天气等不以人的意志为转移的自然力量引起的灾害；②意外事故，指如船触礁、搁浅、沉没等由于意外原因造成的事故；③外来风险，指由于如偷窃、雨淋等外来原因引起的风险。

2. 保险人承保的损失

直接由于承保风险引起的保险标的损失称为海损。按照受损程度可以分为以下两种。

（1）全部损失。包括实际全损和推定全损。实际全损是指货物发生保险事故后灭失，或者受到严重损坏完全失去原有形体、效用，或者不能再归被保险人所拥有。推定全损是指被保险货物在海运中受损后，实际全损已经不可避免，或者恢复、修复受损货物并将其运送到原定目的地所需费用将超过货物本身的价值。

对于实际全损，保险人给予赔偿。对于推定全损，由被保险人选择：按实际全损进行索赔，必须向保险人发出委付通知；否则按部分损失进行索赔。

（2）部分损失。即除了全部损失外的一切损失。在海上货物运输中分为共同海损和单独海损。

共同海损是指在国际海上货物运输保险中，船舶、货物遭到共同危险，为了共同的安全，有意、合理地做出特别牺牲或支出的特别费用。共同海损应由受益各方按照各自的分摊价值的比例分摊。保险公司对共同海损所做的牺牲和支出的费用及分摊都给予赔偿。

单独海损是指由承保风险所直接造成的船舶、货物或其他财产的单独一方的利益损失。单独海损造成的损失只能由受损方承担，至于是否能从保险公司得到补偿取决于当事人投保的险别和保险单的条款是如何制定的。

3. 保险人承保的费用

保险人不仅承保因约定风险造成的保险标的损失，还承保由此产生的一系列费用损失。保险人承保的费用主要是施救费和救助费等。

（二）中国人民保险公司海运货物保险条款

国际货运保险市场上，最具影响力的是伦敦保险协会所制定的“协会货物条款”（Institate Cargo Clause，简称 ICC）。中国人民保险公司目前使用的保险条款系根据该协会 1963 年的旧条款制定的。

1. 保险人承保的险别

保险人承保的海运货物保险险别包括基本险和附加险两类。

1）基本险

基本险又称“主险”，是可以向保险人单独投保的险别。包括以下三种。

（1）平安险，原意是指“单独海损不赔”，但实际上，保险人在承保这种险别时，除了对全

损和共同海损负责外，对意外事故造成的单独海损以及货物装卸时的部分全损也负责。是三种基本险中保险人责任最小的一种。

(2) 水渍险，原意为"单独海损负责"。承保平安险的各项责任外，还负责被保险货物由于恶劣天气、海啸等自然灾害造成的部分损失。

(3) 一切险，除承保平安险和水渍险的各项损失外，还负责被保险货物由于外来原因所造成的全部或部分损失。

2）附加险

附加险是指保险人应被保险人请求，在加收保险费的情况下特约承保的险别。包括一般附加险和特别附加险。

(1) 一般附加险承保的是由于一般外来风险所造成的全部或部分损失。主要包括：偷窃提货不着险，淡水雨淋险，短量险，沾污险，串味险，碰损险，破碎险，渗漏险，受潮受热险，钩损险，锈损险等 11 种险别。

(2) 特殊附加险承保的是由于特殊外来风险所造成的全部或部分损失。主要包括：战争险，罢工险，交货不到险，进口关税险，拒收险，黄曲霉素险，舱面险以及货物出口到我国港澳地区的存仓火险扩展条款等 8 种险别。

2. 保险责任期限

中国人民保险公司海运货物保险条款主要以"仓至仓条款""扩展责任条款""航程终止条款"和"驳运条款"来确定保险人的责任起讫。

3. 除外责任

中国人民保险公司海运货物保险的除外责任包括：

(1) 被保险人的故意行为或者过失所造成的损失；

(2) 属于发货人的责任引起的损失；

(3) 在保险责任开始前，被保险货物已存在品质不良或数量短差造成的损失；

(4) 被保险货物的自然损耗、本质缺陷以及市价跌落、运输迟延所引起的损失或费用；

(5) 海运货物战争险条款和货物运输罢工险条款规定的责任范围和除外责任。

三、其他国际货物运输保险

（一）国际航空货物运输和陆上货物运输

中国人民保险公司的路上货物保险条款以火车和汽车为限，其险别主要包括陆运险和陆运一切险，陆运货物战争险是其附加险。

据中国的相关保险条款，陆运货物仅指火车、汽车运输的货物。陆运货物保险的基本险有陆运险和陆运一切险两种。陆运险的承保范围与海运货物保险中的水险相似，陆运一切险的承保范围与海运货物保险中的一切险相似，但没有了专属海上的风险，如海啸。增加了陆上的风险，如隧道坍塌。陆运险中没有了共同海损，不区分自然灾害与意外事故、部分损失与全部损失。责任起讫除稍有区别外，也是"仓至仓"。

航空运输货物保险也分航空运输险和航空运输一切险两种基本险别，分别与海运货物保险中的水渍险和海运货物保险中的一切险相似。责任起讫为“仓至仓”。

（二）邮包运输保险的法律规定

邮包运输可通过海、陆、空三种运输方式，故邮包保险兼顾了上述这三种运输方式的保险特征。根据中国人民保险公司于 1981 年 1 月 1 日修订的《邮包保险条款》规定，邮包基本险分为邮包险和邮包一切险两种。这两种险别的责任范围与陆上运输、航空运输基本险基本相似。此外，在投保了邮包险或邮包一切险的基础上经协商还可加保附加险，即邮包战争险。

邮包险和邮包一切险的保险责任是自被保险邮包离开保险单所载明的起运地点、寄件人的处所运往邮局时生效，直至该邮包运达保险单所载明的目的地，邮局发出通知书给收件人当日午夜起算满 15 日为止。但在此期限内邮包一经递交收件人的处所时，保险责任即行终止。

关于多式联运货物保险，目前尚未形成一种单独的保险业务，我国也未制定独立的险别和保险条款。故可根据承运货物的运输方式不同，投保相应的运输保险。

四、国际货物运输保险的索赔与诉讼

（一）索赔

运输货物的被保险人在保险标的遭受损失后，凭保险单向保险人要求赔偿的行为就是索赔。被保险人向保险人索赔的范围限于该货物因保险人承保的风险所遭受的损失。

（二）代位权与委付

如果保险货物的损失是由于第三方的疏忽或过失造成的，保险人依保险合同向被保险人支付了赔款后，就即取得由被保险人转让的对第三者的损害赔偿请求权，即取得代位求偿权。

当保险标的出现推定全损时，被保险人可以选择按部分损失求偿或按全部损失求偿，若选择了后者，则被保险人应将保险标的物的所有权转让给保险人，而由保险人支付全部的保险金额，这种方法称为委付。应由被保险人向保险人发出委付通知，保险人选择是否接受。

（三）诉讼时效和管辖权

海上运输货物保险的诉讼时效为 2 年，航空和陆上运输货物的诉讼时效为 1 年，均自被保险货物在目的地全部卸离运输工具之日起算。

关于诉讼管辖，各国法律规定不尽相同，但在实践中，各国保险条款往往规定，对于保险纠纷的诉讼或仲裁应在被告住所地国家的法院或仲裁机构进行，适用保险人营业所所在地国家的法律。

思考题

1. 简要叙述提单的作用。

2. 有关提单的国际公约有哪些？
3. 简述提单运输中承运人的义务和免责事项有哪些。
4. 如何理解海上货物运输保险所承保的损失？
5. 试述海上货物运输保险的除外责任。

第四章

国际贸易的支付方式

本章主要内容及重点

本章主要内容是介绍国际贸易的支付方式——汇付、托收和信用证。主要介绍了三种方式的概念、业务程序及法律关系，并进一步介绍了相关的法律和惯例。

本章主要重点是关于信用证的支付方式，即信用证的种类、业务程序、法律关系以及调整信用证的法律和惯例。

国际贸易的支付方式主要有三种：买方直接付款的汇付，银行托收和银行信用证。其中，以银行信用证最为常用，各种方式基本上都要通过银行，但银行在各种方式中所起的作用不同。

第一节　汇　　付

一、汇付的定义

汇付又称汇款，是汇款人通过当地银行将款项汇入收款人所在地银行，由该银行将款项解付给收款人的支付方式。

二、汇付的当事人和业务程序

（一）汇付当事人

汇付当事人一般有四个：汇款人或付款人一般是买方或进口商；收款人即受益人一般是卖方；受买方委托汇出货款的银行称为汇出行，通常与买方同地；受汇出行委托将汇款解付给卖方的银行称为汇入行或解付行，通常与卖方同地。

（二）汇付的业务程序

汇付的业务程序一般分如下四个步骤：

（1）买卖双方的合同规定了使用汇付方式结算，买方去银行办理汇款手续，通常是填写银行预制的汇款单或汇款申请书。

（2）汇出行如无异议，按照汇款人填写的汇款单的指示，按约定用信汇或票汇或电汇的汇款方式，通知汇入行解付约定的款项给受益人，并从买方收取手续费。

(3) 汇入行如无异议,依约将指示的款项解付给受益人。

(4) 汇出行及时将汇款拨入汇入行,并支付给汇入行手续费。

三、汇付的方式

(一) 信汇

信汇是指汇款人将款项交给汇出行,请该行以航空信函委托收款人所在地银行付给收款人。汇出行接受客户委托以后,用信汇委托书通知外国代理行。委托书上记载汇款人,收款人,金额等内容。汇出行与汇入行事前无约定时,委托书上还要写明资金是如何转移给该代理行,这种说明称为偿付指示。

(二) 电汇

电汇是指汇款人请求当地汇出行以电讯方式委托收款人所在地银行付款给收款人。由于电信技术的发展,银行之间都建立了直接通信,电汇费用降低,差错率低,所以,电汇使用得较普遍。

(三) 票汇

票汇是汇出行因汇款人的申请,代汇款人开立以其分行或代理行为付款行的银行即期汇票,由汇款人寄国外的收款人,并凭以向汇票上指定的银行取款。票汇有很大的灵活性,因为汇票是流通证券,只要抬头允许,汇款人既可以将汇票带到国外亲自取款,也可以将汇票寄给国外债权人由其自取。并且票汇不像信汇那样,收款人只能向汇入行一家取款,一般情况下,国外银行只要能核对汇票上的签字的真假,就会买入汇票。所以,使用票汇方式,汇票的持有人可以将汇票卖给任何一家汇出行的代理行而取得现金。

四、汇付的性质与使用

(一) 汇付的性质

汇付是国际结算的当事人通过两地银行,了解双方债权债务关系的一种方式,两地银行在汇付业务中只起到媒介作用,在法理上仍属于代理性质。两地银行既不保证买方向卖方付款,也不保证自己首先付款,因此在汇付中没有银行信用的介入。

(二) 汇付的使用

由于汇付是商业信用而不是银行信用,在国际结算中,卖方等债权人是否能得到款项,取决于买方等债务人的信誉和履约能力,因而具有一定风险。若卖方无信誉或履约不能,买方一旦货物脱手便难控制货权。因此,汇付较多用于小额贸易、有信誉的老客户之间的贸易等结算,以及通常用于佣金、运费、保险费、赔款等非贸易结算。

第二节　托　　收

一、定义

托收是卖方以买方为付款人开立汇票，委托银行代向买方收取货款的一种结算方式。

二、托收的当事人、程序和法律关系

（一）托收的当事人

托收业务中有四方当事人：

（1）委托人。是指委托银行办理托收业务的客户，一般是卖方或出口商。

（2）托收行。是指接受委托人的委托，办理托收业务的银行，通常又称卖方银行，与卖方同地。

（3）代收行。是指除托收行之外，参与办理托收指示的任何银行，因为是受托收行委托向买方收款的银行，所以又称买方银行，通常与买方同地。

（4）付款人。是指根据托收指示书，银行向其作出提示的人，一般就是应付款或承兑的买方或进口商。

（二）托收的程序（图 4-1）

（1）卖方按合同规定装运货物后，填写托收申请书，开立汇票，连同货运单据交托收行，请求代收货款。

（2）托收行根据托收申请书缮制托收委托书连同汇票、货运单据寄交进口地代收银行委托代收。

（3）代收行按照委托书的指示向买方提示汇票与单据。

（4）买方付款。

（5）代收行交单。

（6）代收行办理转账并通知托收行款已收妥。

（7）托收行向卖方交款。

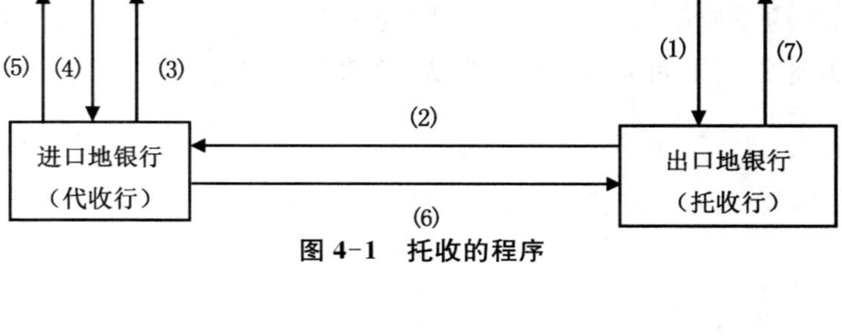

图 4-1　托收的程序

（三）托收的法律关系

（1）委托人（卖方）和托收行之间是委托代理关系。

（2）托收行与代收行之间亦是委托代理关系。

（3）委托人与代收行之间没有合同关系，委托人不能直接对代收行起诉。

（4）代收行与付款人（买方）之间不存在直接的合同关系。

三、托收的种类

托收分为光票托收和跟单托收两种。

（一）光票托收

光票托收是指资金单据的托收，不附有商业单据。资金单据是指汇票、本票、支票、付款收据或其他用于取得付款的类似凭证。

（二）跟单托收

跟单托收是指附有商业单据的资金单据的托收，以及不附有资金单据的商业单据的托收。商业单据是指发票、装运单据、所有权单据或其他类似的单据，或者一切不属于资金单据的其他单据。跟单托收又分为付款交单和承兑交单两种。

1. 付款交单

付款交单分为即期和远期的付款交单，是指卖方的交单以买方付款为条件，即卖方将单据交给托收行时，通过托收行要求代收行只有在买方付清货款后才能交出单据。

2. 承兑交单

承兑交单只适用于远期汇票托收，是指卖方的交单以买方承兑汇票为条件，买方承兑汇票后即可从银行取得有关单据，待汇票到期日才付款。

四、对托收方式的评价

（一）不同种类的托收有不同的特点

（1）光票托收由于手续简单，具有简便和省钱的优点；但由于无单据的转移，货物一旦脱手则卖方难以控制货权。因此，光票托收较多用于收取货款的余额、样品费、佣金、代垫费用、贸易从属费、索赔费及各种非贸易收款，或多用于贸易伙伴，如母子公司，合作，合资各方使用。而跟单托收与光票托收的主要特点则相反。

（2）承兑交单和远期付款交单虽然都是远期付款，但承兑交单时，买方承兑了汇票就可取得单据；在付款交单特别是远期情况下，买方承兑了汇票并不能取得单据，而等付款后才能取得单据。

（二）托收的特点

在托收这一程序中，银行的地位严格地限于作为代理人。因此从信用性质上说，托收属于商业信用，而不是银行信用。卖方能否收回货款全赖于买方。银行只能核实单据在表面上与托收指示书一致，除此之外没有进一步核验单据的义务。托收与汇付虽然都是商业信用而非银行信用，但托收与汇付不同，汇付是“顺汇”，而托收是“逆汇”。

五、关于调整托收的法律

为了调和托收业务各方当事人之间关系，统一托收安排方面的做法，以利于国际商业活动的开展，国际商会于1958年草拟了《商业单据托收统一规则》（Uniform Rules on the Collection of Commercial Paper，简称URC），1967年进行修订，1978年又一次修订，改名为《托收统一规则》，1995年又公布新修订本（简称URC522），1996年1月1日起实施。除这一国际惯例外，许多国家都制定了有关于票据、支付和托收的法律，即使当事人选择了《统一规则》，亦不得违背有关国内法部门强制性规定，如外汇管制等。

第三节　银行信用证

一、信用证的概念

信用证（letter of credit，L/C）是银行（开证行）根据买方（申请人）的请求，开给卖方（受益人）的一种书面凭证。依据该证，银行保证在卖方提交符合该证所规定的单据时向卖方支付货款。

二、有关信用证的法律和惯例

信用证是商业习惯的产物，不是法律的创设物，因此，各国基本上没有专门调整信用证的法律。只有美国在《统一商法典》中专设一编（第五编）对信用证作了规定，但也并不详尽完备。总之，有关信用证的法律规范，现各国立法中基本上还是空白，一般靠各个银行自订的格式信用证条款和国际商业习惯调整。鉴于信用证在国际贸易中已经得到广泛的使用，为了统一各国对跟单信用证条款的解释，明确各有关当事人的权利、义务，国际商会于1930年制定了《跟单信用证统一惯例》（Uniform Customs and Practice for Documentary Credit，简称UCP），供各国银行和银行公会自愿采用。UCP曾于1951年、1962年、1967年、1974年、1983年、1993年和2007年作过七次修改。现在使用的是2007年的修订本，通称为国际商会600号出版物（简称UCP600）。目前UCP600已为世界上绝大多数国家和地区的银行所采用，在国际上有很大影响。

三、信用证的当事人、基本程序及主要法律关系

（一）信用证一般涉及的当事人

（1）开证申请人。即向银行申请开立信用证的人，也就是买卖关系中的买方。

（2）开证行。是指接受开证申请人的申请，开立信用证的银行，一般是进口方所在地的银行。

(3) 通知行。是指接受开证行的委托,将信用证转交给出口方的银行,一般是开证行在出口方所在地的分行或代理行。

(4) 受益人。是指信用证抬头所指定的有权享受该信用证的利益人,即卖方。

(5) 议付行。是指愿意买进或贴现受益人交来的跟单汇票的银行。议付行可以是指定的,也可以是非指定的银行,这要根据信用证条款的规定,但通常就是通知行自己承担议付责任。

(6) 付款行。是指信用证上指定的付款银行,可以是开证行自己,也可以是其他银行。

(二) 信用证的基本程序(图 4-2)

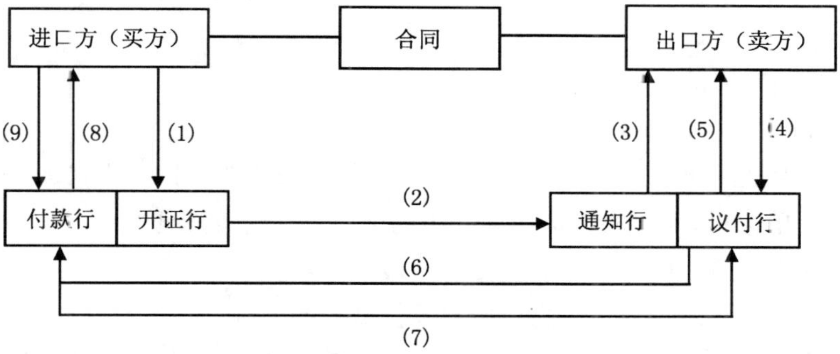

图 4-2　信用证的基本程序

(1) 进口方按照合同规定向当地银行提出申请,填写申请书,并提供若干押金或其他担保,要求银行(开证行)向出口方(受益人)开出信用证。

(2) 开证行将信用证寄给出口方所在地的分行或代理银行(通知行)。

(3) 通知行将信用证转递出口方(受益人)。

(4) 出口方经审查信用证认可后,即可按规定条件装货。出口方发货后,备妥信用证规定的货运单据,开具汇票,在信用证有效期前送当地银行议付。

(5) 议付行经与信用证核对,确认汇票与单据符合信用证规定后,按汇票所开金额,扣除若干利息或手续费,将垫款付给出口方。

(6) 议付行将汇票、货运单据等寄开证行(或其指定的付款行)索偿。

(7) 开证行经审核单据无误后,付款给议付行。

(8) 开证行在办理转账或汇款给议付行的同时,通知进口方付款,赎回单据。

(9) 进口方付款并取得货运单据后,凭以提货。

(三) 信用证的主要法律关系

(1) 开证申请人与受益人之间的关系是买卖合同关系。

(2) 开证申请人与开证行之间的关系是以开证申请书的形式建立起来的一种委托代理关系。

(3) 开证行与受益人之间的关系:

在可撤销信用证的业务下,开证行与受益人之间不存在对双方有约束力的合同关系,在不可撤销信用证下，当该信用证送达受益人时，在开证行与受益人之间就成立了一项对双方都有约束力的合同。

（4）通知行与开证行、受益人、开证申请人之间的关系：

通知行与开证行之间的关系是委托代理关系，其关系主要受代理法的调整。

通知行与受益人之间不存在合同关系，通知行只是开证行的代理人。

通知行与开证申请人之间也无直接合同关系，通知行是开证行的代理人。

四、信用证的主要内容

信用证没有统一的格式，各银行都使用自己制定的信用证，但其基本内容是相同的，主要内容包括：

（1）信用证当事人的名称和地址。

（2）信用证的种类和号码。

（3）开证行保证的条款。开证行向受益人、议付行或汇票的持票人保证，银行在收到符合信用证要求的单据后，即对根据信用证开出的汇票承担付款责任。

（4）信用证的金额。规定信用证应支付的最高金额。

（5）汇票条款。汇票的金额、种类、份数及付款人的名称。

（6）单据条款。单据的种类及份数，是信用证最重要的条款。单据主要是提单、保险单、商业发票等，只要与信用证符合，开证行必须付款。

（7）装运条款。主要规定装运单据所应反映的启运地、目的地、装运期限及是否允许分批装运等内容。

（8）信用证的有效期限。

（9）其他条款。

五、信用证的种类

（一）付款信用证、承兑信用证和议付信用证

根据受益人交单的条件可将信用证分为付款信用证，承兑信用证和议付信用证

（二）可撤销信用证和不可撤销信用证

可撤销信用证（revocable L/C）是开证行在有关银行根据该信用证办理付款、承兑或者议付之前，或者（如果是迟期付款信用证）在有关银行接受符合信用证规定的单据之前，开证行可以不需事先通知受益人而修改或取消的信用证。可撤销信用证必须在信用证上明确注明，否则被视为不可撤销的信用证。

需要注意的是，虽然可撤销信用证在修改或撤销时有关银行会通知受益人，但《统一惯例》和许多国家的司法实践并没有规定或认可开证行或通知行有义务通知受益人，这对受益人来说不利。可撤销信用证对受益人获得货款没有保障，所以，在国际交易中很少使用。

不可撤销信用证（irrevocable L/C）是指在信用证有效期内，不经开证行、保兑行（如已保兑）和受益人同意就不得修改或撤销的信用证。按照不可撤销的信用证，只要受益人按

信用证规定的条款提供符合信用证规定的单据，开证行就必须付款、议付或承兑，或保证付款、议付或承兑。不可撤销信用证对受益人收款比较有保障，在国际贸易中使用较为广泛。根据UCP600号的规定，信用证均为不可撤销的。

（三）保兑信用证和不保兑的信用证

保兑的信用证（confirmed L/C）是指开证行开出的信用证又经另一家银行保证兑付，而没有经过保兑的信用证称为不保兑的信用证（unconfirmed L/C）。保兑行一般是通知行，通知行一般又是受益人（卖方）所在地的银行。保兑信用证对卖方非常方便并有保障。

此外还有可转让信用证，备用信用证，循环信用证等。

六、信用证交易的基本原则

信用证交易有以下两方面的基本原则。

（一）独立原则

在信用证业务中，各个当事人处理的只是单据，而不是单据所涉及的货物、服务和其他行为。信用证与基础合同和其他合同是分离的或相互独立的，银行的业务和责任只限于审单，而与合同无关，也不受其约束。

（二）抽象原则

抽象原则即单证一致原则，包括单据与单据之间表面相符和单据与信用证条款表面相符。根据这个原则，银行应合理、谨慎地审核信用证规定的一切单据，以确定单据表面是否符合信用证条款，如不符，银行可以拒付。

七、信用证支付方式的特点

与汇付和托收比较，信用证有以下主要特点。

（1）信用证是银行信用，开证行与买方都是第一债务人，而且银行首先付款。

（2）信用证交易与基础合同如买卖合同交易是互相独立的，银行只以单证相符为付款条件，而不问基础合同的实际履行情况。

（3）信用证支付环节多，手续繁，费用多。

（4）由于银行付款只审核单证是否相符，而不问合同的实际履行情况，因此较容易发生欺诈行为。

思考题

1. 托收的程序及其法律关系如何？
2. 信用证的程序及其法律关系如何？
3. 信用证的种类及有关法律与惯例有哪些？

第五章

国际技术贸易法

本章主要内容及重点

本章主要内容是对国际技术贸易法的基本概念、技术转让的具体操作方式，以及操作过程中所涉及的国际经济法律规则进行介绍，关于国际技术贸易的法律规则又以介绍国际知识产权保护的相关规定和各国对技术贸易的管制为主。

本章的重点是国际技术贸易方式，与贸易有关的知识产权保护和国际技术贸易，保护知识产权的国际公约，对国际技术贸易的管理。

第一节　国际技术贸易法概述

一、国际技术贸易的基本概念

（一）技术的含义

“技术”一词在不同研究领域中的含义不尽相同。比如，在经济学中，技术是指生产要素（资本和劳动）的有效结合；而在技术工程领域中，技术被定义为科学知识在生产活动中的具体应用。国际技术贸易中的“技术”在世界知识产权组织（World Intellectual Property Organization，简称 WIPO）于 1977 年出版的《供发展中国家使用的许可证贸易手册》书中定义为：“技术是一种制造一种产品的系统知识，所采用的一种工艺或提供的一项服务，无论这种知识是否反映在一项发明、一项外形设计、一项实用新型或者一种植物新品种，或者反映在技术情报或技能中，或者反映在专家为设计、安装、开办或维修一个工厂或为管理一个工商企业或其活动而提供的服务或协助等方面。”①这是迄今国际知识产权学界关于“技术”的、较为全面完整的定义。根据这个定义，国际技术贸易中的技术包括三个方面的内容，即制造产品的系统知识、应用工艺的系统知识和提供服务的系统知识。

1985 年 5 月 24 日，由国务院发布施行的《中华人民共和国技术引进合同管理条例》第 2 条中规定，技术引进中的“技术”包含以下三个方面的主要内容：①专利权或其他工业产权；②以图纸、技术资料、技术规范等形式提供的工艺流程、配方、产品设计、质量控制以及管理等方面的专有技术；③技术服务。

---

① 曹宪志、王德素编，《国际技术贸易实务》，法律出版社，1989 年。

（二）技术贸易

货物贸易是货物的买卖，是货物所有权的转让。与货物贸易不同，技术贸易虽包括技术的买卖（所有权的转让），但主要不是技术的买卖，而是技术的使用许可。其贸易方式是多样的，包括技术的买断、许可，提供技术咨询或服务，特许经营，成套设备或关键设备的买卖，以技术投资的合营，工程承包等。

技术贸易与货物贸易、服务贸易关系密切。只有初级产品的贸易不涉及技术，成套设备的贸易往往既是货物贸易又是技术贸易。提供技术服务或咨询很显然也属于服务贸易的范围。是否归于某一类贸易，主要视该类贸易所占比例，是货物比重大、技术比重大还是服务比重大。

（三）国际技术贸易

技术贸易的国际性并没有一个统一的标准，不同国家有不同的规定。有的以当事人的营业地或惯常住所地在不同的国家为标准，有的以当事人的国籍为标准。而在涉及法人时，法人国籍的确定又有登记国和资本控制人所属国等不同标准。在涉及跨国公司时问题更复杂。一般情况下"国际"应作广义上的解释。在贸易只是与一个国家有关、不涉及外国因素时，才可以认为该贸易为国内贸易。

二、国际技术贸易法

国际技术贸易法是调整跨国技术转让关系的法律规范的总和。它包括国际公约、国际商业惯例，国内判例，国际组织内部决议以及一国有关技术进出口的法律。

在国际公约方面，从 20 世纪 70 年代初开始，在发展中国家的强烈呼吁下，联合国贸易与发展委员会（以下简称联合国贸发会）开始着手进行国际技术转让方面的立法，并于 1978 年拟定了《联合国国际技术转让行动守则（草案）》。由于发展中国家与发达国家存在分歧，草案至今未获正式通过。然而草案本身的制定就意味着国际技术贸易已引起各国普遍的重视，并为各国制定本国的相关法律及进一步进行双边或多边的国际性协作打下良好的基础。草案包括序言和 9 章的内容；对定义，适用范围，目标原则，当事人各方的责任和义务，国际性体制结构，适用法律和争端的解决等加以规定。

总的来看，国际技术贸易的管理规范主要表现为两方面：一是通过知识产权法保护知识产权，通过赋予发明者以专有权来鼓励发明；二是通过竞争法阻止对竞争的人为限制，来保护知识产权及有关技术，并对违反者进行处罚。对涉及国家安全利益的技术的许可转让，各国实施严格的管制，如我国 1998 年 12 月 3 日有外经贸部和科技部联合发布的《限制出口技术管理办法》。

第二节　国际技术贸易方式

一、国际技术贸易方式

国际技术贸易方式有许多种，具体采取哪种方式需要依据实际情况确定。主要包括以下九个方面。

（一）国际技术的买卖（assignment）

国际技术的买卖是指技术所有人的全部权利或独占权利发生转移，形成技术的买断。现实中这种情况一般很少发生。常用于对产品使用难以控制的情形，如数量多或成本低，或用于制造产品的技术难以商业化经营。

（二）许可（license）

许可是指一国的技术权利人许可其他人在确定期限内在一国或一定区域内从事权利人的独占权所包括的一项或多项行为（如制造或使用产品，使用方法制造产品）。这是国际技术贸易最常用的方式。

（三）专有技术许可（know-how license）

专有技术不享有类似专利等的法律保护。其许可可能与专利许可合同独立，也可能包括在专利许可合同中。许可人可能是专有技术的开发者和持有者。提供者承诺向接受者提供专有技术供接受者使用。可通过有形或无形的方式提供，如提供文件、数据、图表、照片、手册，提供直接指导和培训（技术服务，管理服务）。由于专有技术没有公开，保密是其中的重要问题。谈判前、谈判中、谈判后都要注意保密措施。

（四）买卖和进口设备或其他资本货物（capital goods）

一般来说，设备或其他资本货物含有较多的技术内容。货物的销售通常附带包含技术信息的文件，如安装、操作、维修手册，技术数据。有时与许可合同或专有技术合同合在一起。

（五）特许和经销（franchising and distributorship）

特许和经销是一种商品与服务的特许或经销制度。一方以其信誉、技术信息和专长与另一方的投资联合，直接向消费者销售货物或提供服务。通常基于商标、商号和经营场所的独特装饰或设计，并与某种形式的专有技术联系在一起，如技术信息、技术服务、经营管理服务（生产，推销，维持和管理）。

（六）咨询协议（consultant arrangement）

咨询协议是指为计划或实际取得某一特定技术提供建议或相关服务，包括有关技术的建议、调研、设计。提供咨询方对结果一般不负责任。

（七）交钥匙工程项目（turn-key project）

交钥匙工程项目也就是国际工程承包。项目方（发包人）委托工程承包人按约定条件完成整个工程项目，承包人负责项目的设计、施工、设备供应、安装、调试，提供技术培训、质量管理服务。其设计、建设和运营都涉及技术供应或服务。对承包人来说，国际工程承包责任很大。

（八）合营（joint venture）

国际技术贸易可以通过合营的方式进行。合营方以某种特定方式结合其资源，以制造、生产或销售产品或提供服务，并以某种特定方式共享利润、共担风险。利用合营可以提供发展所需的后续资金或其他资源。一方知识产权独占权的转让可以构成向合营公司的出资部分。也可以是一方向合营企业授予许可。合营有两种基本方式：股权式合营和契约式合营（我国外商投资法意义上的合作经营）。股权式合营组成一个独立的法律实体，各方提供资金或其他资源构成实体的资产或资本，该实体通常为有限责任公司，以区别于参与设立的各方。契约式合营不需或不可能建立一个独立的法律实体，一般适用于任务小、活动有限或时间短的项目，或当地法律不承认外国人的资产所有权的项目。

（九）兼并（merger and acquisition）

通过兼并拥有希望获得的技术的实体也可以形成技术的转让。但一般很少纯为技术而兼并。

二、国际技术许可协议

（一）概述

国际许可协议（international licensing agreement），又称为国际许可合同，是指技术出让方将其技术使用权在一定条件下跨越国境地让渡给技术受让方，而由受让方支付使用费的合同。从法律的角度讲，许可协议实质是一种“授权”协议，即技术所有者或持有者授予（许可）技术受让方在特定的范围内利用其技术。按受让方在特定区域内取得的使用权限划分，可以分为独占许可，排他许可，普通许可三类。

1. **独占许可协议**（exclusive license contract）。

独占许可协议是指被许可方享有最大使用权的一种许可方式。在合同规定的期限内，在合同确定的区域，被许可方对合同项下的技术享有独占或垄断权，许可方或其子公司不得在该区域内使用该技术，也不得将该技术许可给该区域内的第三人。

2. **排他许可协议**（**独家或全权许可**，sole licensing agreement）。

排他许可协议是指在指定区域内，除被许可方外，没有其他的被许可方，但许可方或其子公司可以在该区域内使用该技术。

3. **普通许可协议**（**非独占许可协议**，simple or nonexclusive licensing agreement）。

普通许可仅构成技术使用的授权，许可方或任何其他被许可方都可以在该区域内使用该技术。在普通许可的情况下一般含有最惠受让方条款：同一区域内，被许可方享有的条件不低于以后的被许可方享有的条件。

（二）国际许可协议的特征

与普通的国际货物买卖合同相比，国际许可协议具有以下显著的特征。

（1）国际许可协议有确切的时间性。在国际许可贸易中，合同的时间，即合同有效期往往是当事人双方谈判的焦点之一，许可方总希望有效期长一点，而被许可方则希望尽量短一点。其原因是国际许可协议通常采用提成或入门费加提成的计价与支付方式，合同的时间和价格成正比，合同有效期越长，提成费越多，合同的总价也就越高。这一点是许可协议与普通商品买卖合同最大的不同之处。

（2）国际许可协议有明确的地域性。国际许可协议的种类很多，但无论哪种许可协议通常都要明确规定地域性条款，即被许可方在哪些地域范围内享有使用权、制造权和合同产品的销售权。一般来说，地域范围越大，被许可方可能获得的收益就越多，但相应的合同价格也就越高，而被许可方总是希望以尽可能少的价格换取尽可能多的收益，因此，许可协议的地域范围通常就是平衡比较价格和预期利益的结果。

（3）国际许可协议有严格的法律性。其法律性主要体现在两个方面：①国际许可协议涉及的法律内容非常广泛。例如，在我国，除了直接调整技术引进和出口的专门法规外，我国颁布的专利法、商标法、著作权法、反不正当竞争法、外商投资企业和外国企业所得税法等部门法也在某一方面调整许可协议。②世界上多数国家都对国际许可协议有程序上的要求，即合同的有效成立必须经过国家有关部门的批准或备案等。

（4）国际许可协议有鲜明的有偿性。在国际许可协议中，使用费是非常重要和不可缺少的部分，许可方收取使用费是一种权利，被许可方则负有支付使用费的义务。在国际上，因为特殊需要，在政府与政府之间，或企业与企业之间，签订协议，进行无偿的援助或赠送，把自己拥有的专利、商标、专有技术等的使用权转让，这种转让不属于国际许可协议的调整范围。

（5）国际许可协议必须具有国际性。即许可方和被许可方必须分处不同的国家，作为转让标的的技术必须作跨越国境的移动。

（三）国际技术许可协议的主要条款

不同目的的许可，其合同条款不尽相同。综合起来，包括以下主要内容。

1. 当事人身份

当事人身份包括当事人的名称、国籍、法律形式等。

2. 鉴于条款

鉴于条款是对许可的目的、愿望、背景进行说明，对解释协议条款提供指导原则。

3. 定义条款

定义条款是对协议中关键性的、易于引起误解或争议的术语进行解释和界定。

4. 标的

标的是对技术或技术产品进行确定或确切的描述，包括技术名称，技术范围，技术性能指标及验收标准，技术资料的交付等。

5. **权利许可使用范围**

技术权利表现为不同方面，协议应确定具体许可的某一或某几个方面的权利。如专利权有四项权能，被许可方是否取得了全部或部分权利。技术使用或活动范围不同，支付价格不同。

6. **权利利用的充分性**

许可方应与被许可方就充分利用许可技术达成一致，包括商标使用，产品质量，生产数量，被许可方对第三人的许可，当地缺乏条件时为满足当地需要的进口，利用许可方的经销渠道等。

7. **地域独占权**

地域独占权包括在何地区从事哪些行为，与第三方的关系，以及对平行进口（灰色市场产品）的规定。对地域范围的规定主要是与许可方国家的出口控制制度一致，保护许可方免于被许可方的进口竞争，保护其他被许可方。这涉及许可方的全球市场安排、销售渠道限制以及与竞争法的关系等问题。

8. **技术改进**

许可方或被许可方技术改进的取得或使用，是否相互免费使用，向第三人许可利益的共享、方式和数额，技术的专利申请权等。

9. **保密**

在包括专有技术许可的合同中，应包括保密条款，如保密措施、期限、范围、侵权的结果。保密义务在下列情况下存在例外：非违约的原因导致技术向公众公开，在披露之前已为接受方占有，第三方未加保密地向接受方披露，接受方独立开发，司法程序或其他法律要求披露。

10. **保证与免责**

一般许可方应提供两方面的担保，即权利担保和技术担保。许可方对技术拥有所有权或许可权，该技术应不侵犯第三者的权利。技术使用、操作及其结果应符合约定的标准，技术符合被许可方的法律要求（如环境要求、水平要求）。一般许可方的担保责任限于许可方控制抗辩和解决争论的权利要求，被许可方应及时通知、同意并提供必要的帮助，许可方一般不担保非许可方提供的改进技术或其他技术。

11. **救济和责任限制**

救济和责任限制包括替换、修补或支付及赔偿损失。

12. **限制性贸易条款**

限制性贸易条款是指许可方对被许可方使用技术的限制条款。

13. **价格与支付条款**

合同价格条款又称使用费条款，合同使用费的计算方式主要有以下三种。

（1）统包价格。即在合同中一次算清一个明确的使用费数额，并在合同中固定下来，可由被许可方一次付清或分若干期付清。

（2）提成价格。又称滑动价格，是指在合同中规定，在项目建成投产后，按合同产品的产量、净销售额或利润(统称为提成基础)提取一定比例的费用作为使用费。

(3) 入门费加提成的价格。又称固定和提成相结合的价格,是指在合同中规定,在合同生效后被许可方立即支付入门费,在项目投产后一定期限内支付提成费。这种计价方式综合了统包价格和提成价格的优势,风险由双方分担,比较合理,因而成为最常用的计价方式。我国在技术贸易中多采用此方式。

14. 其他条款

其他条款包括税收、生效、终止、延长、法律适用、争议解决等。发展中国家一般规定合同在国家有关机关批准时生效。协议应对许可期限和终止作出规定,包括延期,终止条件,终止后的权利和义务。在知识产权许可的情况下,许可期限应符合知识产权权利期限。

第三节　与贸易有关的知识产权保护

一、知识产权概述

(一) 知识产权的定义和范围

1. 知识产权的定义

知识产权(Intellectual Property)这一术语产生于 18 世纪的德国①,最初的含义是指文学、艺术、音乐作品的财产权利(即版权),而专利(发明)、商标和工业品外观设计中的财产权利则以工业产权一词来概括。到了 1893 年,保护知识产权联合国际局(BIRPI)把保护工业产权和保护文学艺术作品的两个国际局合二为一,知识产权这一术语才正式包括工业产权和版权两个部分,与现代意义的知识产权含义接近②。1967 年,《建立世界知识产权组织公约》缔结并于 1970 年正式成立世界知识产权组织,公约第 2 条第(8)款中,将"知识产权"定义为:"工业、科学、文学或艺术领域中的智力创造活动所产生的权利。"这一定义为世界大多数国家,包括中国所接受。

2. 知识产权的范围

知识产权从范围上讲,有广义和狭义之分。

(1) 广义的知识产权范围,目前已为两个主要的知识产权国际公约,即 1967 年《建立世界知识产权组织公约》和 1993 年缔结的世界贸易组织的《与贸易有关的知识产权协议》(TRIPS)所认可。按照这两个国际公约,知识产权范围包括:①版权与邻接权(相关权利);②商标权;③地理标志权;④工业品外观设计权;⑤专利权;⑥集成电路布图设计(拓扑图)权;⑦未公开的信息权(即商业秘密权)。

(2) 狭义的知识产权,即传统意义上的知识产权包括两个部分,一是著作权及与著作权相关的邻接权;二是工业产权,主要包括专利权和商标权。

---

① Geller 主编,《国际版权的法律与实践》,Matthew Bender 出版社,1996 年。

② 汤宗舜著,《知识产权的国际保护》,人民法院出版社,1999 年。

（二）知识产权的性质和特点

知识产权在本质上是一种财产权。但是，知识产权又具有不同于其他财产权的特点，尤其不同于有形财产权。概括起来，知识产权特别是传统的三种知识产权，具有无形性、专有性、地域性、时间性四个最显著的特点。

1. 无形性

无形财产权（Intangible Property）可以说是知识产权的另一个称谓。知识产权与其他财产权的本质差别在于本身的无形性，而它所具有的其他法律特征，如专有性、地域性、时间性等皆由此派生而来。知识产权之所以具有这样的特点，在于权利客体即创造性智力成果的无形性。

2. 专有性

知识产权，尤其是工业产权的专有性，不同于有形财产权的专有性在于这种专有是"排他的"。例如，两个人可以分别拥有一块完全相同的手表，可以对这一有形物体互不干扰地处分；但二人分别创造出完全相同的发明，那么，在分别申请的情况下，只可能有一人获得专利权，而获得专利权的人将有权排斥另一人将其自己的发明许可或转让给第三人，另一人只剩下"在先使用权"。

3. 地域性

知识产权保护制度起源于封建社会，是君主授予的一种特权，这种特权在君主权力所及的地域内才有效，超出该地域，就不复有效了。现在，知识产权的性质发生了根本的变化，不是特权，而是依法产生的民事权利，即"法权"，但由于法律也不具有域外性，所以，这时"地域性"特点的含义是：知识产权只能依一定国家的法律产生，且只在其依法产生的地域内有效。

4. 时间性

知识产权的时间性是指权利人的专有权是有法定有效期的。例如，在我国，发明专利权的有效期是 20 年，实用新型和外观设计专利权的有效期是 10 年，商标权的有效期是 10 年。知识产权的时间性的特殊之处在于这种"时间"是法定的，而且，一旦过了法定时间，其就会进入公有领域，任何人都可以不经许可无偿使用。

二、知识产权的国际保护

如上所述，"知识产权"具有地域性特点，一个国家根据自己法律授予的专利权、商标权等，由于法律不具有域外性，这种"法权"在国外是无效的。然而，专利技术、商标以及版权等是无形财产，很容易流传到国外，因此，知识产权的权利人仅获得本国法律的保护是不够的，还需要在国外也获得保护。

为了克服各国之间知识产权法律规定的矛盾，加强知识产权保护，需要签订国际公约，使缔约国不仅有义务给其他缔约国国民以国民待遇，还要制定符合公约最低要求的知识产权法。本着这一宗旨，从 19 世纪 80 年代起，各国开始通过签订国际协定或公约谋求知识产权的国际保护。主要包括以下公约。

（1）为设立促进知识产权国际保护的政府间组织而签订的国际公约，即 1967 年签订、1970 年生效的《建立世界知识产权组织公约》。

（2）涉及工业产权保护的国际公约主要有：1883 年订立、1884 年生效的《保护工业产权巴黎公约》，1970 年签订、1978 年生效的《专利合作条约》，1961 年签订、1968 年生效的《保护植物新品种国际公约》，1968 年签订、1971 年生效的《建立工业品外观设计国际分类洛迦诺协定》，1891 年签订、1892 年生效的《商标国际注册马德里协定》，以及 1981 年签订、1983 年生效的《保护奥林匹克会徽内罗毕条约》等。

（3）涉及著作权及著作邻接权保护的国际公约主要有：1886 年签订、1887 年生效的《保护文学艺术作品伯尔尼公约》，1952 年通过、1955 年生效的《世界版权公约》，1961 年通过、1964 年生效的《保护表演者、录音制品制作者和广播组织罗马公约》，1974 年《关于播送由人造卫星传播的载有节目信号的布鲁塞尔公约》，1989 年《视听作品国际登记日内瓦条约》等。

（4）介乎于工业产权和著作权之间的国际公约有：1973 年在维也纳缔结的《印刷字体的保护及其国际保存协定》，1989 年在华盛顿缔结的《关于集成电路的知识产权条约》。

（5）因国际贸易产生的知识产权国际保护协定，即 1994 年签署的《与贸易（包括冒牌货贸易）有关的知识产权协定》（TRIPS），这一协定由世界贸易组织管理，涉及工业产权、著作权、集成电路布图设计的保护等诸多问题。

我国从 20 世纪 80 年代开始参加知识产权的国际公约。根据有关公约的规定，我国逐渐建立起越来越完备、保护水平越来越高的知识产权法律体系，并且给予符合条件的部分外国国民以不低于本国国民的知识产权保护。

三、《与贸易有关的知识产权协定》

（一）签订背景

在签订《与贸易有关的知识产权协定》之前，有关知识产权的现有公约已不能很好地满足知识产权密集型产品出口商的要求。比如，对知识产权的保护不完善或水平比较低，并且未能建立起有效解决知识产权争端和监督管理知识产权的国际保护机制；而且，鉴于含有知识产权的商品越来越多，技术含量越来越密集，缺乏保护会使它们失去优势，所以，知识产权与国际贸易日益紧密联系，为解决国际贸易中的知识产权侵权问题，加强对与贸易有关的知识产权的保护，成为国际谈判的重要议题。

1986 年关贸总协定乌拉圭回合谈判开始时，由美国提出将知识产权保护问题列入谈判的议程，虽然发达国家和发展中国家有些不同的意见，但是到 1989 年 9 月在埃斯特角发表的部长声明中将知识产权连同服务贸易和投资措施三个新议题列入谈判议程，并最终于 1991 年 12 月在日内瓦达成了《与贸易有关的知识产权协定》（Trade-related Aspects of Intellectual Property Rights，简称 TRIPS）草案。该草案经过局部的文字修改于 1994 年 4 月，在摩洛哥召开的乌拉圭回合谈判成员部长级会议上草签，成为乌拉圭回合谈判的最后文件之一，并于 1995 年 1 月 1 日正式生效，由同时成立的世界贸易组织管理。

TRIPS的生效，标志着知识产权国际保护制度进入了统一标准的新阶段，在推动协调各国知识产权立法和司法活动方面起了重要的作用，同时也协调了发达国家因对本国知识产权受域外保护现状不满而与发展中国家产生的种种利益冲突。

（二）TRIPS的主要内容

TRIPS除序言外，有7个部分共73个条款，其主要内容包括以下七个部分。

1. 普遍义务和基本原则

（1）普遍义务。根据TRIPS的规定，TRIPS的第二部分、第三部分、第四部分，即有关知识产权的效力、范围和使用的标准；知识产权的实施；知识产权的取得、维持及相关程序都必须符合《巴黎公约》第1条至第12条以及第19条的规定。此外，TRIPS第一部分至第四部分的所有规定，均不得有损于成员之间依照《巴黎公约》《伯尔尼公约》《罗马公约》和《关于集成电路知识产权条约》已经承担的现有义务。可见，TRIPS是基于主要知识产权国际公约，并吸纳了其大部分条款形成的。

（2）国民待遇。所有成员在知识产权保护方面，向其他成员提供的待遇，不得低于它对本国国民所提供的待遇，但是《巴黎公约》等国际公约已经规定的例外除外。所谓“国民”是指在世界贸易组织一个单一独立关税区有住所或真实有效的工商营业所的人，包括自然人和法人。

（3）最惠国待遇。任何一成员就知识产权保护提供给任何其他一国国民的利益、优惠、特权或豁免应当立即、无条件地给予所有其他成员国的国民。

2. 知识产权的效力、范围及使用的标准

TRIPS就各成员应提供的各类知识产权，规定了各成员应提供保护的最低标准。在规定这些标准时，首先，要求各成员遵守世界知识产权组织（WIPO）的主要公约最近文本规定的实质性义务；其次，对原有公约没有规定或规定得不合适的问题，增订了新的义务。

例如，协定扩大了专利的保护范围，专利的保护延及除对人或动物的诊断、治疗和外科手术方法以及植物和动物品种以外的一切技术领域。协定增加了专利权人的进口权。又如，协定将计算机程序当作文学作品保护，纳入了版权保护范围。而且第一次规定了作者的出租权，即每个成员应准予作者和他们的合法继承人有出租权或有权禁止对其原作或版权作品的副本对公众进行商业性出租。在商标保护方面，协定扩大了商标的保护范围，任何标记或标记组合，只要能够将某一企业的商品或服务区别与其他企业的商品和服务，均符合商标注册的条件。商标的转让或许可，可不与该商标所属的业务一起转让或许可。

3. 知识产权的实施

《巴黎公约》和《伯尔尼公约》涉及知识产权实施的规定很少，而由于各成员的程序和执行制度不同，各公约的实体规定很可能因此而失去作用。基于这种原因，TRIPS的第三部分专门规定了知识产权的实施，这在知识产权国际公约中是一个创举。

（1）一般义务。各成员应保证其国内法能提供协定第三部分所规定的执法程序，以便能采取有效行动，制止任何侵犯协定所规定的知识产权的行为。这种执法程序必须包括迅速防止侵权的救济和遏制进一步侵权的救济。此外，知识产权的执法程序应当公平合理，

不应当不必要的复杂或花费过高，或者规定不合理的期限或不适当的拖延。

（2）民事和行政程序及救济。各成员应向权利持有人提供关于执行知识产权的民事司法程序，包括及时得到足够详细的书面通知、委托代理人、举证的权利、陈述的机会等。一旦发生侵权，成员的司法机关应有权责令停止侵权，向权利持有人支付损害赔偿，对侵权的商品进行处理，禁止其进入商业渠道或命令将侵权商品予以销毁。

（3）临时措施。各成员的司法机关应当有权在侵权行为发生之初采取临时措施，以制止侵权行为继续进行或者防止有关证据被销毁。

（4）关于边境措施的特殊要求。权利持有人如有适当的证据怀疑假冒商标的商品或盗版商品有可能进口，可以书面向进口国主管行政或司法当局提出，由海关中止放行被怀疑侵权的商品。申请人应提供保证金或相当的担保，其数额应足以保护被告和该主管机关，并防止滥用。申请人对因错误扣押商品而造成的进口方的损失应予以赔偿。

（5）刑事程序。各成员必须规定刑事程序和刑罚，而且应至少适用于商业规模的故意假冒商标或版权盗版。适用的救济包括：监禁，罚金，扣押，没收，销毁侵权产品以及主要用于犯罪的任何材料和工具。

4. 知识产权的取得、维持及相关程序

各成员可以要求将符合合理手续和遵守合理程序作为获得或维持知识产权的一个条件。但这些程序和手续应与知识产权协定的规定相一致。

如果知识产权的获得需要经过授权或注册，各成员应保证，在符合获得权利的实质性条件的前提下，授权或注册的程序能在合理的期间内批准授权或注册，以免不正当地缩短保护期限。

已经在一个成员方内正式提出服务标记注册申请的人，为了在其他成员提出申请，在6个月的期间内应享有优先权。

5. 争端的防止与解决

防止争端的一个重要方法是增加透明度。因此，TRIPS规定，各成员应将其施行的与协定内容有关的法律、条例以及普遍适用的终局司法判决和行政决定，以本国语言公布，或者以本国语言使公众能够知晓。成员一方与他方之间的与协定内容有关的协议也应公布。

有关TRIPS的争端，除协定另有规定外，均应按照1994年《关税与贸易总协定》第22条和第23条的规定达成的“关于争端解决规则和程序的谅解”予以解决。其解决方法包括协商，斡旋，调停或调解，成立专家小组，建立常设上诉机构和对交叉报复加以规定等。

6. 过渡性安排

任何成员在建立世界贸易组织协定生效之日（1995年1月1日）以后的1年内，均无义务适用TRIPS的规定。对于发展中国家均有权将上述适用TRIPS的日期再延迟4年。

7. 机构设置和最后条款

TRIPS由与贸易有关的知识产权理事会负责监督实施，此外，知识产权理事会还应承担各成员指定的其他责任，特别是应当在争端解决程序方面应各成员请求提供任何协助。各成员应相互合作，以消除国际货物贸易中侵犯知识产权的现象。

第四节　国际技术贸易管理

一、国家对技术贸易的管理

（一）概述

与国际货物贸易不同，无论是技术出口国家还是技术进口国家，都对国际技术贸易实施较强的国家管制，形式上主要表现为国家对技术贸易的审批与许可。

技术进口国管制的主要原因是加强技术受让方在谈判中的谈判地位，利用国家的强制性法律平衡双方的权利义务；限制或消除技术转让中的限制性贸易做法，维护受让方的正当利益。技术引进国对技术贸易的审批管理主要包括需要审批的合同范围，审批程序，审批内容，审批机关。技术出口国管制的主要原因是国家安全、对外政策和对其国民权利的保护、审查技术内容和最终买主。

中国 1994 年通过施行了《中华人民共和国对外贸易法》，并于 2004 年和 2016 年进行了修订，其中对技术进出口的基本原则作了规定。除国家法律、行政法规另有规定的外，国家准许技术自由进出口。在一定的情况下，国家可以限制或禁止技术进出口。对限制进出口的技术，实行许可证管理。必要时，有下列原因，国家可以限制进出口：维护国家安全或社会公共利益；国内供应短缺或有效保护可能用竭的国内资源；输往国家或地区的市场容量有限；为建立或加快建立国内特定产业；对农牧渔业产品的必要进口限制；保障国家国际金融地位和国际收支平衡；履行中国参加或缔结的国际条约、协定的义务。为避免危害国家安全或社会公共利益，为保护人的生命健康和生态环境，以及为履行中国参加或缔结的国际条约、协定的义务，国家可以禁止技术进出口。

（二）美国的技术贸易管理

在国家对国际技术贸易的管理中，美国的技术贸易管理最有代表性。美国的国际技术贸易管理主要包括三部分：有关知识产权的不公平贸易做法，特殊 301 条款和出口管理法中的技术出口管制部分。

1. 有关知识产权的不公平贸易做法

美国《1930 年关税法》第 337 条，最初主要管制对美倾销产品和垄断商业等不公平贸易行为，该规定对外国进口产品侵犯美国知识产权的做法提供不同于国内产品侵犯知识产权的救济，使外国出口商或生产商处于低于美国国内生产商的地位，从而限制了外国向美国的出口。不公平贸易做法主要集中于知识产权案件。

2. 特殊 301 条款

美国贸易法中的 301 条款是美国对其认为是不公平的外国贸易立法、政策、做法采取的报复措施的立法。与第 337 节的不公平贸易做法不同。第 337 节解决对私人的救济问题，对某一特定产品或特定人采取措施，如要求侵权者停止不公平的贸易做法，或将某一产品排除于美国。而301条款制度则旨在解决外国政府的不公平、不合理的贸易立法、政策、做法,它主要是通过两国政府间的谈判解决问题。特殊301条款专门对知识产权的保护和市场准入的重点国家作了规定,下列国家可被美国贸易代表评估确定为重点国家:①对知识产权拒绝提供充分有效保护,或对依赖于知识产权保护的美国人拒绝提供公平公正的市场准入的具有最烦苛、最严重的立法、政策或做法的国家;②上述立法、政策或做法对相关的美国产品具有最不利的(实际或潜在的)影响的国家;③对提供充分或有效的知识产权保护没有进行有诚意的谈判,或在双边或多边谈判中没有取得明显进展的国家。

依赖于知识产权保护的人,是指涉及版权作品的制造、生产或许可,或专利或方法专利产品的制造的人;拒绝公平公正的市场准入,是指通过违反国际法或美国与该外国都是协议方的国际协议或构成歧视性的非关税贸易壁垒的法律、程序、做法或管理的使用,有效拒绝了受知识产权保护的产品的市场的准入。

3. 美国《出口管理法》中的规定

根据《出口管理法》(Export Administration Act,简称EAA),如果技术出口可能明显促成其他国家或国家联合的军事潜力,该军事潜力将证明损害美国的国家安全,在全面考虑对美国经济的影响和必要程度内可使用出口管制,同时与同美国有防御条约义务或共同战略目标的国家进行合作,限制可能明显促成其他国家或国家联合的军事潜力的产品和技术的出口,该军事潜力将证明损害美国和同美国有防御条约义务或共同战略目标的其他国家的国家安全,限制可能损害美国安全的产品和技术的销售。

二、对限制性贸易做法的管理

(一)限制性贸易做法的概念

限制性贸易做法,是指通过滥用或谋取滥用市场力量的支配地位,限制进入市场,或以其他方式不适当地限制竞争,对国际贸易特别是发展中国家的国际贸易及其经济发展造成或可能造成不利影响,或者通过企业间的正式或非正式的、书面或非书面的协议以及其他安排,造成了同样影响的一切行为。

技术贸易中限制性贸易做法存在的原因是多方面的。第一,许可方保护其信誉或产品质量、竞争地位。技术许可中,许可方承担保证技术、技术生产的产品合格的义务,这就要求许可方限制可能影响实现这一目的的做法。产品质量低劣直接影响到许可方的商誉。同时,如果允许被许可方自由销售产品,可能影响了其他被许可方的权益,也可能造成许可方的违约,还可能造成不正当竞争。第二,技术贸易标的本身的要求。各国法律对技术本身都有一定的要求,尤其是知识产权的保护。在知识产权保护不充分的被许可方所在国家,对技术贸易标的的保护主要是通过合同进行的,这就使许可方可能对被许可方提出了限制性要求。第三,交易双方地位、实力的不平等,许可方利用这一点谋取不正当利益。

各国对限制性贸易做法的规范立法的表现形式不一致。有的国家由竞争法调整,有的国家由垄断法调整。我国的《反不正当竞争法》和《技术引进合同管理条例》都涉及相关内容。

（二）国际对限制性贸易做法的管理

1.《联合国技术转让行为守则草案》

联合国贸易和发展会议在20世纪70年代末到80年代负责起草的《联合国技术转让行为守则草案》，对限制性条款提出的规范影响深远。世界上认识比较一致的限制性商业做法包括：限制受让方从其他供方获得与原供方有竞争可能的技术，限制受让方雇佣本地人员，限制受让方改进供方提供的技术，限制出口，单方回授，限制对效力提出异议等。

2. WIPO《技术转让合同管理示范法》

WIPO在20世纪80年代初制定了《技术转让合同管理示范法》，列出了17种限制性商业条款，包括：要求受方进口在本国能够以相同或更低代价取得的技术，要求受方支付过高的使用费，搭卖条款，限制受方选择技术或原材料（为保证质量除外），限制受方使用供方无权控制的产品或原料（为保证质量除外），要求受方把产品大部分或全部出售给供方或其指定第三方，条件不对等的反馈条款，限制受方产量，限制受方出口（供方享有知识产权地区除外），要求受方使用其他人提供的技术，将许可合同范围扩大到与许可目标无关的技术并要求支付使用费，固定产品价格，在受方或第三方因供方技术受到损害时免除或减轻供方责任，合同期满后限制受方使用有关技术，以及合同期过长（如超过知识产权的有效期）。

3. WTO《与贸易有关的知识产权协议》

协议对合同当事人可能滥用其权利采取限制性商业做法做了规定。协议规定，有关知识产权的限制竞争的许可做法或条件可能对贸易产生不利影响，并会妨碍技术的转让和传播。一国可以通过立法，规定特定情况下可能构成对知识产权滥用并对相关市场上的竞争产生不利影响的许可做法或条件。独占性的回授许可、阻止对效力提出异议以及强迫性一揽子许可被明确禁止。

思考题

1. 技术贸易的具体方式有哪些？
2. 国际许可合同的主要特征是什么？
3. 如何理解知识产权的实质是财产权？它的特殊性体现在哪些方面？
4. 如何理解限制性贸易做法？
5. 国际技术许可合同中被许可方的权利有哪些？

第六章

国际服务贸易法

本章主要内容及重点

本章主要讲述国际服务贸易法律制度，包括国际服务贸易的概念、特征，国际服务贸易法的概念以及世界贸易组织《服务贸易总协定》的内容。

本章的重点是国际服务贸易、《服务贸易总协定》。

第一节　国际服务贸易概述

一、服务与国际服务贸易

法律上的服务是指一个人向他人履行义务或提供劳动，前者为后者的利益或按其指令履行义务或提供劳动，其意志受后者的控制和支配。[①]

《关税与贸易总协定》主持下的乌拉圭回合谈判和 1994 年 4 月签订的《服务贸易总协定》对国际服务贸易作了如下定义。

（一）跨境交付（cross border supply）

跨境交付是指从一成员的国境向另一成员的国境提供服务，如通过互联网进行的视听、信息传递等。

（二）境外消费（consumption abroad）

境外消费是指从一成员的国境向另一成员的服务消费者提供服务，如一成员的非公用、军用的运输工具到另一成员境内接受服务提供者提供服务。

（三）商业存在（commercial presence）

商业存在是指通过一成员的（服务提供实体）法人在另一成员的商业存在提供服务，如一国服务提供者在另一国建立商业实体或其银行或保险公司通过在国外建立的分支机构提供服务。

（四）自然人流动（movement of personel）

自然人流动是指由一成员的自然人在另一成员境内提供服务，如一国教师、医生到另

① 余劲松、吴志攀主编，《国际经济法》，北京大学出版社、高等教育出版社，2000 年，第 157 页。

一成员国境内提供专业服务。

以上定义是“国际服务贸易”的最权威的定义，为多数国家所接受。

二、国际服务贸易特征与法律

国际服务贸易与国际货物贸易相比有如下主要特征。

（一）无形性、同步性

服务是一种无形产品，是无法固化的，这与物化的货物有着本质的不同。

（二）国际性

国际服务贸易的国际性主要体现在不同国家的提供者和服务的消费者上，而国际货物贸易的国际性则主要体现在货物的跨境流动，而非交易主体的国籍问题。

（三）政策问题多于法律问题

在国内层面上，相比国际货物贸易，国际服务贸易涉及的范围更广，问题更复杂，包括诸如人员的自由流动、移民政策、文化和意识形态等问题，甚至还可能与国家主权和安全有关。在国际层面上，国际服务贸易由于其发展历史相对较短，而且发达国家与发展中国家在这方面的发展相比国际货物贸易更不平衡，发达国家在服务业的发展规模、发展速度、发展水平及科技含量上占据了绝对优势。在服务贸易领域，政策问题多于法律问题，诸如市场准入、国民待遇和最惠国待遇等方面问题。

（四）法律调整的国内倾向

由于各国服务贸易发展极不均衡，在调整国际服务贸易的国际性法律领域中尚不存在像国际货物贸易那样国际统一化、法典化的土壤；进而由于各国政策纷繁复杂，甚至在多数地区尚未能如国际货物贸易一样形成某些地区利益。如此政治、经济、法律和政策的冲突使得调整国际服务贸易的法律统一化言之尚早。

国际服务贸易法就是调整服务跨国交易的各种法律规范的总和。世界贸易组织的《服务贸易总协定》是典型的国际服务贸易法律规范，但它仅仅是在解决服务贸易最基本问题上的初步尝试，服务贸易主要还是靠各国各自的国内立法调整。

第二节　乌拉圭回合与《服务贸易总协定》

一、《服务贸易总协定》的产生

“世界服务贸易”这个概念最早出现在美国 1974 年的《贸易法》中。此后，美国政府在 1973 年到 1979 年进行的“关贸总协定”的“东京回合”谈判中，就尝试对服务贸易问题进行谈判并谋求对服务贸易问题达成协议。到 1979 年的《美国贸易协议法》和 1984 年的《贸易和关税法》，美国将“世界服务贸易”的概念具体化。到 1988 年，美国的《综合贸易法》将服务业者、制造业者和农业生产者都纳入了该法的保护范围。在国际规则缺失的情况下，美国通过双边谈判来解决服务贸易的市场准入和不公平贸易问题，并试图将保护服务业的国内规则适用于国际服务贸易中。1982 年，美国认为当时的关贸总协定部长会议的优先问题应该是确定服务贸易谈判的工作方案，但遭到许多国家的反对。1984 年到 1986 年，美国不断施压，要求将服务贸易纳入《关税与贸易总协定》的范围之内，直至 1986 年 9 月，“乌拉圭回合”多边贸易谈判的部长级会议终于达成妥协，同意就服务贸易举行谈判。

服务贸易的多边谈判可以分为四个阶段：第一阶段，从 1986 年 9 月到 1988 年 12 月，谈判未取得实质性进展；第二阶段，从 1988 年 12 月到 1990 年 12 月，谈判进入实质性阶段，初步确定了服务贸易的一些概念、原则和规则，并就电信、金融、劳务人员移动、建筑工程、运输、专业服务、视听和旅游等各服务行业进行具体的谈判；第三阶段，从 1990 年 12 月到 1991 年底，各方达成了“乌拉圭回合”多边贸易谈判结果最后文件草案；第四阶段，从 1991 年底到 1993 年 12 月 15 日，“乌拉圭回合”多边贸易谈判全面结束，最终达成了《服务贸易总协定》(General Agreement on Trade in Services，简称 GATS)。

二、《服务贸易总协定》的主要内容

《服务贸易总协定》可以作为与《货物贸易协定》相平行的协定，由序言、6 个部分的 29 个条款和 8 个附件组成。除以上实质性内容以外，服务贸易总协定还有 9 项有关文件，包括部长决定和金融服务承诺谅解书，以及 4 项组织机构决定和 1 项关于服务贸易与环境的决定。它们共同构成了总协定的制度框架。

从逻辑结构上，GATS 又可分为：一般性定义(第一部分)；适用于全体成员的普通义务与原则(第二部分)；各成员根据其列出的细目表，对市场准入和国民待遇做出的具体承诺(第三部分)；各成员就进一步扩大服务贸易自由化的谈判原则、适用范围、具体承诺的细目表以及细目表的修改做出的规定(第四部分)；组织机构条款(第五部分)和最后条款(第六部分)；各种附件。

《服务贸易总协定》的主要条款如下。

(一)《服务贸易总协定》的目标与原则

在序言中，GATS 表明其宗旨是“促进贸易各方的经济增长和发展中国家的经济与社会发展”。总协定要通过多轮谈判来实现这一目标，谈判要在尊重各国的目标政策的前提下，本着互利的原则进行，但同时会对发展中国家的困难予以充分的考虑。

(二)《服务贸易总协定》的范围与定义

GATS 适用于成员影响服务贸易的各种措施，既涉及私有企业，也涉及政府所有(或控制)的公司，前提是这些部门的服务业是基于商业目的的，而政府机构与部门所获得的为己所用的服务被排除在总协定之外。

GATS 中的服务有四种“提供方式”，如前所述，不再赘述。相应的，“服务”一词涵盖上述四种方式进行的服务的生产、分销、推销、销售和总付。

（三）《服务贸易总协定》的一般责任和义务

1. 最惠国待遇

GATS 最惠国待遇义务适用于服务产品和服务业提供者，要求每一成员给予另一成员方的服务或服务提供者的待遇，应立即无条件地以同样的待遇方式给予任何其他成员方相同的服务或服务提供者。但总协定规定一个成员可以在 10 年的过渡期内维持与最惠国待遇不符的措施，但要将这些措施列入一个例外清单。世贸组织已有成员方提出了最惠国待遇的例外清单。

2. 透明度

GATS 要求成员方应把影响协定实施的有关法律、法规、行政命令及其他规定、规则和习惯做法，无论是中央或地方政府作出的，还是由政府授权的非政府组织作出的，都应最迟在它们生效前予以公布；任何成员方也必须公布其已经参加的所有影响服务贸易的其他国际协定。透明度的一个例外附则是，对于任何一成员方，那些一旦公布即会妨碍其法律的实施，或对公共利益不利，或损害具体企业的正当商业利益的机密资料，可以不予公布。

3. 发展中国家更多参与

GATS 承认服务业发展不平衡的现状，在协议中考虑到发展中国家的利益，促使发达国家采取措施加强发展中国家的国内服务部门，并允许发展中国家通过向外国服务提供者附加条件以换取市场准入。

4. 经济一体化

GATS 第 5 条规定了成员方实施无歧视待遇的义务，要求在服务贸易协定中安排具有实质性意义的部门减让和在成员方之间实质性地消除所有歧视。

5. 国内规定

GATS 规定任何成员方应在合理、公正、客观的基础上实施有关影响服务贸易的国内规定。在不违背一国宪法结构和法律制度的前提下，每一成员方应尽快坚持和使用或制定切实可行的司法、仲裁、行政手段或程序，对有关提供服务的行政决定做出迅速的审查并给予公正的判定。如果一成员方在已承担义务的部门对外开放，就应该对于外国服务商的申请按照国内法律和规定全面考虑，毫不拖延地把考虑的结果通知申请人，并提供有关申请方面的资料，各成员方有关的资格审查条件和程序、技术标准和许可证等，不能造成不必要的贸易壁垒。在成员方全体监督和检查下，资格与服务能力的审查应该客观而透明，在确保服务质量时不能造成不必要的负担，实施许可证不能造成贸易限制。

6. 相互承认提供服务所需资格

提供服务的公司或个人需要取得他们职业的证书、许可证或其他授权，但由于规定对于学历和工作经历的不同要求，外国服务提供者发现此种授权往往难以得到。为了克服这种困难，总协定督促其成员为获得授权所需的资格，相互承认达成双边或多边安排，并进一步规定这种相互承认的体系应是开放的，如果其他成员表明他们的国际标准和要求与该体系涉及的标准与要求相匹配，应允许其加入。

7. 关于垄断、专营服务提供者和其他限制竞争的商业惯例规则

在所有这些情况下，成员有义务确保这些服务提供者不会滥用他们的垄断和专营的权利，或不以违背他们在总协定项下的一般性义务或具体义务的方式行事。此外，一旦具有服务提供者会采取扭曲竞争、限制贸易的做法，受到影响的成员有权要求与服务提供者所属的成员进行双边磋商，以便取消这种行为。

8. 保障措施

GATS 规定一成员方在发生严重国际收支危机困难时，可以在已承担义务的服务贸易中实施限制措施。但各国在实施以国际收支平衡为由的保障措施时，应当是无歧视性的，并要求与国际货币基金组织协商一致；该国国际收支状况一旦改善，就应该立即取消相应的保障措施。每一成员方在实施或修改任何保障措施时，都应及时通知成员方全体。此外，由于在众多的服务贸易部门很难制定具体的保障措施，GATS 规定在协定生效 3 年后，在非歧视原则的基础上完成保障措施的谈判并加以实施。

9. 政府采购

关于政府采购，GATS 第 13 条第 1 款表明，“本协定第 2，16，17 条不适用于为了政府使用目的而不是商业转售目的或提供服务用作商业转售之目的，约束政府机构采购服务的法律、法规及要求”，并规定将在 WTO 协议生效后 2 年内继续完成有关政府采购规则的谈判。

10. 例外

GATS 第 14 条规定了一般例外：包括为维护公共道德和公共秩序必须采取的措施；为保障人类、动植物生命、健康所必需的措施；为保障与本协定不相抵触的法律和条例的实施，如反欺诈、防止违约以及保护个人隐私、安全等。

11. 补贴

GATS 目前还缺乏一种完整的规则来禁止对服务贸易的各种补贴，只是提出了一些思路，包括通过多边谈判，加速制定关于服务贸易的补贴与反补贴规则；建立对是否造成服务贸易扭曲的补贴的调查机制；给予发展中国家一定程度上的差别待遇；完善磋商和争端解决机制。

（四）《服务贸易总协定》的特定义务

除上述一般性义务之外，GATS 还规定了一些特定义务，旨在确保各成员所做承诺更加全面地履行。对于做出具体承诺的部门，特定义务包括：确保所有普遍适用的影响服务贸易的国内法规政策以合理和客观的方式实施；在合理的期限内授予外国服务提供者所需的许可；不得对国际转移和支付实施限制，除非该成员遇到国际收支平衡的困难；由于垄断与专营和发展中国家更多参与规则所产生的义务。

1. 市场准入

GATS 第 16 条规定，当一成员方承担对某个具体部门的市场准入义务时，它给予其他成员方的服务和服务提供者的待遇应不低于其在具体义务承诺表中所承诺的待遇，包括期限和其他限制条件。这意味着对于其他成员方以商业存在形式进入的服务或服务提供者，承诺该部门具体开放义务的成员方应在其境内承担义务，即从该成员方境内向任何成员方

境内提供服务的市场准入义务，如果跨越国境的资本流动是该项服务的主要部分，那么该成员方有义务允许这类资本流动。如果一成员方允许外国服务提供者在其境内开业，那么它就有义务允许有关的资本转移至其境内。关于发展中国家提出的具体承担义务，GATS采纳了“肯定清单”方式，将能够开放的部门、下属部门和交易列入目录。

2. 国民待遇

GATS中的国民待遇并不适用于所有部门，而只是针对每一成员方在承担义务的计划表中所列部门。在总协定中，每个行业规定的国民待遇条款不尽相同，而且一般要通过谈判才能享受。每一成员方应在其承担义务的计划表所列的部门或分部门中，根据该表所述条件与资格，给予其他成员方的服务和服务提供者以不低于其本国相同服务和服务提供者所得待遇。这种待遇，不管形式如何，均不得改变竞争条件，从而有利于本国服务企业。

3.《服务贸易总协定》的自由化承诺

各成员国应在《世界贸易组织协定》生效日后不迟于5年开始逐步自由化的多轮定期谈判，促进发展中国家的参与，推进服务贸易在双边、多边基础上的逐步自由化进程。基于各成员国相应的国家政策目标及整体和个别部门的发展水平，允许发展中国家对此保持一定灵活性。

4.《服务贸易总协定》的制度条款(争端解决机制)

GATS第五部分主要阐述争端解决问题：首先，争议产生时，双方应当进行协商；其次，如果协商不成，可向成员方全体提出，请求仲裁；再次，成员方全体通过仲裁后，如果一成员方不能有效地执行仲裁裁决，则通过所有成员方“联合行动”对其进行制裁；最后，在技术合作方面，各成员方应通过建立的联系点进行合作，对发展中国家提供的技术援助，应在总协定秘书处监督下，在多边的水平上进行。

5.《服务贸易总协定》的最终条款

GATS第六部分主要规定了加入和接受规则，并指出了协定的不适用和协定的退出。今后新加入协定的国家须通过谈判，经所有参加方同意，方能成为正式成员；总协定生效后，任何成员方随时都可以申请退出。

6.《服务贸易总协定》的附件

除总协定文本外，还有第29条“附录”，充实和补充了协议的若干重要内容，也是总协定的组成部分。它们是关于第2条豁免的附件，关于在协定下自然人移动提供服务的附件，关于航空运输服务的附件，金融服务的两个附件，海运服务谈判的附件，电信服务和基础电信谈判的附件。

思考题

1. 试述国际服务贸易的概念与特点。
2. 简述《服务贸易总协定》的内容。

第七章

调整和管制国际贸易的法律制度

本章主要内容及重点

本章的主要内容包括三部分：第一部分主要介绍各国对外贸易的管制措施，即关税及其相关法律问题，非关税壁垒和主要形式，以及我国的对外贸易法；第二部分主要介绍国际反倾销法律制度及其中国的反倾销立法；第三部分主要介绍 WTO 法律制度。

本章主要重点是反倾销法律制度中的征收反倾销税的条件，反倾销诉讼程序，以及 WTO 体制的基本原则和 WTO 争端解决机制。

第一节　对外贸易管理的国内法制度

各国为了实现进出口贸易政策，大多通过立法制定相应的管制措施，这些管制措施可分为两大类，即关税壁垒和非关税壁垒。

一、关税壁垒

关税壁垒(Tariff Barrier)是指各国为管制进出口贸易而设置的各种关税制度。关税是世界上最古老、使用最普遍的一种外贸管制措施。

（一）关税的含义与作用

关税(Customs Duty 或 Tariff Duty)是指一国海关根据其法律规定，对通过其关境的进出口货物课征的一种税收。

关境(Custom Territory)是指一国海关征收关税的地域范围。一般情况下，关境与国境是一致的，但有时也可能不一致，即关境有可能大于或小于国境。当两个以上国家缔结条约或协定组成关税同盟时，参加关税同盟的各成员国的领土即成为统一的关境，此时关境大于一国国境，如欧盟就是最典型的关税同盟。当一国设有自由贸易港、自由贸易区或海关保税仓库时，其关境小于国境，外国商品进入上述区域时可以免缴关税，但从上述区域进入所在国海关管制区时则需纳税。

一国政府对进出口货物征收关税是其行使国家主权的体现。其征税的目的主要有两个：一是为增加本国的财政收入；二是为保护本国民族工业的发展。随着各国关税措施的采用，同时也会产生一些负效应，即征收高关税可能导致国内商品的价格提高，增加消费者的负担，降低贸易双方国民的福利。因为对进出口货物所征收的关税是一种货物税，纳税人可以采取提高货价的办法将关税支出转嫁给消费者。因此,关税制度必须运用得恰当,否则就会产生副作用。

(二) 关税的种类

关税种类一般可分为下列三种。

1. 普通关税

普通关税(General Duty)又称一般关税,是指一国政府对与本国没有签署友好协定、贸易协定、经济互助协定的国家和地区按普通税率征收的关税。

2. 优惠关税

优惠关税(Preferential Duty)又称特惠关税,是指一国政府对从某其他国家或地区进口的全部产品或部分产品,给予特别优惠的低关税待遇。优惠关税是对受惠国以低于普通关税税率的标准征收关税以示优惠。

优惠关税一般是互惠的,即协定双方相互给予对方优惠关税待遇;但也有单方面的,即由给惠国单方给予受惠国优惠待遇,而不要求反向优惠。

优惠关税的税率有固定优惠税率和协定优惠税率。固定优惠税率是由给惠国自主制定对受惠国使用的,如普惠制优惠税率,它多表现为单方面优惠关税。协定优惠税率由缔约各方协商制定,因此也称为协定关税(Conventional Duty),多表现为互惠关税。

优惠关税一般有特定优惠关税、普通优惠关税和最惠国待遇三种。

(1) 特定优惠关税。即特惠税,是指一国对另一国或某些国家对另一些国家的某些方面予以特定优惠关税待遇,他国不得享受的一种关税制度。特定优惠关税实际上是殖民主义的产物,表现为宗主国与殖民地附属国相互之间给予的优惠,具有排他性。国际上最有影响的特定优惠关税是《洛美协定》的特惠关税,它是欧盟国家向参加协定的非洲、加勒比和太平洋地区的发展中国家单方面提供的特定优惠关税。

(2) 普遍优惠关税。即普惠制,是指发达国家对原产于发展中国家的产品,主要是工业制成品和半制成品,给予普遍的、非互惠的和非歧视的关税优惠待遇。发展中国家为了要享受普惠制的优惠待遇,一般要满足若干先决条件,如原产地标准、直运规则等。发达国家的普惠制方案也都作了不同程度的限制或例外规定,使某些发展中国家、某些产品排除在普惠制之外。

(3) 最惠国待遇。是指缔约国一方现在和将来给予任何第三方的优惠待遇,同样适用于对方。最惠国待遇最初只限于关税待遇,现已扩大适用于通商及航海的各个方面,但仍以关税为主。

3. 差别关税

差别关税(Differential Duty or Discriminating Duty),是指对同一种进口产品,由于出口国家或生产国家不同,或进口情况不同而使用不同的税率征收的关税。

差别关税实际上是保护主义政策的产物,它是进口国在特殊场合下为保护本国某种产业而采取的特别措施,是关税方面的差别待遇作为关税保护政策的延伸。主要有进口附加税,反倾销税,反补贴税,报复性关税等。

（三）关税的征收方法

1. 从量税

从量税是指以进出口货物的数量作为纳税税基计征的关税。

2. 从价税

从价税是指以进出口货物的价格作为纳税税基计征的关税，常用的如出口货物以 FOB 价格和进口货物以 CIF 价格计征关税。

3. 混合税

混合税又称复合关税，是指对同一进出口货物同时征收从价税和从量税的征税方法。

4. 选择税

选择税是指对同一进出口货物既规定从价税又规定从量税，海关从中选择税额较高的一种计征。

（四）海关税则

海关税则(Customs Tariff)又称关税税则，是指一个国家通过立法程序公布实施的、按商品类别排列的关税税率表。它是征收关税的法律依据，是各国关税政策的具体体现。

税则包括税号、商品名称和税率三部分。

税则中的商品分类主要有两种：一种是按产品的加工程度分，可分为原料，半成品，制成品；一种是按产品的性质划分，可分为农产品，畜产品，水产品，矿产品，纺织品，机器等。

税则对于同一货物有一种或两种以上税率来征收者，可分为单一税则和复式税则。

1. 单一税则

单一税则(Single Tariff)又称一栏税则，是指每一税目里只有一个税率，适用于任何国家的产品，没有差别待遇。只有极少数发展中国家采用。

2. 复式税则

复式税则(Complex Tariff)又称多栏税则，是指在一个税目里有两个以上的税率，对来自不同国家产品适用不同的税率。其中，普通税率是最高税率，特惠税率是最低税率，在这些税率之间，还有最惠国税率，协定税率，普通优惠税率等。发达国家大多采用三栏税率，如美国对进口税率采用普通税率、最惠国税率和普惠制税率。

二、非关税壁垒

非关税壁垒(Non-tariff Barriers，简称 NTBs)，是指除关税以外的一切限制进口的各种措施。非关税壁垒可分为直接的和间接的两大类。直接的非关税壁垒是指由进口国直接对进口产品的数量或金额加以限制，或迫使出口国直接限制产品出口的措施。主要有进口配额，进口许可证和“自动”出口限制等。间接的非关税壁垒是对进口产品制定严格的条例，间接地限制商品进口的措施。主要有外汇管制，进口与出口的国家垄断，歧视性的政府采购政策，进口押金制，进口最低限制，海关估价，繁杂的技术标准，卫生安全检验和包装，标签规定等。

第二次世界大战后，特别是 20 世纪 60 年代后期以来，随着关税的大幅度下降，作为限制进口主要手段的非关税壁垒作用显著加强。截至目前，世界各国采用的非关税壁垒措施已达 2 000 余种。现主要介绍如下。

（一）进口配额制

进口配额是指一国政府在一定时期内，对某些产品的进口数量或金额事先规定一个限额，直接加以限制。在规定的期限内，配额以内的产品可以进口；超过配额不准进口，或者征收较高的关税或罚款。

进口配额制（Import Quotas System）主要有以下两种。

(1) 绝对配额（Absolute Quotas），即在一定时期内（通常为 1 年），对某些产品的进口数量或金额规定一个最高限额，达到这个最高限额后便不准进口。

(2) 关税配额（Tariff Quotas），即对商品的绝对数量不加限制，而对在一定时期内，在规定的关税配额以内的进口商品给予减免或免税待遇，对超过配额的进口商品则征收较高的关税或征收进口附加税等。

（二）自动出口配额制

自动出口配额，又称自动限制出口，是指出口国在进口国的要求或压力下，“自动”规定在某一时期内（一般为 3 年）对进口国出口的某些商品数量，并在限定的配额内自行控制出口，超过配额即禁止出口。

自动出口配额制（Voluntary Export Quotas）从形式上看是一种出口限制，但实际上是进口国通过出口国采取出口限制的形式来达到限制进口的目的。进口国经常以产品大量进口使其国内同类工业受到严重损害、造成市场混乱为由，要求有关国家的出口实行有秩序的增长，“自动”限制出口；否则就单方面提高这些产品的进口关税或采取配额等其他限制进口的措施。在这种情况下，一些出口国被迫“自动”限制出口。

（三）进口许可证制

进口许可证制（Import licence System），是指政府为管制进口贸易，规定有关产品进口必须得到本国政府批准，并在颁发进口许可证之后才允许进口。

进口许可证制可分为两种：一种是与进口配额制配合实行，在配额以内的进口产品发给许可证；另一种则不与配额结合实行，商品每一笔进口都只在个别申请的基础上考虑是否批准。

（四）外汇管制

外汇管制（Foreign Exchange Control），是指国家通过法律对外汇买卖和国际结算实行种种限制措施，以平衡国际收支和维持本国货币汇价。它可以影响进口商品的支付时间和方法。外汇管制通常由中央银行或中央银行授权的银行执行。

在外汇管制下，出口商必须把他们出口所得到的外汇收入按官定汇价卖给外汇管制机关；进口商也必须向外汇管制机关按官定汇价申请购买外汇；携带本国货币出入国境也要受到严格的限制；等等。

（五）进口和出口的国家垄断

进口和出口的国家垄断是指国家在对外贸易中，对某些或全部产品的进出口规定由国家直接经营，或把产品的进出口权仅授予某垄断组织。

（六）政府采购政策

政府采购政策（Government Procurement Policy），是指政府通过制定法令，规定政府在采购时，要优先购买本国产品，从而导致对外国产品的歧视和限制。欧美等国都有这方面的专门立法。例如，美国的《购买美国货法案》（Buy American Act）规定，凡美国联邦政府需要采购的货物应该是美国制造的或者是用美国原料制造的。只要产品构成的成分30%以上是在外国生产的，即视为外国货。这样，由于国家直接参与贸易，就导致了在政府进行采购时对外国产品的歧视。

（七）进口押金制

进口押金制（Advanced Deposits），又称进口存款制，是指进口商在进口产品时，必须按照进口金额的一定比例并在规定的时间内，预先向指定的银行无息存放一笔现金。这种押金在有的国家可高达进口货值的50%，且必须在银行无息冻结6个月，它势必增加进口商的资金负担，从而起到了限制进口的作用。

（八）最低限价和禁止进口

最低限价（Minimum Price），是指一国政府对某种进口产品规定的最低价格，凡进口产品价格低于规定的最低价格时则征收进口附加税。

（九）海关估价制度（Custom Valuation System）

海关估价是指进口国通过专断地提高对进口产品的海关估价，来提高进口产品的关税负担，阻碍外国产品的进口，以美国最为突出。美国海关的征税工作是按进口产品的外国价值（进口的产品在出口国国内销售市场的批发价）或出口价值（进口产品在来源国市场供出口用的售价）二者之中较高的一种进行。这实际上提高了交纳关税的税额。

（十）复杂的产品技术标准及商品检验制度

各国都广泛地颁布各种产品的技术标准、卫生检疫标准、商品包装和标签等规定。近年来，一些国家为保护本国贸易，对进口产品常常无理地规定苛刻的、超过本国国内市场真正需要的技术、卫生和商检标准。这类规定日益复杂，且经常变化、不断提高，使外国产品难以符合其要求，从而起到限制甚至完全排斥某些外国进口产品。

三、我国对外贸易管理制度

（一）我国对外贸易管理制度的含义及其立法

我国对外贸易管理制度是指国家通过制定法律、法规，对货物进出口、技术进出口和国际服务贸易进行管理和控制的制度。1994年7月1日生效的《中华人民共和国对外贸易法》以及对外贸易管理方面的法规、单行条例等，共同构成了我国对外贸易管理法律制度的完整法律体系。我国加入WTO后，分别于2004年与2016年对该法进行了修改。

(二)《中华人民共和国对外贸易法》的主要内容

《中华人民共和国对外贸易法》有 11 章 70 条,主要规定了总则,对外贸易经营者,货物进出口与技术进出口,国际服务贸易,与对外贸易有关的知识产权保护,对外贸易秩序,对外贸易调查,对外贸易救济,对外贸易促进和法律责任以及附则。

1. 总则和附则

总则和附则主要规定了立法目的、适用范围、主管部门以及基本原则方面的问题。

(1) 适用范围。《中华人民共和国对外贸易法》所调整的对外贸易关系包括货物进出口关系、技术进出口关系以及国际服务贸易关系,也就是说,《中华人民共和国对外贸易法》适用于货物进出口、技术进出口和国际服务贸易。而对于边境城镇与接壤国家边境城镇之间的贸易以及边民互市贸易,则规定国家可以采取灵活措施,给予优惠和便利。由此可见,上述贸易(又称边境贸易)排除在《中华人民共和国对外贸易法》的适用范围之外,由国务院另行作出具体规定,单独关税区(如中国香港、中国澳门等)也不适用。

(2) 管理机构及其职能。国务院对外贸易主管部门(现为商务部)依照本法主管全国对外贸易工作。在国务院授权下,根据我国经济和社会发展战略,研究和贯彻对外贸易方针、政策,对全国的对外贸易实行宏观控制和经济调节,加强组织和监督检查,完善对外贸易立法,保证对外贸易的顺利发展。

(3) 附则规定了与特殊物质有关的对外贸易管理、文化产品的进出口管理的规定以及特殊地区的对外贸易管理的特殊规定、对外贸易法的实施时间。

2. 对外贸易经营者

《中华人民共和国对外贸易法》所称对外贸易经营者,是指依法办理工商登记或者其他执业手续,依照该法和其他有关法律、行政法规的规定从事对外贸易经营活动的法人、其他组织或者个人。

3. 货物进出口与技术进出口

国家准许货物与技术的自由进出口。但是,法律、行政法规另有规定的除外。

4. 国际服务贸易

我国在国际服务贸易方面根据所缔结或者参加的国际条约、协定中所做的承诺,给予其他缔约方、参加方市场准入和国民待遇。

5. 与对外贸易有关的知识产权保护

国家依照有关知识产权的法律、行政法规,保护与对外贸易有关的知识产权。

6. 对外贸易秩序

在对外贸易经营活动中,不得违反有关反垄断的法律、行政法规的规定实施垄断行为。

7. 对外贸易调查

为了维护对外贸易秩序,国务院对外贸易主管部门可以自行或者会同国务院其他有关部门,依照法律、行政法规的规定对相关事项进行调查。

8. 对外贸易救济

国家根据对外贸易调查结果,可以采取适当的对外贸易补救措施。

9. 对外贸易促进

国家制定对外贸易发展战略，建立和完善对外贸易促进机制。

10. 法律责任

法律责任是指国家规定的、对于违反对外贸易法的行为应承担的责任。

11. 附则

附则是指附属于对外贸易法的另外的规定。

（三）我国对外贸易管理的主要措施

（1）进出口许可证制度。政府为管制进出口贸易，规定有关产品进出口必须得到本国政府批准，并在颁发相关许可证之后才允许进出口。

（2）进出口配额制度。政府在一定时期内，对某些产品的进口数量或金额事先规定一个限额，直接加以限制。在规定的期限内，配额以内的产品可以进口；超过配额不准进口，或者征收较高的关税或罚款。

（3）外汇管理制度。国家通过法律对外汇买卖和国际结算实行种种限制措施，以平衡国际收支和维持本国货币汇价。

（4）进出口商品检验制度。国家为保护本国贸易，对进出口产品规定的、需要满足的技术、卫生和商品检验标准。

（5）进出口货物原产地管理制度。用以确定进出口货物原产地国的法律与规章。

（6）反倾销和反补贴制度。为抵制倾销、补贴对本国经济造成的不良影响，世界上许多国家都制定了反对倾销、补贴的规定。

第二节　国际反倾销法律制度

一、反倾销的国内立法

（一）倾销的含义

倾销(Dumping)的最初含义是指一项产品的出口价格低于该产品在出口国的国内市场的销售价格（即正常价值）的行为。

（二）倾销的形式

倾销有以下三种形式。

（1）临时性倾销——偶然性倾销；

（2）短期倾销——间歇性倾销；

（3）长期倾销——持续性倾销或掠夺性倾销。

（三）倾销的影响

倾销的影响有以下三个方面。

(1) 对进口国经济有影响。

(2) 对出口国经济有影响。

(3) 对第三国经济有影响,即对与倾销产品在进口国市场进行竞争的第三国的影响。

二、各国的反倾销措施

为抵制倾销对本国经济造成的不良影响,世界上许多国家都制定了反倾销法律,也有一些国家制定反倾销法律的目的不是抵制不公平贸易行为,而是作为贸易保护主义的一种措施,限制他国产品进口。目前大多数国家反倾销措施是通过征收反倾销税(Antidumping Duty)进行的。

(一) 征收反倾销税的前提条件

征收反倾销税只是对部分倾销行为采取的措施,而非针对所有倾销行为。其条件是有倾销的事实存在,倾销行为已对进口国的某项工业造成了实质性损害或存在实质性损害的威胁或阻碍,并且二者有因果关系。

1. 倾销的认定

对于倾销,各国都将倾销解释为一国出口商在另一国市场上以低于正常价值的价格销售产品的行为,但是对什么是正常价值却解释不一。根据各国反倾销法律的规定,有以下四种认定正常价值的方法。

1) 相同产品或类似产品在出口国的国内价格

相同产品是指在所有方面同倾销产品完全相同的产品。如果相同产品也在国内市场销售,则以其在国内市场上的销售价格作为正常价值,如出口价格(即正常贸易情况下,进口商向出口商购买产品所实际支付的价格)低于在国内市场上的销售价格则构成倾销。没有相同产品时,以类似产品的国内价为准。

2) 相同产品或类似产品在第三国的价格

此种方法多在不存在相同产品或类似产品的国内价格或国内价格不能作为依据时采用。如果出口国也向第三国销售相同或类似产品,则以向第三国的出口价作为正常价值。

3) 推定价格

推定价格又称构成价格或估定价格,是指以相同产品在出口国的生产成本,加上合理的费用以及利润所形成的价格。此种方法多在前两种价格无法确定时采用。

4) 替代价格

西方国家在确定非市场经济国家的出口产品正常价值时往往选择一个替代价格。他们认为,非市场经济国家的生产和销售受国家计划控制,产品价格受行政命令控制,而不是由市场供求关系决定,因此不能以其国内价格作为正常价格,必须选择一个经济发展水平与该非市场经济国家相似的市场经济国家作为替代国,以替代国相同或类似产品的国内价或向第三国的出口价格作为非市场经济国家出口产品的正常价值。以替代方法确定非市场经济国家产品的正常出口价值,对非市场经济国家来讲很不合理。现今的反倾销诉讼案中,很多纠纷都是由于使用替代国价格造成的。

2. 实质性损害的认定

实质性损害是指对进口国相同或类似产品的生产和销售造成的实质性损害，其认定可以从以下三个方面进行。

(1) 进口数量。进口数量大，损害程度也将加深。

(2) 对进口国相同产品价格的影响。如进口国国内相同产品的价格因该产品进口而大幅度削减或妨碍了进口国相同产品价格的合理提高，则可认定为实质性损害。

(3) 对进口国国内相同产品工业来讲，如使其产量、生产能力、就业、工资、利润等方面造成大幅度减低，则构成实质性损害。

3. 因果关系

实质性损害必须是由产品倾销造成，如不是由产品倾销引起，则不能采取反倾销措施。损害程度的确定同正常价值的确定一样，也具有一定的主观随意性，往往也成为实施贸易保护主义的一种手段。

（二）反倾销调查的程序

反倾销调查程序是指一国反倾销行政主管部门根据国内受到倾销损害的相关产业的起诉，对被控倾销的产品进行立案调查的过程。包括以下五个方面。

1. 反倾销申请

利害关系人即自然人、法人或行业协会以书面方式向有管辖权的机构提出，也可以由调查机关主动发起调查。我国反倾销调查的主管机构是混合型的，即倾销价格与损害的调查分别由外经贸部(现为商务部)和国家经济贸易委员会(简称国家经贸委)分别进行，并作出初步裁定和最终裁定，但是否征收反倾销税的决定由国务院关税税则委员会作出。

2. 反倾销立案

有关机构如受理则予以公布。

3. 反倾销调查

反倾销调查是指在一定期限内以书面方式或其他形式调查，以确定出口产品的正常价值、倾销幅度、损害程度等。

4. 反倾销应诉

反倾销应诉是指出口方提供书面申诉材料，进行抗辩。

5. 反倾销裁决

反倾销裁决包括初裁与终裁。初裁后出口商可以承诺提高出口价格(即价格承诺)或者被征收临时反倾销税。终裁后征收反倾销税，税额为倾销产品正常价值与倾销价格之差，即倾销幅度。该反倾销税是对终局裁定生效后进口的产品征收，征收期限一般不超过5年。终局裁定经利害关系人提起或主管机关主动提起可以进行复审。

三、我国的反倾销立法

（一）关于外国对我国出口产品的反倾销

从1979年欧盟对中国糖精钠反倾销以来，国外针对中国出口产品的反倾销案增多，涉及金额数亿美元，对此，外经贸部于1994年4月发布了《关于中国出口产品在国外发生的反倾销案的应诉规定》，1996年3月20日发布了《关于处罚低价出口行为的暂行规定》，以减少我国出口产品导致的反倾销案的发生。

（二）关于我国对外国进口产品的反倾销

为了保护民族工业的发展以及维护公平竞争，国务院根据1994年《对外贸易法》第29条至第31条的规定，1997年3月25日发布并实施《中华人民共和国反倾销和反补贴条例》，这是我国第一部反倾销的法规，这一条例的实施为中国采取反倾销措施提供了重要的法律依据。2002年1月1日起施行新的《中华人民共和国反倾销条例》，原1997年3月颁布的《中华人民共和国反倾销和反补贴条例》中关于反倾销的规定自2002年1月1日起废止。2002年1月1日颁布的条例将反倾销实体法和程序法集于一身，对于从申请、立案开始，到终裁、征收反倾销税为止的每个具体环节，均作了相应的规定，为我国企业针对外国产品的倾销提起的反倾销诉讼，提供了切实可行的法律依据。该条例的公布和实施在中国反倾销领域是一个质的飞跃，它使得中国的国内申请终于有了一部可以依循的法规。2004年该条例又进一步做了修改。

四、反倾销与反补贴的国际立法

（1）1947年实施的《关税和贸易总协定》中关于反倾销、反补贴的规定体现在该公约的第6条、第16条和第23条中，它奠定了国际反倾销和反补贴立法的核心。

（2）1967年6月关贸总协定第6轮谈判（即肯尼迪回合）第一次就削减非关税壁垒达成了协议，制定了《反倾销法典》，对总协定第6条的实施作了详细规定。

（3）1973年至1979年关贸总协定第7轮谈判（即东京回合），分别达成《反倾销守则》和《补贴与反补贴守则》，对总协定第6条、第16条和第23条的适用作了进一步解释和规定。

（4）1995年1月1日生效的关贸总协定乌拉圭回合反倾销和反补贴协议，即《关于实施关贸总协定1994第六条的协定》和《补贴与反补贴措施协定》，在实体和程序两方面严格了国际反倾销和反补贴的纪律，使总协定确立的国际反倾销与反补贴立法臻于完善。

第三节 管理国际贸易的多边法律制度——世界贸易组织（WTO）法

根据《建立世界贸易组织协定》（Agreement Establishing World Trade Organization，以下简称“WTO协定”）于1995年1月1日正式诞生的世界贸易组织（以下简称“WTO”）是当今世界上全面规范、调整各国贸易政策与贸易关系的全球性贸易组织。WTO使得以建立和运作的WTO协定及作为该协定附件的《货物贸易多边协定》（Multilateral Agreements on Trade in Goods，简称MATG）、《服务贸易总协定》（General Agreement on Trade in Services，简称GATS）、《与贸易有关的知识产权协定》（Agreement on Trade-Related

Aspects of Intellectual Property Rights，简称 TRIPS）等众多国际协定一起构成全面规范、调整当代国际贸易关系的多边法律体制。

WTO 多边贸易体制产生于 1947 年建立的《关税与贸易总协定》（General Agreement on Tariff and Trade，简称 GATT1947 或“关贸总协定”“总协定”）第八轮多边贸易谈判——乌拉圭回合谈判，是 GATT1947 多边贸易体制的继承与发展。因此，在具体研究介绍 WTO 体制之前，有必要对 GATT1947 体制作简要的回顾。

一、世界贸易组织的前身——关贸总协定（GATT1947）

《关税与贸易总协定》是世界上第一部在国际经济关系中规范各国的关税与贸易政策的多边协定。其产生于第二次世界大战结束初年，1945 年 12 月英美两国政府在战后双边会谈的基础上提出了发动建立国际贸易组织（International Trade Organization，简称 ITO）的详细建议。联合国经济与社会理事会于 1946 年初接受了美英的建议，决定召开联合国贸易与就业会议，以审议并签署国际贸易组织宪章。起草国际贸易组织宪章草案的正式谈判是在由 18 国组成的联合国贸易与就业会议筹备委员会中进行的。筹委会以美国提交的“宪章建议案”为蓝本，从 1946 年 10 月至 1947 年 8 月，先后召开了两次筹备会议，谈判拟定了宪章草案文本，提交于 1947 年 11 月 18 日在哈瓦那召开的联合国贸易与就业会议审议通过。

GATT1947 的制定与筹建国际贸易组织的工作是同步进行的。1945 年 12 月底，美英在建议筹备成立国际贸易组织的同时，亦提出各国进行减税谈判的建议。美国考虑到，国际贸易组织在短时间内还难以建立起来，因此，必须设法解决当时亟待解决的拆除各国普遍高耸的关税壁垒问题。1946 年 10 月，在伦敦举行的联合国贸易与就业会议筹委会第一次会议号召各国在筹委会第二次会议上举行削减关税的会谈。由此，1947 年 4 月至 10 月在日内瓦举行的筹委会第二次会议，一方面继续起草国际贸易组织宪章，另一方面由 23 个会议参加国在双边的基础上进行了削减关税的谈判，达成 123 项双边减税协议。这些双边减税协议加之一些限制与管理各国政府的非关税措施合并修订为一个文件，称为《关税与贸易总协定》。1947 年 10 月 30 日参加减税谈判的 23 国签署了《关贸总协定最后议定书》。为了避开协议参加国国内法要求的议会审议与批准程序，以使协议能尽快地付诸实施，23 国中的 8 个主要国家（美、英、法等）签署《关贸总协定临时适用议定书》，宣布从 1948 年 1 月 1 日起临时适用总协定到国际贸易组织宪章正式生效。如此，关贸总协定是被看作一项处理战后急需解决的各国在关税与贸易政策方面问题的过渡性临时协议而制定的，其缔约国约定，待国际贸易组织宪章生效后，即用宪章的有关部分来取代它。

然而，事实上，国际贸易组织的建立却面临困境，并最终化为泡影。自 1947 年 11 月 18 日至 1948 年 3 月 24 日于哈瓦那召开的联合国贸易与就业会议通过了《国际贸易组织宪章》（通常称哈瓦那宪章），但与会各国代表就以美国建议案为蓝本拟定的宪章草案提出了大量修正案。结果宪章中的某些规定与美国国内立法有矛盾，不符合美国的利益。加之美国国会当时正在就总统是否有权签署宪章进行辩论。因此，尽管杜鲁门政府曾三次将宪章提交美国国会批准，但均未获得国会通过，美国政府只好放弃了争取国会批准的努力。最终，宪章未获得生效所必要的签字国批准数目，国际贸易组织的建立就此夭折，GATT1947 这个原来只准备用以填补国际贸易组织宪章生效前一段时期的空白，起临时性应急作用的文件不得不担负起调整战后整个国际贸易秩序的重大历史责任而“临时生效”至 1995 年世界贸易组织建立，尽管这是 GATT1947 的缔造者所始料不及的。

二、WTO 多边贸易体制概述

（一）WTO 的建立

近半个世纪前，美国和国际社会为战后国际经济秩序设计的三大支柱中的贸易支柱——国际贸易组织，因其宪章未获批准而未能产生。GATT1947 虽然替补夭折的国际贸易组织而成为调整国际贸易的多边法律体系，但其天生的诸多缺陷——调整范围的狭窄性（只包括了拟议中的国际贸易组织宪章的贸易政策部分，宪章的其他重要实体规则部分均未包括）；法律地位的非正式性；组织机构条款与程序规则的缺乏等，使它的作用不能完全与设想中的国际贸易组织相匹配。过了近半个世纪，GATT1947 历史上最大的多边贸易谈判——乌拉圭回合谈判（1986 年至 1994 年经 8 轮谈判，共达 8 年之久）产生了 WTO，圆了 48 年前国际社会建立一个宏大的国际贸易组织的旧梦。

尽管乌拉圭回合最终建立了 WTO，但这并不是乌拉圭回合预定的一项目标。虽然乌拉圭回合谈判之始并未设想建立一个新的国际贸易组织，但是加强与改善管理国际贸易的多边体制的程序和作用却是预定谈判内容的一个重要方面，并涉及多个谈判议题，如 GATT 的争端解决程序，GATT 体制的作用；为实施乌拉圭回合谈判达成的各项协议须作出某种组织机构方面的安排，也是谈判开始时 GATT 缔约方的共识。

乌拉圭回合谈判中，建立一个新的多边贸易组织的建议首先是由欧洲共同体于 1990 年 7 月 9 日正式向当时的 GATT 体制提出来的。这一正式建议立即得到美国、加拿大等主要西方大国的支持，在美国的提议下，“多边贸易组织”改名为“世界贸易组织”。

1994 年 4 月 15 日，在摩洛哥马拉喀什举行的 GATT1947 部长会议上，《建立世界贸易组织协定》（WTO 协定）连同乌拉圭回合谈判达成的其他协议，以“一揽子协议”的方式被乌拉圭谈判的 104 个参加方政府代表签署。经美国、欧洲共同体和其他一些国家国内立法程序的批准，WTO 协定和其他协议按预定的时间表于 1995 年 1 月 1 日生效；同日，WTO 组织在日内瓦正式成立。按照 GATT1947 缔约方全体会议的决议，WTO 取代了作为事实上的国际贸易组织的 GATT1947。

（二）WTO 体制的法律规则体系

WTO 多边贸易法律规则体系是由 WTO 协定的正文及其统领的四个附件两大部分规则组成的。

WTO 协定的正文有 16 个条款，规定了 WTO 的宗旨，调整范围，职能，组织机构，法律地位，决策程序，成员资格及其 WTO 协定与 WTO 体制内其他协定的接受、生效、保留和修正等内容。总的来说，这些条款主要属于 WTO 体制中的组织机构规则和程序性规则条款。

WTO 体制规范和调整国际贸易关系的实体法性规则主要存在于 WTO 的四个附件中。

（1）附件 1《货物贸易多边协定》《服务贸易总协定》和《与贸易有关的知识产权协定》；

（2）附件 2《关于争端处理规则与程序的谅解书》；

（3）附件 3《贸易政策审查机制》；

（4）附件 4《复边贸易协定》构成 WTO 体制的仅有例外，允许 WTO 成员方选择决定是否接受。

（三）WTO 体制的组织结构及成员

根据 WTO 协定，WTO 设有部长级会议、总理事会、（专门）理事会，委员、总干事及秘书处等主要机构。

WTO 的成员分为创始成员与加入成员。

创始成员指在 WTO 协定生效之时，GATT1947 的缔约方和欧洲共同体，凡接受 WTO 协定及多边贸易协定，向 WTO 提交了关税减让表和其他承诺以及对服务贸易总协定的特别承诺表，并将这些减让表附录于 GATT1994 和服务贸易总协定的国家和地区。

非 GATT1947 缔约国均只能以加入的方式进入 WTO。WTO 加入成员的加入程序有以下两步。

（1）申请加入国与 WTO 就拟定该国加入的条件举行加入谈判。

（2）加入谈判拟定的加入协定书经 WTO 部长级会议以 WTO 成员方三分之二多数的赞成票批准。

（四）WTO 体制的基本原则

1. 最惠国待遇原则

最惠国待遇原则（Most Favour Nation Clause，简称 MFN）是国际经济贸易关系中的一项古老原则，从 17 世纪开始，在双边贸易条约中插入相互承诺给予最惠国待遇的条款（通常称为“最惠国条款”——MFN Clause）就已成为国家处理贸易关系的普遍实践。

（1）最惠国待遇原则的基本含义。一国（给惠国）在经济贸易关系中给予另一国（受惠国）及其国民的优惠待遇不低于现在或将来它给予任何第三国及其国民的待遇。这里，该另一国，即受惠国所享受的待遇即为最惠国待遇；而最惠国待遇的适用范围则由规定相互给予最惠国待遇的法律文件依个案具体约定。今天的 WTO 体制中，最惠国待遇原则的这种核心地位未有任何改变，并从关于货物贸易的关贸总协定扩展到服务贸易总协定（GATS）和与贸易有关的知识产权协定（TRIPS）。

（2）最惠国待遇原则的范围。实际上该适用范围囊括了与货物进出口活动有关的国家管理措施的三个基本方面，即对进出口的关税措施，非关税措施及对进口产品征收的国内税费与适用的国内法律规章。

（3）最惠国待遇具有多边化、无条件与制度化的特点。

多边化是指最惠国待遇适用于 WTO 所有成员方之间的贸易关系，也就是说，WTO 某一成员方给予其他任何一方，不论是否 WTO 成员方的优惠，都必须同样地给予 WTO 所有其他成员。成员方之间没有优劣之分，不应存在特殊的双边互惠关系，也不应歧视任何一方成员。通过最惠国待遇原则的适用，双边的互惠互利扩大为多边的互惠互利，一方成员可以不直接就每个商品或服务项目同各个成员方进行谈判就可享受任何成员方通过谈判达成的所有减让优惠。

无条件是指在 WTO 体系中，多边最惠国待遇的适用不取决于任何前提条件，不论此等条件是贸易性质的还是非贸易性质的，都具有自动给予的特点。某一成员方给予其他任何一方的优惠待遇应无条件地扩及 WTO 的所有其他成员方。

制度化是指 WTO 成员方根据最惠国待遇原则给予其他成员方的优惠待遇编录在作为 GATT 或 GATS 附件的减让表中，构成有关协定不可分割的内容。并且 WTO 部长级会议和 WTO 的其他机构负责监督该原则在成员方贸易关系中的适用。

(4) 最惠国待遇原则的适用范围与作用的发挥受到 GATT 诸多例外的限制。

2. 国民待遇原则

国民待遇原则是指在经济活动与民事权利义务等领域，一国给予其境内的外国国民的待遇不低于其本国国民所享受的待遇，或者说相同于本国国民所享受的待遇。

(1) 国民待遇原则的内容。总协定的国民待遇原则主要适用于对进口产品征收国内税费和执行国内法律规章方面，即国内税费和国内法律规章“在对进口产品或国内产品实施时，不应用来对国内生产提供保护”。缔约方应给予从其他缔约方进口的产品以与本国产品相同的待遇。

(2) 国民待遇原则的意义。防止缔约方政府在根据总协定规定削减关税或其他贸易壁垒后，又采取增加国内税费或其他国内措施的方法来抵消其承担的义务，达到对本国产品提供保护的目的。也就是说，如果一国开放市场、允许外国产品进入本国，那么该国政府就不能对外国进口产品采取歧视性国内措施，以取消由于其对外开放给外国产品带来的利益。

最惠国待遇与国民待遇的比较：最惠国待遇原则与国民待遇原则相比较，二者实为国际贸易中平等与非歧视原则缺一不可的两翼；二者的目标是相同的，都是为减少市场扭曲，实现贸易自由服务。所不同的是二者涉及的领域和调整的法律关系不同。最惠国待遇原则处理的是两种或两种以上外国产品之间的关系，强调一国在入境和清关过程中要对所有外国产品一视同仁，保证总协定所有缔约方享受相同的待遇；而国民待遇面对的却是进口的外国产品与本国产品之间的关系；要求在外国产品经清关入境后，应与本国产品同等对待，保证原产自总协定其他缔约方的产品在本国境内享受与本国产品平等的待遇。

最惠国待遇原则与国民待遇原则是主要的原则，此外还有市场准入原则，关税减让原则，取消数量限制原则，公平贸易原则，贸易透明度原则，非歧视原则，互惠原则。

3. 市场准入原则

市场准入原则是指一成员方允许另一成员方的货物、劳务与资本参与本国市场的程度。“准入”体现了国家法律上的一种含义，是国家通过实施各种法律和规章制度对本国市场向外开放程度的一种宏观掌握和控制。市场准入原则旨在通过增强各成员对外贸易体制的透明度，减少和取消关税、数量限制和其他各种强制性限制市场准入的非关税壁垒，以及通过各成员对开放其特定市场所作出的具体承诺，切实改善各成员市场的准入条件，使各成员在一定的期限内逐步放宽市场开放的领域，加深开放市场的程度，从而达到促进世界贸易增长，保证各成员的商品、资本和服务可以在世界市场上公平自由竞争。

4. 关税减让

关税减让是指各成员方在世贸组织（关贸总协定）的主持下，通过多边谈判，互相让步，承担减低关税的义务。谈判在最惠国待遇原则下进行，通过关税减让表来约束各成员的关税。各成员政府承担不得通过征收高于它在关税减让表中所承担的约束某种产品关税税率的义务。

5. 取消数量限制原则

取消数量限制原则是针对数量限制的行为。所谓数量限制，是各国对外贸易管制中的一种非关税措施，通常是指一国政府通过法令规定在特定时期内对某一类产品只能进口一定数量或价值。

6. 公平贸易原则

公平贸易原则是指各成员方和出口经营者都不应采取不公正的贸易手段进行国际贸易竞争或扭曲国际贸易竞争。

7. 贸易透明度原则

贸易透明度原则是指成员方正式实施的有关进出口贸易的政策、法令及条例，以及成员方政府或政府机构与另一成员方政府或政府机构签订的影响国际贸易政策的现行协定，都必须公布。

（五）WTO体制下的关税措施

1. WTO体制下有关普遍与逐步削减关税的规则

1）关税减让谈判

关税减让谈判是总协定的主要业务活动，总协定第28条附加对此制定了一般规则，其主要特点如下：①减让谈判由缔约方在互惠互利的基础上进行。互惠互利就是在谈判中双方交换各自的减让，互相作出让步，使双方都获得好处。互惠互利不允许一国在总协定中只享受利益而不承担义务，也使一国不可能在这种对等贸易中歧视另一国，因此作为一种有利的谈判工具来争取对方的让步而在总协定关税谈判中得到广泛的运用。②双方或若干国家在互惠互利基础上谈判达成的关税减让结果通过实施最惠国待遇原则而适用于所有缔约方。

2）关税减让表与约束关税制度

缔约方通过总协定内的关税减让谈判达成的削减关税的协议称为关税减让表（Schedule）。

对列入关税减让表的产品关税，总协定实行约束关税制度，即列入关税减让表的关税税率，对缔约方具有约束力，缔约方给予其他缔约各方贸易的待遇不得低于其关税减让表相应部分规定的待遇。总协定第 2 条第 1、第 3 款明确规定了缔约方在约束关税制度下的具体义务：①对于列入缔约方关税减让表之产品的进口，缔约方不得征收高于减让表中所规定之关税税率的关税。②缔约方也不得利用变更完税价格的审定方法或货币的折合方法来达到提高关税之目的。③缔约方也不得对列入其减让表的产品进口征收“超过其减让表生效之日对进口征收的或有关进口征收的，或该缔约方有效的国内法律直接并强制性地规定对进口应征收的任何种类的其他税费”。

3）关税减让表的修改

关税减让谈判达成的关税减让表的有效期通常为 3 年。每 3 年期满时，此等减让表自动展期进入下一个 3 年。为了保持总协定约束关税制度的灵活性，使之能适应缔约方不断变化的经济形势的需要，总协定给予缔约方重新谈判、修改或撤销减让表中所列减让的机会。这就是总协定第 28 条规定的“关税减让表的修改”程序。

除了第 28 条规定的修改关税减让表的程序，总协定其他若干条款亦规定在某些例外情况下，一缔约方可以不受约束关税制度的束缚而单方修改或撤销某项减让。例如，第 19 条保障条款规定的当某种产品的进口对国内工业造成严重损害或威胁时可采取的紧急措施；第 18 条规定的发展中国家为保护国内幼稚工业或为维护国际收支平衡而采取的措施；第 24 条规定的为建立关税同盟或自由贸易区之需要而修改减让表（此时应适用第 28 条的程序）。

4）普遍与逐步削减关税原则的实施

在普遍与逐步削减关税原则下，GATT1947 主要主持三类关税谈判：①回合谈判（rounds of tariff negotiations），即以削减关税为主要目标或主要目标之一的多边贸易谈判。②加入谈判，即一国加入总协定时与总协定其他缔约方就其加入条件进行的谈判。确定加入方所能作出的关税减让并制定其减让表，是加入谈判的主要内容。③重新谈判，即根据总协定第 28 条的程序，或根据总协定有关例外条款的规定，就修改一缔约方的关税减让表进行的谈判。

GATT1947 主持的称为“回合”的多边贸易谈判是总协定体系内削减关税谈判的主要场合，虽然这并不是总协定规则的要求。为了促进各缔约方在互惠互利的基础上降低关税，GATT1947 的历史上，已根据世界贸易的形势与需要，主持了 8 轮回合谈判。在这 8 轮谈判中，两种谈判方法曾先后使用双边的方法与多边的方法。

2. WTO 体制下与征收关税有关的海关制度

这里主要是指海关估价规则与原产地规则。

1）海关估价规则

海关价格通常是在进出口商向海关申报的进出口货物价格的基础上，由海关按本国的关税法律审查确定的。海关这种审查确定进出口货物完税价格的活动称为海关估价。由于完税价格的高低直接决定应缴纳关税和其他进口税费的高低，所以海关估价工作历来是各国管理对外贸易活动的重要内容。

关于海关估价的国际规则规定在关贸总协定第 7 条与 WTO《海关估价协定》中，在二者规则相冲突的场合，WTO《海关估价规定》优先使用。

2）原产地规则

产品原产地是与产品的生产地有关的产品的法定国籍。原产地规则是指用以确定进口货物原产地国的法律与规章。鉴于一方面，现代化经济活动中劳动力市场的全球性分工，一项产品的制造往往需要经过若干国家的生产活动才能完成；另一方面，各国在关税和其他贸易措施方面对其他国家又都存在差别待遇，因此，确定进口货物国籍的原产地制度就成为当今各国对外贸易管理中的一项重要制度。其目的在于在特定产品与特定国家的经济之间建立合理的联系，从而确定适用于该产品的关税和其他贸易措施待遇。在乌拉圭回合谈判达成 WTO《原产地规则协定》于 1995 年 1 月 1 日生效之前，国际社会中不存在关于原产地制度的有约束力的国际条约。GATT1947 第 9 条虽然对各缔约方关于原产地的法律与规则提出要求，但并没有关于货物原产地的实质性定义。乌拉圭回合谈判最终产生了《原产地规则协定》，但尚未能规定国际统一的原产地规则，但它已为此等规则的制定指明了方向。

（六）WTO 体制与非关税壁垒

从 20 世纪 60 年代后期起，总协定开始将注意力越来越多地投向非关税壁垒问题。对此总协定的工作主要分为两方面：非关税壁垒的确认；非关税壁垒的管制与取消。

1. 非关税壁垒的确认

并不是所有非关税措施都必然构成贸易的障碍，因此确认一项非关税措施是否构成非关税壁垒就成为总协定法律管制与废除非关税壁垒要解决的首要问题。

2. 非关税壁垒的管制与取消

GATT1947 管制与取消非关税壁垒的工作是在其多边贸易谈判过程中进行的，开始于 1963 年至 1967 年的“肯尼迪”回合谈判，达成了 GATT1947 体系内第一个关于非关税壁垒的协议——反倾销守则。在 1973 年到 1979 年的东京回合谈判中，GATT1947 首次大规模地致力于非关税壁垒问题的谈判，达成了 6 项关于非关税措施的协议，而乌拉圭回合谈判则是以全面处理各种非关税措施为其重要目标，并且更侧重以取消非关税壁垒实现其贸易自由化为目标。

（七）WTO 体制调整贸易的新领域

1.《服务贸易总协定》

《服务贸易总协定》是经关贸总协定乌拉圭回合多边贸易谈判达成的第一部管理国际服务贸易的规则和纪律。在世界贸易组织成立后，GATS 成为具有约束力的法律文件，是世贸组织多边贸易法律体系中不可分割的组成部分。GATS 的制定和生效标志着世界贸易体制正逐步趋于完善，它有利于促进全球服务贸易自由的进一步发展，从而有助于推动世界范围的更深入的经济合作。使各国在服务业的比较优势得到更大发挥，大幅度地提高世界生产力。

2.《与贸易有关的投资措施协定》

《与贸易有关的投资措施协定》是乌拉圭回合多边贸易谈判的新议题之一，是迄今为止国际社会制定和实施的第一个具有全球性的有关国际直接投资措施方面的协议，将对日益繁荣的国际投资与贸易活动产生重大影响。TRIMS并不是要建立规范所有投资措施的纪律，而是要取消那些对货物贸易自由起限制和扭曲作用的投资措施，以扫除贸易的障碍。

3.《与贸易有关的知识产权协定》

《与贸易有关的知识产权协定》是鉴于与贸易有关的知识产权侵犯变得日益严重，大量侵权产品频繁地在世界各地被曝光，成为国际关注的热点问题。全球因知识产权侵权所造成的损失每年达数百亿美元，而侵权货物贸易占世界贸易总量的比重非常高。为此，乌拉圭回合谈判最终达成了《与贸易有关的知识产权协定》。该协定为国际知识产权保护确立了新的统一的国际标准和准则。

（八）WTO争端解决机制

1. 法律渊源

（1）世界贸易组织现行的争端解决机制起源于1947年《关税与贸易总协定》第22条和第23条关于争端解决的规定。第22条规定，任何缔约方与GATT有关的事项，可以要求同其他缔约方进行协商。而被要求协商的缔约方应尽可能迅速地提供适当机会进行协商，以便就争端事项达成和解。如果争端各方之间的协商未能达到满意的结果，其中一缔约方请求缔约方全体介入时，缔约方全体可以邀请其他缔约方参加协商，以便增加协商解决争端的机会。第23条规定，如果一缔约方认为，由于另一方未能实施对GATT所承担的义务，或实施某种措施或情况，致使该缔约方根据GATT可获得的直接或间接利益正在丧失或受到损害，或者总协定的目标的实现受到了阻碍，则可以向有关缔约方提出改变措施的书面建议或请求。有关的缔约方应当对提出的请求或建议予以考虑。各有关缔约方如果在合理的期限内不能达成满意的调解方法，可将争端提交缔约方全体处理。缔约方全体应立即研究，或向有关缔约方提供适当建议，或酌情做出裁决，如有必要还可以就此问题与缔约各方、联合国经社理事会及有关的政府间组织进行协商。缔约方全体在必要情况下可以批准某缔约方按实际受损情况对有关的缔约方暂停履行总协定规定的义务，补偿利益损失。在暂停履行义务被批准和实施之后的60日内，如果有关缔约方要退出总协定，应以书面形式通知缔约方全体，在接到书面通知后60日退出正式生效。

（2）1986年乌拉圭回合谈判在中期评审后通过了《关于对总协定争端解决规则和程序的改进》的决议，在谈判结束时通过了《关于争端处理规则与程序的谅解书》(Dispute Settlement Understanding，简称DSU)（简称《谅解书》），共27条。《谅解书》作为一揽子文件列入乌拉圭回合谈判的最后文件，此项文件对所有的缔约方均有约束力，不允许当事方选择适用。

（3）WTO体制内各单项协定中包含的争端解决条款。

在上述的法律文件中，《谅解书》在WTO体制内各种协定包含的争端解决办法中占据了核心地位。《谅解书》是WTO争端解决机制的主要和直接的法律依据，共27条和4个附件。主要内容涉及WTO争端解决机制的作用,成员(国)的一般义务,适用范围,管理机构,一般原则,基本程序,特殊程序等。

2. WTO争端解决机制的覆盖范围

根据《谅解书》的规定,WTO争端解决机制适用于WTO成员方之间发生的有关该《谅解书》所覆盖的各协定的争端以及有关WTO协定本身的争端。《谅解书》所覆盖的各协定是指除《贸易政策评审机制》之外的WTO协定附件1至4所包含的所有协定,其中也包括《谅解书》本身。

《谅解书》的适用范围受到了一个限制,即当《谅解书》中的普遍性规则与程序与《谅解书》所覆盖的某些协定中所包含的特别或附加争端解决规则与程序相冲突时,对这些协定而言,特别或附加规则与程序优先适用。《谅解书》的附录2具体开列了此等协定及其所包含的特别和附加争端解决程序与规则条款的清单。

根据世界贸易组织《谅解书》的规定,采用该程序规则处理成员之间在世界贸易组织成立以后,基于以下协议(协定)产生的争端:

(1) 建立《世界贸易组织协定》。

(2)《多边贸易协定》(MTA),包括:附件1A《货物贸易多边协定》;附件1B《服务贸易总协定》;附件1C《与贸易有关的知识产权协定》;附件2《关于争端处理规则和程序的谅解书》。

(3)《复边贸易协定》(PTA),包括:《民用航空器协定》《政府采购协定》《国际奶制品协定》《国际牛肉协定》。

除了适用该程序规则外,对特定协定,还需适用特殊或附加的规则和程序。例如:

(1)《实施卫生和植物检疫措施的协定》附加11.2;

(2)《纺织品和服装协定》附加2.14,2.21,4.4,5.2,5.4,5.6,6.9,6.10,6.11,8.1至8.12;

(3)《技术性贸易壁垒协定》附加14.2至14.4,附件2;

(4)《关于实施GATT1994第6条的协定》附加17.4至17.7;

(5)《关于实施GATT1994第7条的协定》附加19.3至19.5,附件2,2(f),3,9,21;

(6)《关于补贴与反补贴措施协定》附加4.2至4.12,6.6,7.2至7.10,8.5,注35,24.4,27.7,附件5;

(7)《服务贸易总协定》附加22.3,23.3;

(8)《关于金融服务附件》附加4;

(9)《关于航空运输的附件》附加4;

(10)《服务贸易协定某些争端解决程序的决定》附加1至5。

在《世界贸易组织协定》生效以前,根据GATT1947或与之有关的先前的协定提出的协商要求,仍按《世界贸易组织协定》生效前的规则和程序进行。

3. WTO争端解决机制的运作程序

(1) 协商(Consultations)。协商解决争端是世贸组织成员解决贸易争端的主要方法,是两个或两个以上成员为使问题得到解决或达成谅解进行国际交涉的一种方式。争端发生后，要求协商的申请应通知争端解决机构（DSB）及有关的理事会和委员会。接到协商申请的成员应自收到申请之日起10日内作出答复，并在30日内（紧急情况下10日内）进行协商，60日内（紧急情况下20日内）解决争端。收到申请方在规定的日期内未答复，或未进行协商或双方未能解决争端，则申请协商一方可要求成立专家小组。凡与此争端有重要利益关系的成员在传阅协商申请日起10日内通知协商各方和DSB后，允许参加协商。

（2）斡旋、调停和调解（Good Offices，Conciliation and Mediation）。在解决争端的60日期限内进行斡旋、调停和调解，是争端双方自愿执行的程序，可由任何一方提出，随时开始，随时结束。斡旋是由第三方为争端当事者提供有利于进行接触和谈判的条件，并提出自己的建议或转达各方意见，促使双方进行协商谈判或重开谈判，斡旋者自己不介入谈判的一种解决国际争端方式。调停是第三方不但为争端当事方提供谈判或重开谈判的便利，而且提出作为谈判基础的条件并亲自主持谈判，提出建议，促使争端双方达成解决争端的协议。调解的概念不同于解决国际民商事争议中调解的概念，是指当事人将争端提交由若干成员方组成的委员会，委员会在调查的基础上提出解决争端的建议，该建议不具有法律约束力，因此，争端方没有必须接受的义务。

（3）专家小组（Panels）。如果争端双方一致认为斡旋、调停和调解不能解决争端，则可提出设立专家小组的要求。一方向DSB提交设立专家小组的申请。专家小组通常由3～5名在国际贸易领域有丰富经验的资深的政府与非政府人员组成。其职责是按照专家小组的工作程序和严格的时限对将要处理的申诉案件的事实、法律（协定）的适用及一致性作出客观的评估，并向DSB提出调查结果报告及有关圆满解决争端的建议。从报告提交DSB起60日内，由DSB会议通过此报告。如争端一方提出上诉，则报告不予通过。

（4）上诉机构的审议（Standing Appellate Body's Review）。当争端一方对专家小组的报告持有异议并将上诉决定通知DSB或DSB一致反对采纳专家小组的报告时，则由DSB设立的常设上诉机构处理对该案件的上诉。常设上诉机构由广泛代表世界贸易组织成员中7名公认的、具有法律、国际贸易和有关协定专门知识的权威人士组成，任期4年。该机构不隶属于任何政府。上诉只能由争端方提起，且上诉事由仅限于专家小组报告中论及的法律问题及该小组所作的法律解释，上诉机构的报告应自上诉决定通知DSB之日起60日内做出（特殊情况下不得超过90日）。上诉机构的报告可以确认、修改或反对专家小组的调查结果和结论。如上诉机构报告被DSB采纳，则争端各方应无条件接受。

（5）补偿和交叉报复（Compensation and Cross Retaliation）。当专家小组或上诉机构的建议或报告未被DSB采纳或执行时，在自愿的基础上，争端各方可就补偿办法达成一致协议。如在合理期限后20日内不能达成一致的协议，则援引争端解决程序的一方可要求DSB授权其中止履行对有关协议（协定）的减让和其他义务。除非DSB一致拒绝该项要求。

根据《谅解书》的规定，申诉方在中止履行减让和其他义务时，应遵循以下原则和程序：①原则上，申诉方应中止履行与产生违反、抵消或损害的同一协议中同一部门的减让或其他义务。②如不奏效，则中止履行同一协议内其他部门中的减让或其他义务。③如仍不奏效，则中止其他协议中的减让或其他义务。按照上述顺序，经DSB批准，允许进行交叉报复，除非有关协定中禁止中止履行减让和其他义务。交叉报复领域包括货物贸易、服务贸易及与贸易有关的知识产权领域，中止履行减让和其他义务的水平应与利益被损害或抵消的水平相当。

如有关成员对减让水平提出异议，或指控实施中止减让方未遵守上述原则和程序，则由原专家小组或总干事指定的仲裁员进行仲裁。仲裁员裁定的事项不涉及审查被中止履行的减让和其他义务的性质，只裁定：①减让水平是否与被抵消或损害的水平相当；②中止履行减让义务是否遵循了上述原则和程序；③有关协定是否允许中止履行减让及其他义务。

仲裁只进行一次，在仲裁期间，不得中止履行减让或其他义务。裁决作出后应立即通知争端解决机构(DSB)，以便作出授权决定。

(6) 仲裁(Arbitration)。作为可供选择的解决贸易争端的另一种方法是由争端双方达成一致的仲裁协议(仲裁条约)直接将案件提交仲裁，并将结果通知DSB和有关协定的理事会和委员会。

思考题

1. 非关税壁垒措施主要包括哪些?
2. 征收反倾销税的前提条件是什么?
3. 反倾销诉讼的程序是什么?
4. WTO体制的法律规则体系如何?
5. WTO体制的基本原则有哪些?
6. WTO争端解决机制的主要内容是什么?

第八章

国际投资法律制度

本章主要内容及重点

本章简述了国际投资、国际投资法的概念，国际投资的主要方式，并对其主要法律渊源和法律制度作介绍。主要包括两个部分：第一部分为国际投资和国际投资法概述，介绍国际投资和国际投资法的概念，国际投资法的调整对象，法律渊源和国际投资的主要形式；第二部分详细介绍了资本输入国、资本输出国的有关鼓励、保护或限制国际投资的国内立法及具体制度，并在《华盛顿公约》《汉城公约》以及世贸组织有关协定的基础上，专门阐述了国际投资的国际法律制度。

本章的重点是国际投资的主要方式，资本输入国对国际投资的鼓励，海外投资保险制度以及相关国际公约对国际投资的支持。

第一节　国际投资与国际投资法概述

一、国际投资的概念和种类

国际投资是国际间资金流动的一种重要形式，是投资者将其资本投向他国以获得一定经济效益的一种经济活动。对特定国家来说，国际投资包括外国资本的输入和本国资本的输出。前者称为外国投资，后者称为海外投资或境外投资。一般而论，世界上经济发展落后的国家，由于其廉价的劳动力、原材料和土地资源等，往往成为国际资本的输入国；反之，经济发达国家便成了国际资本的输出国。

国际投资可按不同的标准进行分类。例如按投资主体不同，可分为官方投资和私人投资。所谓私人投资，是指投资所涉及的只是自然人、法人及其他民间组织、企业团体的经济关系，即资本归私人所有；外国政府、国际金融机构的投资、贷款、援助则称为官方投资。按投资方式不同，可分为直接投资和间接投资。所谓直接投资，是指伴有企业经营管理权和控制权的投资，投资者在海外直接经营企业，对企业的经营管理有较大的控制权；间接投资是指投资者不参加企业经营管理，也不享有企业控制权或支配权，而仅以其持有的债权或证券来提供收益的投资。在国际投资中，国际私人直接投资占有举足轻重的地位，是国际投资法调整的主要对象。另外，按投资时间长短不同，还可分为短期投资和长期投资。

二、国际投资法的概念、调整对象和渊源

国际投资法是调整国际私人直接投资关系的各种法律规范的总称，是国际经济法的一个重要分支。

国际投资法的调整对象主要为国际间私人直接投资关系，即海外私人直接投资关系。由于国际投资法所调整的投资关系具有跨国界的私人资本流动的特点，这种国际间私人直接投资关系不仅涉及调整外国投资者与资本输入国及其法人、自然人之间的国内法关系，还涉及调整两个或多个政府之间的国际法关系，因此，国际投资法是由调整国际投资关系的国内法和国际法规范综合形成的一个法律体系。它的主要渊源有以下四个方面。

（一）资本输入国的外国投资法

这是资本输入国有关国际私人直接投资的法律制度和法律规范的总称。其主要规定资本输入国政府、外国投资者、外国投资企业关于投资的权利义务关系。世界各国用以调整外国投资的法律形式和体系各不相同，有的制定内容系统、统一的外资法，有的则针对某种投资形式制定专门的单行法规或散见在其他法律文件中，还有的仅适用一般的国内法。

毋庸置疑，当今世界各国为维护国家主权和本国经济利益，无不制定相应的外资政策和外资投资法，实施国家干预经济的职能。然而，由于各国经济发展的不平衡，其调整国际投资关系的立法宗旨、形式及具体内容都各不相同。发展中国家为争取经济上的独立自主，行使经济主权的主要措施之一就是通过立法，逐步排除外国资本对本国国民经济命脉的操纵和控制，对境内外国资本的活动实行必要的管理和监督，并加以适当的限制和约束。但外国资本的输入毕竟带来了国内经济建设急需的大量资金、先进的生产技术和科学的管理经验，扩大了本国的就业机会，从而有利于发展本国社会的生产力，有利于增强综合国力，有利于提高本国人民的生活水平。因此，它们又在全面权衡利弊的基础上，通过立法，对适合本国经济发展需要的各类外国资本的输入，加以必要的保护，予以适当的优惠、鼓励，实行正确的引导。全球众多发展中国家的外资法就是在上述历史背景下逐步产生、发展和确立的。发展中国家的外资法是国际投资法整体结构中首要的组成部分。与此相对应的是发达国家的外国投资法。大多数发达国家一般适用“国民待遇”原则，即调整本国国民投资活动的法律规范，一般也适用于境内的外国投资。

（二）资本输出国的海外投资法

对外输出本国资本是发达国家开展跨国经济活动的主要方式，对于发达国家的海外投资者而言，发展中国家是大有作为之地又是充满风险的。资本输出国为增强本国在国际经济竞争中的实力，维护本国经济利益，保护本国海外私人直接投资，通常制定有鼓励、限制、保护本国海外直接投资的法律制度，特别是为投资者在海外东道国所可能遇到的各种政治风险提供法律保护和经济保证的海外投资保险制度。这些法律制度也是国际投资法的重要组成部分。

（三）调整国际投资关系的国际条约

调整国家间国际投资关系的国际条约有涉及跨国投资问题的各类双边性国际条约，区域性国际条约和全球性国际公约。

两国间的双边投资协定是国际投资法体系中重要的法律规范。这些双边协定旨在鼓励、保护、保证及促进两国间的直接投资，其名目繁多，但按其内容可分为三种主要形式："友好通商航海条约""投资保证协定"和"促进与保护投资协定"。

区域性国际公约是指某一区域的一些国家，为了避免竞争，协同步调，采取共同立场，以区域性多边协定或条约的形式，制定的用以调整涉及本区域的资本跨国流动的行为规范或行动准则。其中早期最为典型的是拉丁美洲安第斯条约组织制定的《安第斯共同市场外国投资规则》。

为了促进全世界经济的共同繁荣，一些专门以资本跨国流动产生的普遍性矛盾为主题、以解决或协调在这个问题上的南北矛盾、提倡南北合作为主旨的国际公约，便应运而生。关于国际投资的世界性多边公约与协定主要有：《解决国家与他国国民间投资争议公约》《多边投资担保机构公约》、世界贸易组织体制下的《与贸易有关的投资措施协定》和《服务贸易总协定》。这些多边投资公约与协定对缔约国成员具有普遍约束力。

（四）调整国际投资关系的联合国大会规范性文件、国际惯例及其他国际法渊源

联合国自成立迄今通过了一系列关于国际经济方面的规范性决议，对于确立国家的经济主权作用巨大，影响深远。贯穿于联合国这些重要决议之中的国家经济主权原则，主要体现在三个方面：各国对境内的一切自然资源享有永久主权；各国对境内的外国投资以及跨国公司的活动享有管理监督权；各国对境内的外国资产有权收归国有或征用。联合国上述各项决议中确立的这三个方面的基本原则，本身都是具有法律约束力的最基本的行为规范。这些规范性决议中所包含的关于国际资本跨国流动的一些基本行为准则，也势必成为今后进一步建立世界性跨国投资法制的重要基石。此外，同样为促进国际投资的繁荣有序发展，某些国际政府间机构或国际民间机构也陆续制定或拟定了若干有关跨国投资活动的规范性文件或建设性文件，作为上述国际公约的补充，或作为未来相关国际公约的先导或雏形。

当代国际投资法的法律渊源，大体上就是由上述几类法律规范构成的。

三、国际投资的主要形式

（一）合资经营企业

合资经营企业是指由一个或多个外国投资者（自然人或法人）同东道国的政府、法人或自然人按法定或约定的比例共同出资，共同经营，共担风险，共享利润的法人企业。这是现代国际投资中最常见的企业形式，属于股权式合营企业，可设立有限责任公司或股份有限公司。我国的中外合资经营企业和外商投资股份有限公司就属此类。

（二）合作经营企业

合作经营企业是指国内外双方或多方投资者依照合作合同的约定组成的，共同出资，共担风险,共享权益的企业形式。合作经营企业属于契约式合营。我国的中外合作经营企业属此类。合作企业的法律形式可以是法人型企业,也可以是非法人型企业。非法人型合作企业的出资方式较灵活,出资物可不折算成股份,合作各方在企业中的权利义务、利润分配和亏损分担不一定依据双方的出资比例而由合作合同约定。我国以前的《中外合作经营企业法》及其实施细则中规定,外方合作者在合作期限可以先行收回投资,但合作合同中必须约定合作期限届满时,合作企业的全部固定资产无偿归中方合作者所有。但合作企业的亏损未弥补前,外国合作者不得先行收回投资。

(三)外商独资企业

外商独资企业(外资企业)是指依东道国法律在东道国境内设立的全部资本由外国投资者投资的企业。我国以前的《外资企业法》明确规定,外资企业是依照中国有关法律在中国境内设立的全部资本由外国投资者投资的独立的企业,它不包括外国企业和其他经济组织在中国境内的分支机构。我国外资企业的组织形式为有限责任公司,经批准也可以为其他责任形式。

(四)国际合作开发

国际合作开发是国家利用外国投资共同开发石油、矿产等自然资源的一种国际合作形式。通常由东道国政府或国家公司同外国投资者签订协议、合同,在东道国指定的区域,在一定的年限内,合作开发自然资源,依约承担风险,分享利润。国际合作开发中,开发者必须通过合法途径获得资源开采权。国际合作开发的方式大多采用契约合作方式,合作双方并不组成独立法律实体,而是仍为分别独立的法人,合作双方在平等互利的基础上签订合同,确定双方的权利和义务,并依此履行各自的义务。我国主要是合作开发石油资源项目。另外,我国为加快土地成片开发,也允许外商投资从事开发经营成片的土地。

(五)BOT 投资方式

BOT 是 Build Operate Transfer 的缩写,意为建设—经营—转让,是 20 世纪 80 年代以后出现的一种新的投资方式,是指政府授予私营企业(包括外国企业)一定期限的特许专营权,许可其融资建设和经营特定的公用基础设施,并准许其通过向用户收取费用或出售产品以清偿贷款、收回投资并赚取利润,特许权期限届满时,该项目将无偿移交给当地政府。BOT 主要应用于大型基础设施领域,投资规模和资金需求大,技术要求高,经营时间长。采用 BOT 方式,项目公司必须与政府签订特许协议,而政府一般对项目不作任何形式的担保或承诺。我国规范 BOT 投资方式的主要依据是 1995 年 1 月对外贸易经济合作部发布的《关于以 BOT 方式吸收外商投资有关问题的通知》。

上述主要国际投资方式在我国都存在并受法律保护,其中三资(合资、合作和独资)企业形式最普遍。

第二节　资本输入国外国投资法

一、概念

外国投资法是指资本输入国(东道国)制定的关于调整外国私人直接投资关系的法律规范的总称。它主要包括外国投资的范围、形式、条件,投资者的权利义务,对外资的保护、鼓励和限制等内容。

与发展中国家相比,发达国家对外国投资更倾向于采取自由开放的政策,对内资、外资一般实行无差别待遇。但也有一些专门针对外资的立法,主要目的在于对外资的监督,如美国、加拿大、日本等国。美国是世界上最大的资本输入国,外资进出自由。但由于近年来外国投资的急剧增长,美国也开始注意加强对外资的管理和监督。其中最重要的一项立法是1988年《综合贸易及竞争法》第5021节,即所谓爱克森-佛罗里奥修正案,该法案授权总统可根据“国家安全”方面的理由,禁止任何外国人对从事州际商务的美国企业实行吞并、取得或接管。加拿大也有类似倾向。日本则相反,该国外资立法经历了一个由“原则禁止,例外自由”到“原则自由,例外限制”的过程。

与发达国家相比较,发展中国家的外资立法主要有以下特征:第一,大多数发展中国家吸收外资的立法都以法典或系列性专门法规的形式,对有关外资法律问题作出特别规定。第二,对外资进行限制、管理、监督的同时,在税收、外汇使用及争端解决等许多方面,给予外资优于内资的种种特惠待遇。第三,发展中国家的外资立法晚近的发展趋势是逐步放宽限制,给予外资更多的保护和优惠,从而促使大量国际游资向发展中国家回流。

以下从对外国投资的管制以及保护、鼓励这两个方面介绍各国外资立法的基本内容和我国外资立法的主要规定。

二、对外国投资的管制

对外国投资的管制主要包括规定外资进入的条件和对外资经营活动进行管理两个方面。具体制度有以下六个方面。

(一) 外国投资项目的审批

外国投资项目的审批,是指资本输入国政府依据一定的程序、标准,对进入本国的外国投资进行审查、评价,并决定是否给予许可的一种制度。审批制度是资本输入国管制外国投资进入的重要手段。通过审批制度,资本输入国可保证外国投资符合本国法律规定的要求,适合本国国民经济发展的需要,有利于本国的国际收支平衡,还可以禁止或限制外资进入某些经济领域。

我国以前的外资法对外国投资采取逐项审批制度,不论投资额大小,不论投向哪个行业,均须政府审批机构审查批准。我国的外资审批机构是国务院对外经济贸易主管部门(现在的商务部)或国务院授权的机关,实行分级审批制。

（二）投资范围和出资比例的限制

各国外资法一般都明确规定外国投资的范围，并以一定的出资比例规定来决定外国投资的参与程度。投资范围是指允许外国投资的行业领域。对外国投资领域的限制是国际公认的对国民待遇的合理例外。受限制的投资领域通常是一些战略性或敏感性较强的国防安全部门、支配国家经济命脉的重要工作部门以及需要重点保护的民族工业。对投资领域进行严格限制是发展中国家投资法的一大特征，甚至对外资持放任态度的经济发达国家的外资法也少不了这些内容。例如，我国 1996 年颁布的《指导外商投资方向暂行规定》第 6、第 7 条分别规定了限制类外商投资项目和禁止类外商投资项目。当然，许多国家外资法还明确规定了允许和鼓励外商投资的部门，以引导外资流向有利于本国经济发展的行业。

在投资比例方面，大部分发展中国家认为外资比例太小对企业的经济意义不大，因此规定了出资比例的下限。例如，我国以前的《中外合资企业法》中规定外资比例不得少于 25%。同时，为体现东道国对其境内的外国投资的投资方向的控制，限制外国投资者在投资企业中的经营管理权、控制权或操纵权，有些国家也规定了出资比例的上限。例如在我国曾经发布的《外商投资产业指导目录》中，不少鼓励类、限制类项目都注明"不允许外商独资经营"或"由国有资产占控股或主导地位"。值得注意的是，自 20 世纪 80 年代以来，大多数发展中国家在执行其国内股权政策时表现出越来越大的灵活性。

（三）经营管理权和雇佣职工的限制

为确保外资企业的经营活动不影响本国的经济秩序，不少国家都设立专门机构，对其经营活动加以控制。例如美国设立了外国在美投资委员会，并通过专门法律，规定外国公司、合资公司必须提供投资状况报告、经营年度、季度等报告、资料，以便审查、监督和间接控制外资企业的经营活动。有的国家还对合资企业董事会的组成及其权限等问题作出专门规定，以保证本国国民在企业中的权益。

发展中国家引进外资的重要目的之一是扩大本国的就业队伍，提高本国职工的素质，培养本国的技术和管理人员，因此通常要求外国投资企业尽可能雇佣本土职工，限制雇佣外国人。例如印尼外资法规定，外资企业中只有印尼国民胜任不了的管理职务和专业职务，才能聘请外国人。我国以前的外资法律未明确对外国投资企业雇佣外国人的比例加以限制，但也规定合资企业职工，除外方合营者的代理人外，凡中方能够提供并胜任工作的，应招收中方人员。

（四）对投资期限的限制

发展中国家往往规定了外国投资的期限，以便在一定时期之后将外资企业的全部或部分股权转化为本国国民或国家所有，以加强民族经济的发展。例如越南的外国投资法规定，外商投资企业的经营期限不超过 20 年，必要时可以延长。我国以前的外资法在这方面限制较少，中外合资企业和中外合作企业可自行约定经营期限，约定的经营期限届满后，经合营或合作各方同意，可申请延长；外商独资企业的经营期限则由投资人在开办前自行申请，期满后也可依法申请延长。

（五）对外国投资“本地化”的要求

这种“本地化”要求主要体现在外资企业的物资采购和产品销售两个环节。为充分利用本国资源，带动本国经济的发展，注重以政策和法律手段促使外资企业尽可能在当地购买所需物资，如优先利用和加工国内原材料与自然资源、依靠本地供应等。我国以前的外资法也规定，外资企业采购物资时，在同等条件下，应尽先在中国购买。当然上述优先购买要求，一般以当地物资与国际同类物资相比时，在品种、规格、质量等方面相同或有竞争力为条件。还需注意的是，这种当地成分要求可能会被乌拉圭回合谈判所达成的《与贸易有关的投资措施协议》看成是对贸易有不利影响的限制性措施而予以禁止。

至于外资企业的产品销售，各国奉行的共同原则是，鼓励外国投资企业产品外销，但在一定条件下也允许内销或者以内销为主。

（六）利润及资金汇出的限制

为防止外汇大量外流而造成国际收支失调，一些外汇储备紧缺的国家，尤其是那些非自由汇兑货币的国家，对外国投资者利润及资金的汇出往往加以一定限制。这些限制主要有：批准、时间或金额限制、对不同的资本形式规定不同的汇出比例、按投资的行业部门规定汇出比例等。例如土耳其规定，外资本金自然增值的净利润，经财政部批准，可按官方汇率，用外资本金来源国的货币汇往国外。又如韩国法律规定，在韩国设立的分公司，经营前5年的利润不得汇出，后5年经批准可按经营资本的20%汇出。再如埃及法律则规定，外资本金的汇出必须在投资登记5年后。我国以前的法律规定，外国投资者若要将外汇资本转移到中国境外，须向国家外汇管理局或其分局申请，从企业外汇存款账户中支付汇出。对外籍职工的工资，许多国家法律均允许在纳税后可汇出国外，但有的国家也附加条件，须经批准或限额汇出，如土耳其。

三、对外国投资的保护和鼓励

为了创设良好的投资法律环境以吸引外资，各国外资法均对外国投资的安全与利益予以保护，甚至给予各种鼓励和优惠。我国《宪法》第18条规定：“在中国境内的外国企业和其他经济组织以及中外合资经营的企业，都必须遵守中华人民共和国的法律。它们的合法的权利和利益受中华人民共和国法律的保护。”各国外资法对外国投资的鼓励和保护主要体现在以下七个方面。

（一）待遇

发达国家一般赋予外国投资者“国民待遇”。各个发展中国家的规定不一致：有的规定为“国民待遇”，有的是“最惠国待遇”。事实上，发展中国家还常向外国投资者提供种种本国国民所不能享有的优惠。我国以前的外资法虽未对外资享有的待遇作一般性规定，但从各类具体法律、法规来看，外资企业在所得税、关税、外汇、进出口权等方面所享有的待遇远比内资企业优惠。加入世界贸易组织之后，我国已开始按WTO的有关规定对此作出相应的调整和修订。

（二）慎重征收（或国有化）及给予补偿

对外国投资的征收或国有化问题，既关系到资本输入国的主权问题，也关系到外国投资者的投资安全和利益，一直是国际投资争议中最大的问题，也是国际投资保护的核心问题。许多国家，特别是发展中国家为了保护外国投资的安全和利益，改善本国的投资环境，都在法律上给外国投资者提供国有化与补偿方面的保证：规定在一般情况下对外商投资企业不实行国有化和征收；在特殊情况下，国家可以根据社会公共利益的需要，对外商投资企业实行征收，但必须通过合法手段和法定程序，并予以补偿。我国新的外资立法对国有化和征用也做了类似规定。

（三）资本和利润汇出的保障

在东道国投资能否将投资利润和本金等自由汇出，这关系到外国投资者的根本利益。尽管绝大部分发展中国家由于外汇资金短缺，都实行外汇管制，但为了兼顾和保护外资的利益，吸引外资，它们都允许在一定条件下汇出外资原本、利润以及外籍职工的工资。发达国家在外汇管理上一般采取自由原则。我国以前的外资法律规定，外国投资者依法纳税后的纯利润和其他正当收益，可以向开户银行申请，汇出境外，从其外汇存款账户中支付；依法终止的外商投资企业，按照国家有关规定清算、纳税后，属于外方投资者所有的人民币，可以向外汇指定银行购汇汇出或携带出境。

（四）给予财政补贴

财政补贴主要是经济实力雄厚的发达国家鼓励外国投资的方式。其最主要的方法是由东道国政府以低于竞争性市场的利率提供资金，即以政府补贴的利息率进行贷款。更直接的财政补贴方式则是由东道国向外国投资者赠予现金，或降低土地、厂房的使用价格等。例如日本规定，在不发达地区投资而创造就业机会的雇主，可以获得一定数额的促进就业补助。有些发展中国家，如菲律宾、马来西亚等，也对符合条件的外资企业提供长期低利贷款、无担保贷款或其他特别财政补助。

（五）给予各种税收优惠和关税减免

税收优惠是投资东道国（主要是发展中国家）鼓励外国投资的基本形式。其主要做法是按照外国投资企业的规模、性质、投资地区和投资部门的具体情况，减免其进出口税、企业所得税和营业税等。有些国家为了鼓励外国技术人员的流入，还给予外国高级技术人员和管理人员减免个人所得税的待遇。

发展中国家给予外商投资企业的税收优惠，名目繁多，但往往与本国的产业政策、技术政策、就业政策、地区发展政策等挂钩，只有在这些产业、地区投资的或提供较多就业机会的外商才能享有优惠待遇。例如，泰国将投资地区分为三个区域，对外商投资企业的优惠待遇由第一区域到第三区域逐级加码。更多的国家对经济特区（包括自由贸易区，自由关税区，出口加工区，科学工业园，自由边境区等）的外商投资企业给予更多的优惠。又如我国经济特区、沿海开放城市、经济技术开发区的生产性外商投资企业的所得税税率为15％，其他地区的外商投资企业则一般适用30％的所得税税率。按照我国税法，鼓励类外商投资企业享有"两免三减半"、先进技术企业享有"两免六减半"的纳税优惠待遇，而设在中西部地区的上述企业，还可在此基础上再享有三年的减半纳税期。当然，各国税收优惠具体方式也不同：有的是直接减纳所得税或其他税收，有的是规定一段免税期，有的是准予加速折旧，使投资者在实物投资经济折旧实际完成之前加速收回投资成本。一般说来，发达国家由于国民收入较高，所得税税率普遍偏高，通常为40%～50%。相比之下，发展中国家为了吸引外资，所得税税率普遍较低，一般维持在20%～40%。

关税减免的通常做法是免除外国投资者作为投资而进口的设备的各种税额。例如我国以前的法律规定外商投资企业为生产出口产品而进口原材料和机械设备等，可减免关税。

（六）行政协助

行政协助是指投资东道国政府为完善投资环境，设立专门机构，简化投资审批程序，提高工作效率，并且协调好投资活动涉及的各种关系，及时解决出现的各种问题，从而在行政上保证和促进外国投资活动的顺利进行。

（七）妥善解决涉外投资争端

为消除外国投资者对救济公正性的疑虑，大部分东道国在强调当地法院管辖权的同时，也允许将国际投资争端提交东道国境外的仲裁机构裁决，还可提交"解决投资争端国际中心"(华盛顿中心 ICSID)仲裁。

四、我国外资法概况

我国自改革开放以来，不断改善和优化软硬投资环境，逐步完善涉外经济立法和外资立法，通过各种专项立法及相关的单行法规、规章相互联系综合而形成了一个外资法有机体系。我国修订颁布的外资法律法规主要有：《中外合资经营企业法》及其《实施条例》，《中外合作经营企业法》及其《实施条例》，《外资企业法》及其《实施细则》，《外商投资产业指导目录》和《外汇管理法》等，此外在《民法通则》《合同法》《公司法》《劳动法》等法律法规和一些地方性法规中也有大量关于外商投资的规定。

从我国的外资政策和外资立法看，作为发展中国家，我国本着平等互利的原则，对外商投资实行鼓励和限制相结合、且重在鼓励和保护的政策。如前所述，在对外商投资的管制方面，我国对外资采取逐项审批制度。20世纪90年代中期以后，还针对特定类型或行业的外商投资企业的设立，制定了相应的专门法规，具体规定它们的设立条件和形式、审批机关、申请设立程序等，如1995年颁布的《关于设立外商投资广告企业的若干规定》《设立外商投资建筑业企业的若干规定》和1996年颁布的《关于设立中外合资对外贸易公司试点暂行办法》《中外合作会计师事务所管理暂行办法》等。我国对外资投资范围的确定主要依据国家计划委员会会同国务院有关部门定期编制和修订的《外商投资产业指导目录》，它将外商投资产业领域划分为鼓励、允许、限制和禁止四大类。对于基础设施、农业、高新技术产业、环保产业及开发中西部的外商投资加以鼓励，对于我国已发展成熟的产业及危害国家、公共利益、不利环保的外资加以限制乃至禁止，同时还对部分项目注明“不允许外商独资经营”或“由国有自主占控股或主导地位”，以确保民族经济健康发展。在对外商投资的鼓励和保护方面，我国法律对保护外国投资者及其企业财产的安全、保障外国投资者原本及利润的汇出、保障外商投资企业的经营自主权、合理解决投资争议等方面，都有较为详细的明确规定。同时，对外国投资者和外商投资还规定了许多较为优厚的优惠措施，如前述的税收优惠、关税减免等，对产品出口企业和先进技术企业以及设立在经济特区或经济技术开发区的外资企业还给予特别鼓励，不但在税收、土地使用费和其他费用上，而且在资金融通、物资供应、产品进出口、市场开放等方面均给予优惠。

值得注意的是，2019 年 3 月 15 日十三届全国人大二次会议表决通过了新的《中华人民共和国外商投资法》，自 2020 年 1 月 1 日起施行。该法共 6 章 42 条，其中，第 1 章总则；第 2 章投资促进；第 3 章投资保护；第 4 章投资管理；第 5 章法律责任；第 6 章附则。

新的外商投资法的主要内容包括：

（1）适用于“外国的自然人、企业或其他组织直接或者间接在中国境内进行的投资活动，包括下列情形：①外国投资者单独或者与其他投资者共同在中国境内设立外商投资企业；②外国投资者取得中国境内企业的股份、股权、财产份额或者其他类似权益；③外国投资者单独或者与其他投资者共同在中国境内投资新建项目；④法律、行政法规或者国务院规定的其他方式的投资。”

（2）明确指出“对负面清单之外的外商投资，给予国民待遇”，明确了对外商投资实行准入前国民待遇加负面清单管理制度。规定了“外国投资者的投资活动违反外商投资准入负面清单规定”时“还应当依法承担法律责任”。

（3）规定“建立外商投资信息报告制度”。

（4）第一次规定了“建立外商投资国家安全审查制度”。

（5）国家对外国投资者的投资不实行征收。

在特殊情况下，国家为了公共利益的需要，可以依照法律规定对外国投资者的投资实行征收或者征用。征收、征用应当依照法定程序进行，并及时给予公平、合理的补偿。

（6）规定“外国投资者在中国境内的出资、利润、资本收益、资产处置所得、知识产权许可使用费、依法获得的补偿或者赔偿、清算所得等，可以依法以人民币或者外汇自由汇入、汇出”等。

（7）外商投资企业的组织形式、组织机构，适用《中华人民共和国公司法》《中华人民共和国合伙企业法》等法律的规定。

随着《中华人民共和国外商投资法》的实施，以前的《中华人民共和国中外合资经营企业法》《中华人民共和国外资企业法》《中华人民共和国中外合作经营企业法》（“外资三法”）同时废止。本法施行前依照三法设立的外商投资企业，在本法施行后 5 年内可以继续保留原企业组织形式。

第三节 资本输出国的海外投资法

一、海外投资与海外投资法的概念

海外投资是指资本输出国（投资母国）投资者在外国进行的投资。海外私人投资不仅关系到投资者私人利益，而且也关系到资本输出国的国家利益，因此资本输出国往往通过海外投资立法鼓励或限制海外投资。

海外投资法是资本输出国制定的调整本国公民、企业或其他经济组织海外直接投资关系的法律规范的总称。

二、海外投资的鼓励制度

资本输出是一国开展跨国经济活动的主要方法，能够使该国在世界范围内实现生产要素的最佳配置，也是它们谋取丰厚的利益和增强国际经济竞争实力的主要手段。各国对海外投资都采取了一定的鼓励措施，主要包括以下三种。

（一）税收优惠措施

税收作为重要的经济杠杆，在鼓励本国海外直接投资方面起着举足轻重的作用。常见的税收优惠措施主要有以下四种。

1. 税收减免措施

为刺激本国私人投资者向海外输出资本，一些发达的资本输出国采取税收减免措施。例如英国在计算投资者的海外收入时允许扣除其中的四分之一，即对四分之一的海外利润免征所得税。

2. 税收抵免措施

在国际投资活动中，双重税收问题经常困扰着投资者。因此，一些资本输出国允许海外投资者在其本国应纳税款中扣除其已在资本输入国实际缴纳的税款，以解决双重征税问题。英、美、日等发达国家都采取这种方式。

3. 税收饶让措施

税收饶让是指资本输出国主动放弃本国对海外投资企业的征税权，只承认投资东道国的征税权。换言之，海外投资者在东道国已缴纳税款的，视为其在本国已履行了纳税义务，本国不再另行征税或要求补税，以此来解决国家税收管辖权问题上属人原则与属地原则的冲突。但是，税收饶让抵免必须通过双边协定才能实现。全世界已有很多双边税收协定中列入了税收饶让条款。

4. 海外投资储备金制度

海外投资储备金制度是指资本输出国允许海外投资者在其投资之年将投资总额的全部或部分划为储备金，并在其应税所得额中扣除该储备金的数额，从而使其海外投资者在投资初期阶段可以暂不纳税或减少纳税。这种制度实际上对海外直接投资起了一种无息贷款的作用。日本、德国等都建立了这种制度。

（二）资金与技术援助措施

大多数开发援助委员会成员国对本国私人在发展中国家的投资活动给予资金和技术方面的支持。

1. 资金援助

不少资本输出国为鼓励本国海外直接投资，设立专门的金融机构或特别基金，以出资或贷款的方式资助投资者的海外投资。例如美国海外私人投资公司（OPIC），日本海外经济合作基金组织（DECF），欧共体的投资银行（EIB）等。

2. 技术援助

除资金援助外，一些资本输出国还成立非营利性民间团体，为海外投资企业培训技术人员，对本国培训发展中国家的技术人员的机构提供政府津贴，对发展中国家派来受训的人员提供生活费用及旅费等。例如美国在国际开发署援助下设立了“国际经营服务队”，加拿大成立了“加拿大海外经营服务机构”，日本建立了“世界经营者协会”。

（三）投资情报及咨询服务措施

为鼓励和促进海外投资，一些资本输出国还十分重视为投资者提供东道国经济情况和投资机会的情报。它们通过国家行政机关或国内特别机关及驻外使馆所设立的经济、商业情报中心，向本国投资者提供投资情报，开展咨询服务，协助进行调查或可行性研究。

三、海外投资的管制制度

海外投资常常对本国经济的发展产生积极和消极的双重影响。为确保本国私人海外投资对本国的国际收支平衡和经济发展有利，资本输出国有必要对海外投资实行一些管制措施。

（一）强化国家对资本流出的宏观控制

鉴于一国海外投资在短期内可能对该国的国际收支和就业水平产生消极影响，一些资本输出国可能通过贷款限制、外汇管制等措施从宏观上控制资本外流及流出方向。例如第二次世界大战后，英、美等国都曾在一段时间内采取这种限制措施。

（二）加强政府对技术流出的监督和管制

对于大多数发达国家而言，其对外直接投资较多地采用技术投资的方式，有些国家基于国家安全理由，对海外投资中技术的外流进行严格的监督和管制。例如在美国，如果输出设备制成品可能使被输入国获得用于国防目的的情报和技术时，要受到严格限制。

（三）防止海外投资企业逃避税收

为了防止关联企业滥用转移定价逃避税收，许多国家采取正常交易原则，即关联企业间的营业往来，都按照与独立的第三方达成的公平的市场交易价格计算，若关联企业人为地抬价或压价，税务机关则可依据公平市场价格，予以调整并征税。另外，针对海外投资者利用在避税港设立基地公司逃避税收的做法，许多资本输出国也采取了各种措施。例如美国采用取消延期纳税来制裁这种措施。

（四）其他法律措施

如资本输出国的反垄断法，进出口管制法，外汇管理法以及刑法等对海外投资的管理也具有重要作用。

四、海外投资保险制度

（一）海外投资保险制度的发展

海外投资保险制度是资本输出国保护和鼓励本国私人海外投资的重要措施和法律制度。第二次世界大战后相当长一段时间内，发达国家在发展中国家的海外投资屡屡遭遇战争、内乱、没收、国有化及外汇禁兑、政府违约等种种政治风险。因此，发达国家认识到，对本国的海外投资更重要的是必须予以法律上的保护，使本国的海外投资尽量免受或少受政治风险所造成的损失。美国于1948年根据《对外援助法》马歇尔援欧计划，率先创立海外投资保险制度，此后日、德等发达国家纷纷仿效，成为一项重要的投资保证制度。

（二）海外投资保险制度的概念

所谓海外投资保险制度是指资本输出国政府对本国海外投资者在国外可能遇到的政治风险，提供保证或保险，投资者向本国投资保险机构申请保险后，若承保的政治风险发生，致使投资者遭受损失，则由国内保险机构补偿其损失，承保人在向投保人支付保险金后获得代位求偿权，向东道国索赔的制度。其主要机制是根据国内立法，由官办公司（如美国的"海外私人投资公司"）、政府部门（如日本的通商产业省）或在政府部门控制下由私营公司（如德国）负责，为本国的海外私人投资提供战乱、禁兑和征用等方面的政治风险保险，这种制度往往以双边投资条约为先行，与双边投资条约结合使用。美、日、德三国的投资保险制度最具典型意义，其机制基本相同；但在具体规定如承保机构、合格投资者、合格投资、合格东道国、承保的政治风险险别、保险额和保险期限、保险费以及赔偿和救济等方面又各具特色。

（三）海外投资保险制度的内容

1. 承保机构

以国家公司来担保，如美国海外私人投资公司；以政府机构直接作为担保机构，如日本由通商产业省贸易局承保投资保险业务；以政府与国有公司共同实施保险业务，如德国信托监察公司和黑姆斯信用保险公司。

我国1998年开始试行对外投资政治风险保险制度，由中国人民保险公司出口信用险部受国务院委托办理。2001年成立中国出口信用保险公司，是国内唯一提供出口信用保险服务的非营利性专业承保机构，并于2003年开展海外直接投资保险业务。

2. 保险范围

保险范围主要限于政治风险，包括以下三种。

（1）征收险。一般是指由于东道国政府实行征收或国有化措施，致使投保者的投资财产受到部分或全部损失，由承保人负责赔偿。

（2）外汇险。包括禁兑险和转移险。美国只承保禁兑险，有的国家则全部承保。根据美国的规定，禁兑险是指作为被批准投资项目的利润或其他利益，或因投资回收或处分投资财产而获得的当地货币或其他货币，在东道国禁止兑换成美元。

（3）战争与内乱险（简称"战乱险"）。是指由于战争、革命、暴动或内乱的结果致使投资者在东道国的投保财产受到损害，而由承保人负责赔偿。

3. 保险对象

保险对象是指可作为保险对象的合格的投资。

合格的投资要求投资的形式、投资的东道国以及投资本身均须符合一定的标准。

合格的投资的标准包括：海外投资必须符合投资者本国的利益；海外投资要有利于东道国的经济发展；一般只限于新的海外投资，即新建企业的投资。

投资的东道国合格包括（如美国）必须是事先已与美国政府订有双边投资保证协定的国家；投资所在的东道国必须是发展中国家，而且其国民收入较低。

4. 投保人

投保人包括本国国民，本国公司、合伙或其他社团，外国公司、合伙、社团。

5. 投保程序

根据各国规定，合格的投资者要取得政府的投资保险必须按法定程序向承保机构申请，经审查合格后，才订立保险合同。

6. 赔偿与救济

当约定的保险事故发生后，被保险人有权获得保险人所支付的保险金。保险人在支付保险金后，代位取得被保险人基于保险事故对东道国所享有的索赔及其他权益（即代位求偿权），向东道国索赔。

7. 评价

在资本输出国从事国内经营的企业看来，海外投资保险制度使资本输入国承担的义务转嫁于资本输出国，风险由国内纳税人承担；资本输出国海外投资者认为该制度适用于新投资会造成新旧投资的不公正待遇；在作为资本输入国的某些发展中国家看来，该制度回避"国内救济"原则，使资本输入国与外国私人争端上升到国与国的争端。

综上，在该制度下发达国家是主要的资本输出国，但在开放性的经济环境中，资本的流动应是双向的，亚洲一些新兴工业国家或地区近年来已迅速发展成为大规模资本输出的来源地。这些国家（地区）的境外投资立法也相应地得以逐步丰富和发展，从而成为国际投资法领域中一个"新鲜"的组成部分。我国作为发展中国家，近年来在海外投资方面也有积极进展。这些海外投资企业对于我国充分利用国外资源、资金、技术、管理经验和各类信息，扩大我国对外经济交流和进出口贸易，促进国内经济的发展，都起到了积极作用。

五、中国对海外投资的管理与保护

改革开放以来，中国在向海外投资方面积极开拓，取得了可喜的进展。为使境外投资活动切实发挥促进经济发展的作用，我国正在努力完善这方面的政策和法律制度，已先后颁布施行了一系列法规以规范和调整海外投资活动。其中主要的法规有：原对外经济贸易部1992年颁发的《关于在境外举办非贸易性企业的审批和管理规定》，对外贸易经济合作部1993年制定的《境外投资企业的审批程序和管理办法》，国家外汇管理局于1989年和1990年先后颁布的《境外投资外汇管理办法及其实施细则》，国有资产管理局于1990年以后相继颁布的《境外国有资产产权登记管理暂行办法》《关于用国有资产实物向境外投入开办企业的有关规定》，1996年国务院颁发（2008年修订）的《中华人民共和国外汇管理条例》和财政部发布的《境外投资财务管理暂行办法》等。这些法规和规章主要从海外投资企业的设立、外汇管理、境外投资的国有资产管理等方面对我国境外投资活动加以规范。

（一）海外投资企业的设立

我国国内企业申请进行境外投资，须按其投资总金额的大小，分级报经国家计委、对外贸易与经济合作部以及国家外汇管理局或这三个部门下属相当于省一级的主管机构审批。

国内的公司、企业或其他经济组织，有资金（外汇）来源，具有一定的生产、技术和经营能力及人才，均可依法申请设立境外投资企业，但有以下限制：①经工商部门登记注册、有固定的或经重新核准的经营范围、有一定的资金和经营规模；②在境外举办从事工程承包或劳务合作业务的企业，必须是由对外经贸部批准授权的公司；③非经特殊批准，不得使用国家资金以个人名义在境外投资举办企业。

申请设立境外投资企业还必须符合下列条件之一：

（1）能引进先进技术、设备和管理方法。

（2）能长期稳定地为国内提供需要和短缺的原材料和产品。

（3）能为国家增加外汇收入。

（4）能扩大对外承包工程和劳务合作，并带动设备、材料的出口。

（二）海外投资企业的外汇管理

为阻止投资者到外汇风险大的国家或地区去投资，确保资金的有效使用，同时也为了确保投资者有可靠的资金来源，我国国家外汇管理总局及其分局负责境外投资外汇风险审查和外汇资金来源审查。国家外汇管理局还对投资资金的汇出和回收、投资利润和其他外汇收益的汇回进行监督和管理。

为便于外汇监管，国家规定，经批准的境外投资者应当持国家主管部门的批准文件、外汇管理部门关于投资外汇风险审查和外汇资金来源审查的书面结论、投资项目的合同或者其他可证明境内投资者应当汇出外汇资金数额的文件向外汇管理部门办理登记手续和资金汇出手续。

为使海外投资者能及时将境外利润或资产调回，我国有关法规规定，境内投资者在办理登记时，应按其汇出外汇资金总额的5%向外汇管理部门指定的银行专用账户缴存汇回利润的保证金。境外投资者来源于境外投资的利润或者其他外汇收益，必须在当地会计年度终了后6个月内调回境内，按照国家规定办理结汇或者留存现汇。境外投资企业转让境外投资企业股份，或按照所在国法律宣告停业或解散的，其境内投资者应将应得的外汇资产在转让结束后或清算结束后30日内调回，不得擅自挪作他用或者存放境外。违反上述规定的，将被依法追究行政责任，构成犯罪的，追究其刑事责任。

另外，国家规定，境外投资企业的年度会计报表应在当地会计年度终了后6个月内向外汇管理部门报送。境外投资企业变更资本，其境内投资者应当事先报原审批部门批准并报外汇管理部门备案。

（三）海外投资国有资产的管理

我国的境外投资大多以国有资产进行。为加强对境外国有资产的管理监督，防止国有资产流失，我国主要通过境外国有资产产权登记，加强投资单位对境外国有资产管理的责任，以及严格控制将国有资产以个人名义进行产权注册等措施来实现。

境外国有资产产权登记，是指国有资产管理部门依法代表国家对境外国有资产进行登记，取得国家对境外国有资产的所有权凭证，确认境外机构占有、使用境外国有资产的法律行为。境外国有资产产权登记的种类有开办产权登记、变动产权登记、注销产权登记和产权登记年度检查等。根据1996年财政部印发的《境外投资财务管理暂行办法》，投资单位对境外投资的财务管理必须履行确保国有资产安全、完整、保值、增值的义务，如向主管财政机关报送境外国有资产产权登记表、报告境外企业国有资产出售、转让等重要财务事项等。上述《暂行办法》还规定，投资单位经国务院授权部门批准进行境外投资，如确需将国有资产以个人名义进行产权注册的，必须经省、自治区、直辖市人民政府或中央主管部门批准后，由投资单位（委托人）与境外国有资产产权的注册人（受托人）签订《境外国有资产以个人名义持股委托协议书》或《境外国有资产以个人名义拥有物业产权委托协议书》，并经委托人所在地公证机关公证；否则，一律不得将国有资产以个人名义在境外进行产权注册。

（四）对海外投资者的鼓励和保护

为了鼓励境外投资事业，我国允许主办有关项目的境内投资者向国家银行申请优惠贷款。境内投资者从境外投资企业分得的利润或其他外汇收益，自该境外投资企业设立之日起5年内全额留成，5年后依照国家有关规定计算留成。资源开发项目的产品，凡纳入国家进口计划的，享受同等关税待遇和补贴，鼓励用国产设备、材料作为境外合营企业的中方投资，并免征出口税。

值得注意的是，随着我国对外开放、利用外资政策的进一步发展，我国现在已由主要的外资引进国家变为了外资双向发展国家。我国目前海外投资的项目越来越多，国家在这方面颁布了许多法规。其中代表性的有：①2014年5月8日实施的《境外投资项目核准和备案管理办法》，国家发展改革委员会根据具体情况对境外投资项目分别实行核准或备案管理。②2014年10月6日施行的《境外投资管理办法》简化了行政审批，确立了“备案为主、核准为辅”的新型管理模式，进一步提升了境外投资的便利化，并进一步提升了国内企业进行境外投资与并购的自主权。2018年3月1日实施了《企业境外投资管理办法》。③2015年2月13日，《国家外汇管理局关于进一步简化和改进直接投资外汇管理政策的通知》（汇发〔2015〕13 号文）开始实施。13 号文取消了境外直接投资项下外汇登记核准行政审批，改由银行按照《直接投资外汇业务操作指引》直接审核办理境外直接投资项下外汇登记。④根据《国务院国有资产监督管理委员会关于加强中央企业境外投资管理有关事项的通知》，如海外投资主体是国有企业的，则涉及国资委的审批或备案。⑤1999 年财政部等部门联合发布《境外国有资产管理暂行办法》，2011 年国资委发布《中央企业境外国有资产监督管理暂行办法》和《中央企业境外国有产权管理暂行办法》等。

随着“一带一路”倡议的提出，我国海外投资方面的法律制度迫切需要构建与完善，海外投资法律制度的建设任重道远。

第四节　保护国际投资的国际立法

一、双边投资条约

继大规模国有化浪潮之后，发展中国家在其国内新的立法中多有鼓励和保护外商投资的新规定，但它毕竟只是国内立法，仍不足以切实消除外国投资者的疑虑。于是，有关国际投资保护的双边条约（协定）得以逐渐盛行。

双边投资条约（Bilateral Investment Treaties）是资本输出国与资本输入国之间签订的，旨在鼓励、保护及促进两国间私人直接投资活动的双边协定与条约。在国际投资法体系中，双边投资协定占据着重要地位。在保护和促进私人直接投资活动方面，它是迄今为止最行之有效的国际法制。我国自 1979 年改革开放以来，为给外国投资者创设良好的投资环境，吸引外商投资，已与很多国家签订双边投资协定与条约。

（一）双边投资条约的类型及其特点

1. 友好通商航海条约

《友好通商航海条约》（Friendship，Commerce and Navigation Treaties）是缔约国之间就商业活动和航海自由事宜签订的条约，主要是确立两国间友好关系和商务交往关系的贸易条约。虽然，它涉及的范围相当广泛，而且重点在于保护商人而不是投资者，但也有关于国际投资的原则规定，内容大致可归纳为以下八方面：外国投资者的入境、旅行与居留；个人基本自由权；关于外国投资者的待遇标准；关于外国投资者财产权的保护和尊重；管理与经营企业的权利；对外国投资者的税收待遇；外汇管制与资金转移；关于争议的处理和管辖。

2. 投资保证协议

《投资保证协议》（Investment Guarantee Agreement）主要是美国采取的形式，通常采用换文方式。其特点是与美国海外投资、保险制度结合在一起，为投资者海外投资的政治风险提供保证。自 1848 年起，美国就与其他国家订立了很多投资保险和保证协议。其基本内容包括三项：①承保范围，即规定能够获得政府保证的政治风险的类别。②代位求偿权，即缔约一方的海外投资保险机构根据承保合同向投资者支付政治风险损失赔偿后，有权取代该投资者的地位并获得相应的所有权和请求权，实行代位求偿。③争端的解决，即规定缔约国之间因条约的解释、履行产生争议的解决途径和程序。

3. 促进与保护投资协定

《促进与保护投资协定》(Agreement for Promotion and Protection of Investment)是欧洲一些发达国家与发展中国家签订的促进与保护海外投资的协定，其中由联邦德国首创，也最为典型。这类协定的特点是内容具体详尽，多为实体法的规定，但也有程序性规定，且保护范围不仅包括"新"投资，还包括已经存在于资本输入国的缔约一方的私人投资。其基本内容可概括为五方面：①关于许可投资方面的规定，包括受保护的投资者和投资的范围以及外国投资的待遇；②关于国有化与补偿的规定；③关于因政治风险而赔偿损失的规定；④关于代位求偿权的规定；⑤关于争议解决的规定。

（二）双边投资条约的作用

1. 具有国际法上的效力

双边投资条约在国际法上对于双方当事人具有法律拘束力，若当事人一方不遵守条约，将会产生国家责任。

2. 易于双方互利合作谋求一致

双边投资条约可以顾及当事人双方国家的特殊利益，因而易于在互利的基础上谋求协调一致，比之多边投资条约谋求多国间的利益平衡，较少困难，较为灵活。

3. 加强保证国内法效力

双边投资条约可以加强或保证国内法效力。许多发达的资本输出国都实行投资保险或保证制度，以投资保证协定作为国内保险制度的法定前提，这些国家都将投资保护协定作为加强国内投资保证制度的重要手段。

4. 实体、程序兼而有之，内容全面完整

双边投资条约特别是促进与保护投资协定，既含有关于缔约方权利和义务的实体性规定，又有关于解决投资争端的程序规定，为缔约方双方的国民和企业预先规定了建立投资关系所应遵循的法律规范结构和框架，可以避免或减少法律障碍，保证投资关系的稳定性，促进私人投资活动的发展。

双边投资条约也有其局限性和实施的困难，但它是目前国际投资的最有效的国际措施。

我国自 1982 年与瑞典签订了第一个双边投资协定后，截至 2000 年已签订近 100 个双边投资条约。入世后我国又与一些国家签订或重新修订了某些先前签订的协定，总数已达 100 多个。这些协定对于健全与完善我国关于国际投资保护的法制，改善投资环境起到了重要作用。

二、区域性国际投资条约

近年来，区域经济一体化在全球迅猛发展，欧洲联盟、北美自由贸易区、安第斯集团、亚太经合组织等区域经济组织发挥着越来越重要的作用，给国际投资流向带来了新的刺激因素。与此同时，区域经济一体化组织有关国际投资的条约也成为国际投资法的重要渊源之一。以下对有关的区域性国际投资条约进行介绍。

（一）欧盟

欧盟作为世界上最大，也是一体化程度最高的区域经济组织，1957 年在罗马签订的《欧洲经济共同体条约》（即《罗马条约》）要求在共同体内逐步废止对成员国国民在另一成员国领土内营业自由和资本流动的限制，以及基于国籍、当事人的住址或投资的地方所施加的任何歧视待遇。

旨在建立“欧洲联盟”的《马斯特里赫特条约》（简称《马约》）于 1993 年 11 月 1 日正式生效。它标志着作为经济一体化组织的“欧共体”已开始向作为政治、经济一体化组织的“欧洲联盟”过渡。《马约》从原则上禁止对欧盟成员国之间以及成员国和第三国之间的资本跨国流动和支付施加限制，从而资本跨国流动自由化的原则规定扩大适用于非成员国和欧盟之间的资本流动。更主要还在于《马约》将使欧盟各成员国在贸易、劳务、金融、交通等方面实现全面融合，乃至使用统一的欧洲货币。

2009 年生效的《里斯本条约》授权欧盟全权负责国际投资领域的所有事项，成员国不得单独为任何行为，除了在欧盟的授权下或是为了执行欧盟的政策而为的行为，这意味着欧盟将统一对外签订投资条约。

（二）安第斯集团对待外资的共同规则

与原欧共体以及欧盟的法律致力于促进区域内资本跨国流动自由化不同，安第斯集团作为纯粹由发展中国家组成的区域性经济集团，更注意对来自区域外国家的直接投资进行共同的、协调一致的限制和监督。安第斯集团成立了卡塔赫纳协定委员会，1970 年该委员会发布了第 24 号决议，规定了成员国对外国投资施加限制的最小限度。由于安第斯集团对外资限制过严，导致流向这一地区的外资从 20 世纪 70 年代末开始急剧减少。1987 年委员会通过了第 220 决议，用以取代第 24 号决议。1991 年发布了取代第 220 号决议的第 291 号决议，集团共同外资政策不断放宽。

（三）《北美自由贸易协定》

美国和加拿大、墨西哥三国正式达成的《北美自由贸易协定》（NAFTA）已于 1994 年 1 月 1 日开始生效。《北美自由贸易协定》广泛涉及美国、加拿大和墨西哥三国各个领域的贸易关系。《北美自由贸易协定》专门列出第 11 章对投资问题作出规定。这一章的框架及内容与一般双边性国际投资条约有许多相似之处。但附件中又规定了较多的例外（特别是在墨西哥方面）。

2018 年 10 月 1 日，美国、加拿大和墨西哥达成三方贸易新协议，该协议被称为 USMCA（美墨加三国协议）。该协议标志着美国将重新改写北美自由贸易协定。美国意在约束墨加两国，不要和非市场经济国家签署贸易协定。

（四）《东盟促进和保护投资协定》

东南亚国家联盟签订的《东盟促进和保护投资协定》(简称《东盟投资协定》)于 1990 年 7 月 1 日开始生效，这一协定的生效标志着东盟区域内跨国投资法制的正式建立。《东盟投资协定》尽管为东盟各国间的相互投资提供了一个相当完善的保护机制，但它并不保证外国投资者在东道国享有国民待遇，这说明东盟的经济一体化程度还不高。

2020 年 11 月 15 日，在全球贸易壁垒高筑、新冠肺炎疫情肆虐全球、各国经济呈现衰退的国际大背景下，历时 8 年艰苦谈判的亚太区域全面经济伙伴关系组织终于宣布成立。这个由东盟 10 国(印度尼西亚，马来西亚，菲律宾，泰国，新加坡，文莱，柬埔寨，老挝，缅甸，越南)发起，邀请中国，日本，韩国，澳大利亚，新西兰和印度参加的区域组织，旨在消减关税和非关税壁垒，建立 16 国统一自由市场的贸易协定，通过各成员国之间相互开放市场，实施区域经济一体化的组织形式，即《区域全面经济伙伴关系协定》(RCEP)。RCEP 使投资法的改革和投资自由化成为其重要的内容。

（五）《全面与进步跨太平洋伙伴关系协定》(CPTPP)

《全面与进步跨太平洋伙伴关系协定》是美国退出《跨太平洋伙伴关系协定》(TPP)后的新名词。2017 年 11 月 11 日，由启动 TPP 谈判的 11 个亚太国家共同发布了一份联合声明，宣布“已经就新的协议达成了基础性的重要共识”，并决定改名为“跨太平洋伙伴关系全面进展协定”。2018 年 3 月 8 日，参与《全面与进步跨太平洋伙伴关系协定》谈判的 11 国代表在智利首都圣地亚哥举行协定签字仪式。12 月 30 日，《全面与进步跨太平洋伙伴关系协定》正式生效。

三、世界性国际投资条约

由于南、北两大类国家间在跨国投资方面的利害冲突十分尖锐，其所涉及的矛盾和问题非常错综复杂，因而要在国际投资领域建立起世界性的法律体制和行为规范，要达成各方都能接受的世界性协议也就困难得多。但是，国际社会在建立世界性投资法制方面毕竟还是取得了一些成果。其主要表现是：第一，联合国及其他国际组织制定了不少建议性、指导性、宣言性或是原则性的文件；第二，世界各国在某些具体的单项问题上缔结了有约束力的国际公约或协定。目前，国际投资法中最重要的国际公约有：1965 年通过的《关于解决国家与他国国民间投资争端公约》和 1988 年生效的《多边投资担保机构公约》。在世界贸易组织的法律体制内，则有《与贸易有关的投资措施协议》和《服务贸易总协定》两个有关投资的法律规范文件。

（一）《关于解决国家与他国国民间投资争端公约》(Convention on the Settlement of Investment Disputes between States and Nationals of Other States，简称 ICSID)

国际投资争议通常是指外国私人直接投资关系中的争议，具体说就是外国私人投资者同东道国政府(或其机构)或企业、个人因外国私人直接投资问题而产生的争议。国际投资争议中较为复杂和难处理的是东道国与外国私人投资者之间的争议，这也是国际投资法上通常较关注的一类争议。长期以来，由于欠缺能为发达国家及其海外投资者和发展中国家共同接受的解决国际投资争议的方法，从而在一定程度上给国际投资环境带来了不利影响。为解决这一难题，1965年在国际复兴开发银行（世界银行）主持下，发达国家和发展中国家逐步达成妥协，拟定了《关于解决国家与他国国民间投资争端公约》的正式文本，并于当年3月18日在华盛顿签字，简称《华盛顿公约》。这是国际上解决外国投资者与投资所在国家之间发生的投资争议的国际公约。1966年10月14日《华盛顿公约》开始生效。根据《华盛顿公约》的规定，“解决投资争端国际中心”（International Center for Settlement of Investment Disputes），即ICSID（以下简称“中心”）在华盛顿组建成立，作为负责组织处理国家与他国国民间投资争端的专门仲裁机构。

订立公约和创设中心的目的，是要为解决缔约国间的国际投资争议，提供调解和仲裁的便利，以此增进相互信任，促进私人资本的国际流动。尤其是要排除投资者本国政府的介入，使投资争议的解决非政治化。

由于发达的资本输出国和发展中国家在解决投资争端的问题上存在尖锐的矛盾，国际社会以往订立的多项公约因无法协调这种矛盾而均未得以实施。而世界银行以鼓励和保护外国投资作为其宗旨，并且长期以来在解决政府和私人投资者争议方面积累了一定经验，具有较高信誉，在一定程度上受到资本输入国和资本输出国的信任。因此，世界银行主持制定的这一公约为不少国家所接受。签署该公约的国家2017年8月已达161个，其中153个国家已经批准了该公约。

我国于1990年签署了《华盛顿公约》，1993年1月7日递交批准文件，并申明：“根据公约第25条第4款规定，中国政府仅将因征收和国有化而引起的补偿争议提交ICSID管辖。”但在1998年签署的《中国-巴巴多斯双边条约》（BIT）第9条，我国首次将可提交ICSID仲裁的事项范围从“征收补偿额争端”扩展至“与投资有关的所有争端”。签署该协定体现出中国对ICSID投资仲裁管辖权“全面接受”的开放态度，一定程度上彰显了我国对本地投资环境的自信，同时也符合20世纪90年代末国际上对国际投资仲裁机制接受的一般趋势。中国缔约实践中对ICSID投资仲裁机制态度出现的鲜明转变表明了我国坚持并进一步扩大改革开放的决心。

1. ICSID的法律地位与组织结构

《华盛顿公约》提供的解决国际投资争议的方法包括调解和仲裁两种，且须依照中心制定的调解规则或仲裁规则进行，但中心本身并不直接承担调解和仲裁工作，而只是为解决争端提供各种设施和方便。中心是一个独立的国际机构，具备缔约、取得和处置财产以及进行法律诉讼的能力。中心备有调解员名册和仲裁员名册，供投资争端当事人选择。每一缔约国可以就每一种名册指定4人参加。

2. ICSID的管辖范围

中心可以受理的争端限于一缔约国政府（东道国）与另一缔约国国民（外国投资者）直接因国际投资而引起的法律争端。具体地说，对于提交中心仲裁的投资争议，必须符合以下条件：①凡提交中心仲裁的投资争议的当事人，一方必须是公约缔约国或该缔约国的公共机构或实体，另一方则应是另一缔约国的国民(包括自然人、法人及其他经济实体)。②凡提交中心解决的特定争议，当事人双方必须订有将该特定争议提交中心解决的书面仲裁协议。而一旦双方当事人订立了此种协议，任何一方均不得单方面撤回其已表示的同意。③根据公约规定，中心管辖权应扩及于缔约国及其公共机构或实体与另一缔约国国民之间直接因投资而产生的任何法律上的争议。可见，《华盛顿公约》和中心不适用于、也不受理资本输出国政府与资本输入国政府之间的投资争端；不适用于、也不受理外国投资人与东道国公民或公司之间的投资争端以及外国投资人与东道国政府之间并非因国际投资引起的其他利益冲突。

3. ICSID 的调解和仲裁程序

根据《华盛顿公约》，希望采取调解或仲裁程序的任何缔约国或缔约国的公民，应向中心秘书长提出书面申请，由秘书长依据申请材料决定是否予以登记。组成调解委员会或仲裁庭的调解员或仲裁员的人数应为 1～3 人，在仲裁的场合，仲裁员的多数必须是争端当事国或当事人所属国以外的国民。调解或仲裁程序应当依照公约规定进行。裁决由仲裁庭成员的多数票作出。未经双方当事人同意，裁决不得对外公布。仲裁裁决对双方有约束力，但当事任何一方可以根据新发现的、对裁决有决定性影响的事实为理由，要求撤销或修改裁决。裁决一旦确立，其效力相当于缔约国法院的最终判决，各缔约国法院均不得对它行使任何形式的审查，也不得以违背当地的社会公共秩序为由而拒绝承认和执行，争端的当事各方应当遵守和履行裁决的规定。

4. ICSID 仲裁适用的法律

仲裁庭应依照双方共同选择的法律规则判定一项争端。如无此种协议，仲裁庭应适用争端一方的缔约国的法律(包括其中关于冲突法的规则)以及可能适用的国际法规则。仲裁庭不得借口法律无明文规定或含义不清而暂不做出裁决。

(二)《多边投资担保机构公约》(Convention Establishing the Multilateral Investment Guarantee Agency，简称 MIGA)

20 世纪 80 年代初，许多发展中国家面临严重的债务危机，无力还债，导致国际债务纠纷频起。流向发展中国家的外国直接投资出于对东道国征用等政治风险的担心，在全球国际直接投资流动总额中的比重急剧下降，在这种背景下，世界银行重新制定了《多边投资担保机构公约》草案，于 1985 年 10 月在世界银行首尔年会上正式通过，简称《汉城公约》或 MIGA，并向世界银行各成员国和瑞士开放签字。1988 年 4 月，该公约的批准国达 29 个，其认缴资本总额为 53.38%，被宣布生效。至此，为外国私人投资提供政治风险担保的“多边投资担保机构”，即 MIGA(以下简称“机构”)组建成立。中国于 1988 年 4 月 28 日签署《汉城公约》，两天后即交存了批准书，是公约的创始成员。截至 2016 年 8 月 23 日，《汉城公约》已达 181 个成员国，发达国家 25 个，发展中国家 156 个，成为国际社会普遍接受的一个重要公约。

1. MIGA 的宗旨和法律地位

依 MIGA 第 2 条的规定，机构的目标是鼓励生产性投资在会员国之间，尤其是向发展中国家流动，以补充世界银行、国际金融公司和其他国际开发金融机构的活动。为达到这一目标，机构应当履行下列职责：①对会员国内来自其他会员国的投资的非商业性风险提供担保，包括共保和分保；②开展合适的辅助性活动，以促进投资向发展中国家会员国的流动以及在发展中国家会员国之间的流动；③行使其他为推进其目标所必要的或适宜的附带权力。

机构作为世界银行集团的第五成员，拥有完全的法人地位，有权缔结合同，取得并处理不动产和动产及进行法律诉讼。

2. 会员国资格

多边投资担保机构的会员国资格向世界银行所有会员国和瑞士开放。同时，MIGA 明确将会员国分为第一类（即发达国家）和第二类（即发展中国家），并在其生效条款和表决条款中加以特别规定。

3. MIGA 的资本

机构拥有股份资本，并以自己的能力发放担保。依 MIGA 第 5 条规定，机构的法定资本为 10 亿特别提款权（SDRs），分为 10 万股，每股票面价值为 1 万特别提款权，供会员国认购。

4. MIGA 的组织管理与投票制度

与世界银行和国际金融公司的结构相仿，MIGA 有三级结构，即由理事会、董事会和总裁及工作人员组成。

MIGA 在许多重大问题上，尤其在投票权的安排方面体现平衡南、北两大类国家利益的努力。公约在 1985 年的附表中列出了 148 个会员国名单，并依照各国经济实力，为会员国确定认缴股份数。在正式成为 MIGA 成员国后，发达国家将拥有将近 60%的股本。由于本机构的投票权是按照股份来计算的，为了避免这种投票权优势操纵一切，机构的投票制度采用世界银行所采用的加权投票制，公约规定每一会员国享有 177 张会员基本票，再按该会员国持有的股份，每一股增加一张股份票。由于发展中国家数量远多于发达国家，加上各国各自享有的 177 票后，南、北两大类国家双方投票权总数基本持平。

5. MIGA 的担保业务

由于国家投资保险制度往往有着各种限制性要求，使得许多跨国投资无法获得担保。MIGA 在规定担保业务方面所体现出的种种灵活性，为实现其填补国际投资保险市场空白的目标提供了可能。投资担保机构担保业务发展之迅速，其运作的主要条件如下：①合格的投资者。必须是具备东道国以外的会员国国籍的自然人，或在东道国以外一会员国注册并设有主要营业点的法人，或其多数股本为东道国以外一个或几个会员国所有或其国民所有的法人。②合格的投资。MIGA 对合格投资的具体形式未作严格限定，而将此项权力留给董事会，以便本机构能够适应投资形式的不断发展变化。但对合格投资的内容和“质量”方面的要求相当严格，应具备投资的经济合理性、投资的发展性质、投资的合法性，并与东道国的发展目标和重点相一致。③合格的东道国。只有向发展中国家会员国的跨国投资才有资格向本机构申请投保。④承保的险别。与各国海外投资保险制度一样，本机构的担保险别也包括“征收和类似措施险”“战争和内乱险”以及“货币汇兑险”。另外还增设了一个新的险种“违约险”。但东道国政府有违约行为并不当然就立即构成本机构承保的违约险。只是在违约行为发生之后一定期限内，投资者在东道国内迄今未能获得有关索赔的司法判决或仲裁裁决，或虽有判决裁决但不能执行，这才构成违约险。⑤代位求偿权。本机构一经向投保人支付或同意支付赔偿，即代位取得投保人对东道国或其他债务人所拥有的有关承保投资的各种权利或索赔权。各会员国都应当承认本机构的此项权利。投资担保机构的代位求偿权是整个 MIGA 机制的关键所在。⑥分保与“赞助担保”。MIGA 规定，对于会员国或会员国机构、或其多数资本为会员国所有的区域性投资保险机构已予以保险的特定投资，本机构可以提供分保。此外，MIGA 的附件一还规定任何一个或几个会员国可自行筹款，在本机构内另设基金，为任何国籍的投资者在发展中国家的投资提供担保，即赞助担保。MIGA 有关担保业务的各项基本规定同样适用于赞助担保；不同的是赞助担保的投保人不受国籍的限制。

6. MIGA 的投资促进活动

多边投资担保机构不仅具有向流向发展中国家的投资提供担保的职能，而且还负有促进投资的义务。MIGA 第 23 条规定，机构应进行研究，开展活动，以促进投资流动，并传播有关发展中国家会员国投资机会的信息，以改善投资环境，促进外国投资流向这些发展中国家。机构还可应会员国请求向其提供技术咨询和援助，以改善该会员国的投资条件。相对担保业务而言，投资促进业务是次要的，但也是促使投资保证业务健康发展的不可或缺的辅助手段。

（三）《与贸易有关的投资措施协定》(TRIMS)

投资措施是一国对外来投资的鼓励性与限制性作法的统称，其范围相当广泛，且多为发展中国家所采用。对投资措施与贸易之间关系的关注始于发达国家。关贸总协定东京回合谈判后，以美国为首的发达国家一直试图将投资措施纳入关贸总协定的框架，但未得到占绝大多数的发展中国家的认同。直到 1986 年 10 月开始乌拉圭回合谈判，投资措施才被正式列入多边贸易谈判的三大新议题之一。1994 年关贸总协定乌拉圭回合谈判签署《与贸易有关的投资措施协定》，并于 1995 年生效。

TRIMS 主要是从国际投资与国际贸易的关系着手，规定消除那些对货物贸易产生限制或不利影响的投资措施。TRIMS 由序言、正文和附录组成。其正文部分，共有 9 条，分别对适用范围，国民待遇和取消数量限制，例外，发展中国家成员方，通知与过渡期安排，透明度，与贸易有关的投资措施委员会，磋商与争端解决和货物贸易委员会的审查等内容作出规定，并将所禁止实施的与贸易有关的投资措施“解释性清单”规定在附录中。

1. 适用范围

根据 TRIMS 第 1 条的规定，协议仅适用于与货物贸易有关的投资措施。即本协议只适用于货物贸易，而不适用于知识产权和服务贸易，而且仅关注那些可能会“对贸易产生限制或不利影响”的投资措施。

2. 国民待遇原则和取消数量限制原则

协议禁止缔约国采用与国民待遇原则不符的两种投资措施：一是当地成分要求；二是贸易平衡要求。例如，要求企业购买或使用原产于国内或来源于国内渠道的产品，或要求企业将其购买或使用的进口产品限制在其出口当地产品的数量或价值量的范围之内，或限制企业出口或为出口销售产品等。

依TRIMS第2条第1款的规定，在不损害《1994年关贸总协定》(GATT1994)项下的其他权利和义务的前提下，任何成员方均不得实施与GATT1994第3条(国民待遇)或第11条(一般取消数量限制)不相符合的与贸易有关的投资措施。

依TRIMS附录的解释性清单，与GATT1994第3条国民待遇不相符的TRIMS不仅包括国内法或行政命令项下的强制性或可予强制执行的措施，而且包括为取得优势所必需的措施以及要求达到下列事项的措施：①企业购买或使用原产于国内或来源于国内渠道的产品，不论这种具体要求是规定特定产品、产品的数量或价值，或规定购买与使用当地产品的数量或价值的比例；②限制企业购买或使用进口产品的数量，并把这一数量与该企业出口当地产品的数量或价值相联系。

依TRIMS附录的解释性清单，与GATT1994第11条一般取消数量限制义务不相符的TRIMS不仅包括国内法或行政命令项下的强制性或可予强制执行的措施，而且包括为取得优势所必需的措施以及下列限制：①一般性地或依企业出口当地产品的数量或价值量，限制企业进口用于当地生产或与当地生产相关的产品；②依企业所创汇收入数量，通过限制其外汇的要求，限制企业进口用于当地生产或与当地生产相关的产品；③限制企业出口或为出口销售产品，不论这种限制是规定特定产品、产品数量或价值，或是规定其在当地生产的数量或价值的比重。

3. 例外规定

上述原则和规定的适用存在一定的例外。根据TRIMS第3条规定，凡关贸总协定的各项例外规定全部适用于该协定，发展中国家可按照总协定第18条获得特殊的差别待遇。但协定要求各缔约国必须在本协定生效后90日内将所有TRIMS予以通报，并在2年内(发展中国家为5年，最不发达国家为7年)消除这些限制；缔约国还应加强其投资政策、法规及作法的透明度。

TRIMS是世界上第一个专门规范贸易与投资关系的国际性协议，因而在国际投资法中也具有重要地位。它将投资问题纳入世界贸易组织的多边贸易体制，并以多边协议的形式将关贸总协定中的国民待遇原则和一般取消数量限制原则引入国际投资领域，这对于国际投资法的发展无疑具有十分重要的意义。它的实施，意味着各国必须承担国际义务，取消那些限制贸易或对贸易有不利影响的投资措施，从而会有力地促进世界贸易的扩展和逐步自由化，并在便利跨国投资以确保自由竞争的同时，促进全球经济，尤其是发展中国家的经济增长。

TRIMS的实施可能在某种程度上不利于其保护民族工业的发展，甚至对其经济发展有负面影响。但是协定给发展中国家较长的过渡期，这在一定程度上顾及了发展中国家，尤其是最不发达国家在贸易、开发和财政方面的特殊困难和需要。因此，从长远来看，该协定对于促进外国投资流向发展中国家无疑会产生积极的作用。

我国已加入世界贸易组织，该协定对我国适用。我国以前的外资立法存在着某些与TRIMS不一致的地方，所以新颁布的《中华人民共和国外商投资法》取代了原外资三法，将以前的外资立法存在着某些与TRIMS不一致的地方予以取消。

（四）《服务贸易总协定》(GATS)

《服务贸易总协定》也是乌拉圭回合谈判所达成的新成果之一，它虽然是针对各成员国为影响服务贸易所采取的各项措施而制定的，但直接涉及服务贸易领域的国际直接投资问题，并就这一领域的外国投资的进入及其待遇确立了一般责任和纪律。《服务贸易总协定》已被列入WTO所管辖的框架协议的附件1B，要求WTO成员方一揽子接受。

1.《服务贸易总协定》列举的服务贸易的四种形式

（1）跨境服务。是指从一成员方境内向任何其他成员方境内提供服务，即一国隔地向另一国提供服务。这类服务贸易常被称为“过境提供”(Cross-border Supply)，其中的“过境”是指“服务”的过境，没有人员和物资的流动(有资金流动)，如金融服务领域的经常项目交易，对外支付，资金融通；计算机服务中的声像和数据传输；国际电信服务，信息咨询服务或卫星电视服务等。

（2）过境消费。即在一个成员境内向另一成员的消费者提供服务，如一成员的国民、商用运输工具到另一成员境内接受服务提供者提供的服务。这类服务贸易常被称为“境外消费”(Consumption Abroad)。

（3）商业存在(Commercial Presence)。即一成员方的服务提供者在另一成员境内以商业存在形式提供服务。商业存在是指任何类型的商业或专业机构，包括为提供服务在一成员境内组建、取得或维持一个法人或创建或维持一个分支机构或代表处，如一国服务提供者在另一国建立商业实体或其银行或保险公司通过在国外建立的分支机构提供服务。

（4）自然人存在。即一成员服务提供者以自然人身份在另一成员境内提供服务，如一国演员、教师、医生到另一成员境内举办演唱会或提供专业服务(Movement of Personnel)。

在以上方式中，商业存在(或商业场所)就是指通过外国直接投资而设立、收购或维持的各种商业机构，如公司、合伙、分支机构及代表处等。由此可见，服务贸易问题包含了服务业的国际投资问题。因此，《服务贸易总协定》的有关原则和制度适用于成员方影响服务业投资的各项措施。

2.《服务贸易总协定》的基本内容

其内容分为三个方面：①框架协议，由6个部分，39个条文组成，它规定了国际服务贸易一般概念、原则和规则，成员国基本权利和义务，是GATS的主体和实质部分。②成员国服务贸易的承诺清单，规定成员国承诺开放的本国服务业部门和分部门，具体承担的关于国民待遇和市场准入的义务以及限制条件。服务贸易承诺清单与货物贸易的关税减让清单一样，是成员国之间在“一对一”的谈判基础上确定，作为其承担权利义务的依据，具有法律上的约束力。③框架协议的8个附件，规定了某些重要服务贸易部门的多边自由化规则，是GATS不可分割的组成部分。

框架协议规定的义务分为两类：一类是一般性义务，适用于成员方所有服务部门及国际服务贸易做法，不论其是否在服务贸易承诺清单中作出具体的开放服务业的承诺；另一类是适用于具体承诺的义务，如国民待遇、市场准入，这类义务性规定仅适用于成员方在服务贸易承诺清单中列出的具体服务部门，并在所举出的条件范围内适用，对于未列举的服务贸易部门和服务贸易做法不适用。这是《服务贸易总协定》的一个重要特点。

3.《服务贸易总协定》与国际直接投资关系最为密切的部分

在《服务贸易总协定》中，与国际直接投资关系最密切的是其关于市场准入和国民待遇问题。就投资而言，市场准入是指一国的服务业或服务市场是否对外开放的问题。在这方面，成员国的义务一是通过承诺表（承担义务计划表）来承担特定的市场准入义务；二是在承诺市场准入的部门里，除承诺表另有规定外，不得采取所列举的六种限制性措施。该协定的国民待遇是指成员国应依其承诺表所列的部门、条件和资格给予他国国民待遇，是一种有限制的国民待遇。

市场准入和国民待遇的实质是使服务市场逐步自由化，但它们的实施在有关国家间，特别是发展中国家与发达国家间会产生一系列的冲突，因此《服务贸易总协定》对此采取承诺表这种灵活的解决方式，兼顾各方要求和愿望，随着各国经济发展来逐步实现自由化。

《服务贸易总协定》是发达国家和发展中国家相互妥协的产物。它将市场准入和国民待遇作为各成员方的特定义务，在一定程度上满足了发达国家要求发展中国家对外国服务提供者开放市场的愿望，同时又考虑了发展中国家，特别是最不发达国家的利益和需要。其特色在于适当考虑各国国内政策目标的同时，确立了一个国际目标，即各成员方通过连续不断的多边谈判，促使各成员方在互利的基础上获益，并保障权利义务的全面平衡，逐步实现服务贸易自由化。这对于服务业的投资自由化也是具有重要意义的。从目前的情况来看，要成员方完全放弃其对服务业投资的国家管制是不现实的，只有采取《服务贸易总协定》规定的灵活方式，逐步实现自由化。服务业投资自由化的进程，最终取决于各成员方的国内政策目标和经济发展水平。

思考题

1. 国际投资法的调整对象是什么？
2. 国际投资主要有哪几种方式？
3. 为吸引外国投资，资本输入国主要采取哪些鼓励措施？
4. 简述海外投资保险制度和发达国家建立该制度的动因。
5. 简述《华盛顿公约》的基本内容和中国接受ICSID体制的利弊。

第九章

国际货币金融法

本章主要内容及重点

本章除简述国际货币金融法的概念和特点外，对其主要法律制度加以介绍。主要包括三部分：第一部分为国际货币制度，以《国际货币基金协定》为基础，阐述国际货币基金组织成员国的权利与义务，国际货币基金组织的贷款，国际货币基金组织的特别提款权。第二部分为国际借贷及担保制度，在介绍国际借贷协议的概念、种类及主要内容的基础上，对几种主要的国际借贷，包括国际银团贷款、国际项目融资及其法律问题进行了深入探讨；最后对国际借贷中常用的担保方式进行专门介绍。第三部分为国际证券制度，从国际证券的发行与流通两个方面论述国际证券监管体制。

本章的重点是《国际货币基金协定》的主要内容及其修订、与国际银团贷款及国际项目融资有关的法律问题、国际借贷担保、国际证券监管体制。

国际货币金融法是调整国际货币金融关系的国际法规范和国内法规范的总和，是国际经济法的一个重要分支。

与国际经济法的其他组成部分相比，国际货币金融法具有以下特点：第一，其客体为货币及其他金融资产。第二，其调整对象是国际货币金融关系。国际货币金融关系是指人们在国际金融交往和国际金融活动中结成的相互关系。它不仅包括国家之间、国际组织之间、国家与国际组织之间发生的金融关系，而且包括分属于不同国家的自然人、法人之间以及它们与国家、国际组织之间所发生的金融关系。历史上，最初出现的是私人间跨国货币金融关系，如跨国货币兑换关系，跨国民间借贷关系等。随着国际经济交往的发展，金融问题在经济中的地位也越来越重要，各国政府纷纷干预跨国货币金融活动，从而产生了国家之间的货币金融合作关系以及国家与自然人及法人之间的金融监督管理关系。第三，在国际金融法的渊源中，国际金融条约只占很小比例，国际金融惯例和各国涉外金融法则占很大比例，这说明国际金融法是处于发展阶段的法律。

国际货币金融法的内容主要包括国际货币制度，国际银行制度，国际借贷及担保制度，国际证券制度，国际结算制度，国际金融组织制度，国际金融争议解决制度等。

第一节 国际货币制度

一、《国际货币基金协定》及其修订

1944年7月1日至7月22日在美国举行的联合国货币和金融会议上，44个国家的代表签署了有关国际货币制度的第一个多边协定，即《国际货币基金协定》(以下简称《基金协定》)。该协定于1945年12月27日经占总份额65%以上的成员国政府批准后正式生效，它是有史以来第一个以国际协定的方式建立的国际货币制度。《基金协定》的基本宗旨在于建立一个永久性的国际货币机构即国际货币基金组织，以促进国际间的货币合作。它通过对基金组织的宗旨、职能、法律地位、组织机构、业务活动等方面的规定，构建了第二次世界大战后国际货币领域的基本秩序。

为适应国际经济形势的变化及调整国际货币关系的需要，《基金协定》经历了七次修订。

（一）第一次修订

基金组织初创时期，欧亚各国面临着恢复生产、复兴经济的艰巨任务，其国际收支主要是对美国的逆差，出现了美元短缺，即“美元荒”。随着西欧各国国际收支的改善，从1958年开始，美国国际收支逆差迅速增加，又出现美元过剩的“美元灾”。在此背景下，基金组织理事会于1968年5月31日批准第23-5号决议对《基金协定》进行修订，增加了关于“特别提款权”的11个条款和4个附录。修订于1969年7月28日生效。

本次修订的主要内容包括：①成员国可把分配到的特别提款权同黄金和外汇一起用作自己的国际储备。成员国在基金组织开设特别提款权账户，作为一种账面资产，办理政府间结算或偿还基金组织的贷款，但不能用于贸易或非贸易支付。②成员国动用特别提款权不能超过其全部分配额的70%，并须支付利息。③特别提款权以黄金表示，35个单位特别提款权与1盎司黄金等值。④特别提款权由基金组织根据需要进行分配。分配建议由基金执行董事会总裁提出，经理事会85%的多数票决定。

《基金协定》的第一次修订在于创设了特别提款权，使特别提款权同美元、黄金一起作为国际储备资产。

（二）第二次修订

《基金协定》第一次修订虽创设了特别提款权，但由于特别提款权的法律地位不牢固，并且其使用范围也受到限制，因而并未解决根本问题。受1968年爆发的世界黄金危机和美国经济状况恶化的影响，美国总统尼克松于1971年8月15日宣布实行新经济政策，暂停美元以官价兑换黄金。面对当时的严峻形势，理事会1976年4月30日批准第31-4号决议对《基金协定》进行修订，达成了内容广泛的《牙买加协定》。该协定于1978年4月1日起生效。

本次修订的主要内容包括：①确认浮动汇率合法化。协定取消了原基金协定确立的固定汇率制度，确认成员国有选择外汇安排的自由。据此，成员国不再承担维持本国货币与美元之间固定汇率的义务，但其汇率政策仍受基金组织的监督。②确认“黄金非货币化”。即废除原协定中的黄金官价条款，实行“黄金非货币化”。相应地，各成员国之间、成员国与基金组织间关于黄金清算债权债务的义务一律取消。黄金成为一种单纯的商品。③确定特别提款权的地位。协定规定，特别提款权将成为国际货币制度的主要储备资产；参加特别提款权账户的国家可用特别提款权偿还基金组织的贷款和作为偿还债务的担保，各参加国也可以用特别提款权进行借贷。④扩大对发展中国家的资金融通。基金组织以出售黄金所得收入设立“信托基金”，用于援助发展中国家；扩大基金组织信用贷款部分的总额，由占成员国份额的100％增加到145％。

《牙买加协定》正式宣告了平价制度的终结，它对有关黄金、特别提款权和汇率条款都作了大幅度的改动，在国际货币制度发展中具有重要作用。但《牙买加协定》所确立的货币制度，不是新的、有秩序的国际货币制度，它只是以法律的形式宣告了布雷顿体制的瓦解。

（三）第三次修订

《牙买加协定》虽对《基金协定》作了重大改进，但仍未适当反映发展中国家的利益和要求。因此，1986 年在津巴布韦首都哈拉雷召开的第八届不结盟国家和政府首脑会议提出倡议，要求对不公正的国际货币制度进行进一步改革。理事会于 1990 年 6 月 28 日批准第 45-3 号决议对《基金协定》修订，修订于 1992 年 11 月 11 日正式生效。

本次修订的主要内容包括：①增加和调整基金份额。增加基金份额 50％(即增至 1352 亿 SDR)，所增份额中，60％由全体成员国按原认缴份额比例普遍增加；40％在美、英、法、德、意、日、加西方 7 国中分配。②严肃了货币纪律条款，即对协定第 26 条第二款的修订。协定第 26 条第二节规定，成员国不履行基金协定义务的，基金组织有权取消其使用普通资金的资格，在其后的一段合理期限内仍不履行义务的，基金组织将经理事会 85％总投票权的表决，要求该成员国退出基金组织。修改后的第 26 条第二款则规定，对于不履行基金协定义务的成员国，基金组织将首先取消其使用普通资金的资格；在此后的一段合理期限内仍不履行基金协定义务的，基金组织将依照总投票权 70％多数的表决取消该成员国依基金协定享有的投票权，同时启用附录 L 的具体实施办法；最后，若该成员国仍坚持不履行基金协定的义务，则基金组织将根据理事会 85％投票权的表决要求该成员国退出基金组织。其实质是在要求成员国退出基金组织前给予成员国更多的机会以考虑是否坚持不履行基金协定的义务。

（四）第四至第七次修订

第四次修订是根据理事会 1997 年 9 月 23 日批准的第 52-4 号决议进行的，2009 年 8 月 10 日生效。此次修订的主要内容是关于特别提款权的特殊分配。

第五次修订是根据理事会 2008 年 5 月 5 日批准的第 63-3 号决议进行的，2011 年 2 月 18 日生效。此次修订的主要内容是关于扩大投资授权的改革，旨在增强基金组织资金的可持续性。

第六次修订是根据理事会2008年4月28日批准的第63-2号决议进行份额和发言权改革。此次修订的主要内容包括：通过让54个成员国的份额增加208亿特别提款权，实现代表权向有活力经济体的重要转移；通过将基本票数提高至目前水平的近三倍，增强低收入国家的发言权和参与；建立一种机制，让基金组织的基本投票数与总投票数的比例保持不变；在2012年执行董事定期选举之后，代表7个或更多成员国的执行董事可以任命第二位副执董。这是自1944年成立基金组织以来首次增加基本票，此次修订增强了有活力经济体在基金组织的代表性，并增强了低收入国家的发言权和参与，是一次重要的富有创新的改革。此次修订于2011年3月3日生效。

第七次修订是根据理事会2010年12月15日批准的第66-2号决议进行的。2010年12月，理事会批准完成第14次份额总检查，决定进一步改革基金组织的份额和治理。此次修订的主要内容包括：①份额与投票权比重。首先是份额的增加。作为基金组织的主要资金来源，成员国份额将从2008年的2 384亿特别提款权增加一倍至4 768亿特别提款权。其次是份额调整。从代表性过高的成员国向代表性不足的成员国转移大于6%的份额，向有活力的新兴市场和发展中国家转移大于6%的份额。在此转变之后，巴西、俄罗斯、印度和中国进入基金组织10个最大股东之列。最后，为保护最贫穷国家的投票权，最贫穷国家的投票权比重予以维持。②执董会规模与构成。全体成员国承诺维持24个成员的执董会规模，自份额改革生效后，每8年对执董会构成进行一次检查。欧洲先进国家将减少两个席位，降低其在执董会的集体代表性。在对《基金协定》的修订生效后，执董会将完全由经选举产生的执董构成，从而结束“指定董事”的做法。放宽任命第二副执董的条件，以增强多国选区的代表性。第七次修订于2016年1月26日生效。修订后的份额与投票权更好地反映了基金组织成员国在全球经济中相对权重的变化，意义深远。

二、国际货币基金组织成员国的权利和义务

（一）成员国的权利

成员国的权利包括：第一，行使普通提款权，即利用基金组织的普通贷款的权利；第二，按认缴基金份额的比例分得基金的净收益；第三，按认缴基金份额的比例享有投票权。

（二）成员国的义务

1. 关于汇兑安排的义务

《基金协定》第4条规定了成员国在汇兑安排方面的义务。根据该条，各成员国应承诺与基金组织和其他成员国合作，以保证有序的汇兑安排，并促进形成一个稳定的汇率制度。具体而言，各成员国应：①努力使各自的经济和金融政策实现在保持合理价格稳定的情况下促进有序经济增长这个目标，同时适当顾及自身国情；②努力创造有序的经济和金融条件以及不致经常造成动荡的货币制度，以此促进稳定；③避免操纵汇率或国际货币制度来阻碍国际收支的有效调整或取得对其他成员国不公平的竞争优势；④实行同本款各项保证相一致的汇兑政策。

在具体的汇兑安排方面，根据《基金协定》第4条第二款，一成员国可以采用特别提款权或由其选定的除黄金之外的其他标准来维持本国货币的价值；或通过合作安排，维持成员国的本国货币与其他成员国的货币的比价；或成员国选择的其他汇兑安排。无论如何，各成员国应将其汇兑安排的任何改变及时通知基金组织。在汇兑安排方面，成员国有义务接受基金组织的监督，各成员国应向基金组织提供监督所必需的资料，并且，在基金组织提出要求时，应就本国的汇率政策问题与基金组织进行磋商。

2. 解除外汇管制的义务

《基金协定》第8条规定了成员国在经常项目的外汇管制方面的义务。具体而言，成员国未经基金组织同意，不得对国际收支的经常性交易的支付或清算加以限制；除经基金组织核准外，任何成员国都不可采取或允许采取歧视性货币安排或多重货币做法；如果其他成员国提出申请，任何成员国应购买该其他成员国所持有的该成员国本国货币余额。成员国接受上述义务后，就成为"第8条成员国"，其货币即被基金组织视为"自由兑换货币"。鉴于外汇管制对某些成员国来说是十分重要的，《基金协定》第14条又规定了一个"过渡安排"，即允许成员国维持和实施外汇管制，但一旦条件许可须立即取消；且每年须同基金组织磋商，在基金同意下才能继续实行。接受第14条过渡安排的国家被称为"第14条成员国"。

在资本项目方面，《基金协定》第6条规定成员国可以采取必要的管制，以调节国际资本流动，但这种管制不得限制经常性交易的支付或者不适当地阻滞清偿债务的资金转移。

三、国际货币基金组织的贷款

（一）国际货币基金组织的资金来源

1. 各成员国认缴的份额

份额认缴是基金组织资金的核心。凡出席联合国货币和金融会议、在1945年12月31前加入基金组织的成员国，其份额在《基金协定》附录A中列出。其他成员国的份额应由基金组织理事会决定。各成员国认缴份额的25%必须以特别提款权或广泛接受的货币（如美元、欧元、日元或英镑）缴付，其余以成员国本币缴付。基金组织理事会定期（通常每隔5年）进行份额总检查，并在必要时提出调整。份额的任何变化必须经85%的总投票权批准，并且，一个成员国的份额未经本国同意不得改变。

2. 借款

借款是普通资金账户的一项辅助来源。基金组织既可向各成员国的中央银行借款，也可向私人借款，但均需获得被借货币发行国的同意，且该成员国不承担必须贷款的义务。迄今为止，基金组织并未向私人国际资金市场筹款，其借款对象只是各成员国的中央银行。

目前，基金组织最主要的借款来源有二：一是"新借款安排"。通过新的借款安排，一些成员国和机构随时准备向基金组织提供额外资源。2020年1月，基金组织执行董事会批准将新借款安排增加一倍，从目前的1 820亿特别提款权增加至3 650亿特别提款权，用于2021年至2025年的新借款安排。这一倍增须经债权人同意，并预计于2021年1月1日起生效。二是"双边借款安排"。"双边借款安排"是份额和"新借款安排"后补充基金组织资源以应对危机的第三道防线。自全球金融危机爆发以来，基金组织已签署了几轮双边借款协定，以确保其能够满足成员国的融资需求。现行的安排是2016年商定的，初始期限为3年，2019年又延长了1年，一直到2020年底。为了成功达成这些协议，基金组织执行董事会于2020年3月核准了新一轮双边借款框架。新框架与2016年商定的双边借款大致相同。新的双边借款安排将于2021年1月1日起生效，初始任期至2023年底，经债权人同意，可延长至2024年年底。

3. 信托资金

信托资金来自成员国承诺的赠款和存款以及基金组织本身的资金。信托资金用来向低收入国家提供援助资金。

（二）国际货币基金组织贷款的特点和种类

1. 贷款的特点

国际货币基金组织的贷款具有以下特点：①贷款的对象只限于成员国政府或政府机构，包括成员国的财政部、中央银行或其他类似的国家财政机构。②基金组织不提供具体的项目贷款，其贷款旨在缓解成员国因国内和外部因素所致的国际收支的暂时失衡。③贷款期限不长，一般为短期或中期贷款。比如，备用安排的期限一般为12～18个月，最长不超过3年；中期信贷的期限一般为3～4年，可延长至5年；预防性和流动性额度的期限一般为6个月或者1～2年。④贷款额度受成员国认缴的基金份额的限制，与其认缴的基金份额成正比。⑤贷款方式采取“购买”和“购回”的方式。即当成员国借款时，以本币或本币资产向基金组织购买所需的外汇或特别提款权；还款时，再以外汇或特别提款权购回本币或本币资产。从贷款方式来看，基金贷款的实质是为成员国提供外汇资金周转的便利。⑥贷款的发放一般附有条件。如要求借款国必须制定和实施必要的经济调整计划、进行市场化改革等，以尽快恢复国际收支平衡；否则，基金组织有权推迟甚至取消贷款。

2. 贷款的种类

针对不同类型的国际收支需求以及成员国的具体国情，基金组织设立了多种贷款工具。目前，基金组织主要的财政援助主要有：针对陷入危机的新兴市场经济体和发达市场经济体，基金组织主要通过备用安排(Stand-By Arrangements)提供援助，从而其解决短期或潜在的国际收支问题；对于低收入国家，基金组织则通过备用信贷(Standby Credit Facility)解决其短期国际收支问题。中期贷款(Extended Fund Facility)是基金组织向成员国提供的以帮助其解决导致严重国际收支缺陷的结构性经济问题；相应地，中期信贷(Extended Credit Facility)是基金组织向面临长期国际收支问题的低收入国家给予中期支持的主要工具。灵活信贷额度(Flexible Credit Line)旨在帮助具有非常强硬的政策框架和良好的经济业绩记录的国家预防危机和缓解危机。预防性和流动性额度(Precautionary and Liquidity Line)旨在满足经济基本面良好但仍然存在一些漏洞，因而无法使用灵活信贷额度的成员国的流动性需求。快速融资工具(Rapid Financing Instrument)及快速信贷(Rapid Credit Facility)是为因商品价格冲击、自然灾害和国内脆弱性问题而面临国际收支迫切需求的低收入国家提供紧急财政援助。

总的来看,基金组织贷款的种类处于不断的调整和发展中。针对同一类型的问题,基金组织往往会设计两种并行的工具:一类是向所有成员国提供非优惠贷款;一类是向低收入国家提供优惠贷款。从资金来源而言,前者来源于基金组织的普通资金账户,后者来源于"减贫与增长信托"。

(三)国际货币基金组织贷款的条件性

对《基金协定》是否规定了基金组织贷款的条件,在基金组织创立之初,理论上和实践中都存在争议。1952 年,基金组织执行董事会通过一项决定,要求国际收支出现逆差的成员国,在利用基金组织贷款时,其采取的政策需适合解决其国际收支问题的需要,同时必须提供一项"稳定规划",旨在使执行董事会确信,稳定目标能在若干年内实现,以保证该成员对基金的还款。该决定肯定了基金组织贷款的条件性。

基金组织贷款的条件性,是指基金组织成员国在使用基金组织贷款与援助时必须遵循的标准。基金的特殊地位及宗旨决定了它的条件性具有独特之处。基金的宗旨之一是"在充分保障下,向成员国提供暂时性普通资金,使成员国有机会调整其国际收支不平衡",这就决定了基金与成员的一切业务往来都不应违反这一宗旨,而实现这一目的的关键性国内措施,就是有关经济稳定计划、结构改造计划等经济政策计划。条件性正是针对上述情况设立的。经济政策计划通常以"意向书"的形式提交给基金组织执行董事会,并在"谅解备忘录"中进一步详述。执行过程中,基金组织通常会对政策行动实施情况加以监测。另外,就某些安排而言,受援国可在无条件或非常有限的条件下充分运用基金组织的资源,比如灵活信贷额度。

四、国际货币基金组织的特别提款权

(一)特别提款权的概念和性质

特别提款权是基金组织按成员国认缴份额的比例分配的一种使用资金的权利。它是成员国在基金组织账户上一种用数字表示的人为资产。成员国持有的特别提款权,连同其官方持有的黄金、外汇以及在基金组织的储备资产,构成该国的国际储备。

就其性质而言,特别提款权是一种储备资产,是国际储备资产的一种表现形式。它具有以下特点:第一,它是一种名义资产、虚拟资产。与黄金、外汇不同,特别提款权本身无内在价值,而由基金组织按成员国认缴的份额进行分配,且单纯依靠基金组织的信用而流通。第二,它是一种账面资产。与现实的货币不同,特别提款权只存在于基金组织的账面上,虽然可以在《基金协定》所规定的范围内作为流通手段,如用于政府间结算,并基于国际储备的要求兑换自由使用货币、偿付逆差或偿还基金组织的贷款等,但不能作为现实的货币直接用于国际贸易或非贸易支付,也不能兑换黄金。

(二)特别提款权的创立与分配

由于美元危机,基金组织于 1969 年 9 月通过决议,决定从 1970 年起分 3 年发行特别提款权。特别提款权只分配给参加基金组织特别提款权账户并履行义务的成员国。基金组织的成员国均有权参加特别提款权账户，但不承担必须参加的义务。成员国只需向基金组织提交保证，保证其愿意遵守基金协定的规定，承担特别提款权账户参与国的一切义务，并已采取了国内立法措施使其能够承担该义务即可成为特别提款权账户的参与国。截至1997年9月3日，基金组织的181个成员国均为特别提款权账户的参加国。参与者可随时通知基金组织退出特别提款权账户。退出基金组织的成员国视同退出特别提款权账户。

特别提款权采取分期分配的方式分给各成员国，其数额取决于临分配前各成员国在基金组织中所占份额的大小。基金组织历来根据各参加国的份额比例无条件地分配特别提款权。虽然发展中国家曾提出，作为一项发展援助，基金组织应专门对发展中国家开展特别提款权的分配。在1994年基金组织年会上，总裁也曾提出这方面的建议，但遭到一些发达国家的反对，它们认为有选择地分配特别提款权违反《基金协定》所规定的按份额分配的规则。除了创立时的分配外，基金组织曾经在1979—1981年、2009年进行过两次特别提款权的普遍分配；此外，在2009年，基金组织向那些在1981年之后（以前分配之后）加入基金组织的国家进行了特殊的一次性分配，旨在让所有成员国能在公平基础上参与特别提款权体系。

（三）特别提款权的定值

特别提款权在创立之初，是以黄金定值的，定值标准为1特别提款权等于0.888 617克黄金，即与当时的美元等值。因而，随着美元的贬值，特别提款权的币值也相应下调。

布雷顿森林体制崩溃后，基金组织认为，应使特别提款权逐步成为主要国际储备资产。与此同时，与特别提款权挂钩的货币也越来越多。这就要求特别提款权的币值具有稳定性。于是，"一篮子货币定值"作为特别提款权的定值方法，便应运而生。从1974年7月1日至1980年12月31日，特别提款权的"货币篮子"里包括16种货币，即以在世界出口总额中占1%以上份额的16个国家的货币组成篮子，每种货币所占的权重与发行国的出口份额成比例。为了简化特别提款权的定值方法，从1981年1月1日起，特别提款权"货币篮子"中的货币改为只包括5个占世界商品和劳务出口比重最大的国家的货币。确定特别提款权价值的货币以及每种货币的权重每5年调整一次，以保证它所包括的货币是最近5年出口商品和劳务最多的5个成员国的货币。在2015年11月结束的审议中，基金组织执行董事会决定人民币满足纳入特别提款权篮子的标准。根据此决定，自2016年10月1日起，人民币与美元、欧元、日元和英镑一起，构成特别提款权篮子货币。

第二节 国际借贷及担保制度

一、国际借贷协议概述

（一）国际借贷协议的概念和种类

1. 概念

国际借贷协议是指不同国家的当事人之间订立的贷款协议。

2. 种类

国际借贷协议按不同的标准可作不同的划分。

(1) 按贷款主体不同，分为国际金融机构贷款协议、政府贷款协议和国际商业贷款协议。前二者又称为官方的国际贷款协议，后者称为民间的国际贷款协议。国际金融机构贷款协议是指国际金融机构向其成员国政府、政府机构或公私企业提供贷款的协议。政府贷款协议是指一国政府向另一国政府提供贷款的协议。国际商业贷款协议是指国际银行向国内商业银行、企业或个人提供贷款的协议。

(2) 按贷款利率是否浮动，分为固定利率贷款协议和浮动利率贷款协议。前者指当事人约定在贷款期限内利率保持不变的贷款协议；后者是指当事人约定在贷款期限内利率随市场利率变动而进行调整的贷款协议。

(3) 按贷款方的数量不同，分为独家贷款协议和银团贷款协议。独家贷款协议是指贷款方仅有一家银行的贷款协议。银团贷款协议是指由两家或两家以上的银行共同对同一借款人提供贷款而订立的贷款协议。银团贷款又分为联合贷款和辛迪加贷款。前者指国际金融组织和商业银行对某一借款人的共同贷款；后者指仅由商业银行对某一借款人的共同贷款。

(4) 按贷款的用途不同，分为普通贷款协议和项目贷款协议。普通贷款协议是指不对贷款用途加以特别规定的贷款协议。项目贷款协议是指将贷款用于某一特定工程项目的贷款协议。

(5) 按贷款资金的来源不同，分为外国贷款协议和欧洲货币贷款协议。外国贷款协议一般是指贷款人将其本国货币贷给境外借款人的贷款协议。欧洲货币贷款协议是指贷款人以其在欧洲货币市场上筹集的资金贷给借款人的国际贷款协议。欧洲货币市场是指以银行所在国之外的国家所发行的货币经营存、贷款业务而形成的国际金融市场。

（二）国际借贷协议的基本条款

1. 首部

首部通常包括贷款协议的全称及前言。前言包括对订约日期、订约地点和当事人的记载以及对订约目的的说明。

2. 定义

该条款主要是对协议中使用的关键术语规定明确的定义，以避免在这些词语的解释上产生分歧。

3. 贷款货币

贷款货币的选择首先取决于借款人的需要和贷款人提供该种货币的可能性；同时从风险与利益的角度考虑，还涉及货币的汇率风险、利率风险及可自由兑换程度。

国际借贷协议中常见的贷款货币条款有单一货币条款、混合货币条款和选择货币条款。单一货币条款明确规定以某一特定的货币作为贷款货币；混合货币条款则约定以几种货币按一定的比例提供贷款；选择货币条款则赋予借款人在约定的几种货币中选择其中一种或在不同的提款日期选择不同的货币提款。

4. 贷款金额

贷款金额主要根据借款人的资金需要量而定，同时也应考虑贷款人的资金供应能力。金额一旦确定，一般不允许增加。贷款金额的减少，通常是允许的，但在承诺期内借款人应对未提取的金额支付相应的承诺费。

5. 贷款期限

贷款期限指从贷款协议生效之日至贷款本息完全还清为止的整个期间。贷款期限主要是根据借款人使用资金的周期来确定的。

6. 贷款利息

利率是决定利息的主要因素。国际借贷协议的利率有固定利率和浮动利率之分。固定利率易于计算，但双方当事人都得承担较大的利率风险，通常只有短期国际借贷及政府或国际金融机构提供的优惠利率贷款采用。一般的国际商业贷款通常采用浮动利率。

7. 贷款费用

国际贷款中，借款人除应支付利息外，还需支付与贷款协议的签订和履行有关的一系列费用，包括管理费、代理费以及承诺费等。

8. 贷款用途

对于一些特定的贷款，如项目贷款等，总是在借贷协议中严格规定，贷款资金只能用于特定的目的。除此之外，国际借贷协议对于贷款的用途，一般不加以限制。

9. 先决条件

国际借贷协议在满足形式要件和实质要件后，并不是立即生效，而是在协议中所规定的某些先决条件已经具备时开始生效。这时，借款人才能享有提取贷款的权利，贷款人才承担给予贷款的义务。借贷协议的先决条件因具体协议而异，一般可归纳为两大类。

（1）涉及借贷协议项下全部义务的先决条件，又称为借贷协议的总括先决条件，即只有在满足这些条件的前提下贷款协议才生效。这类先决条件主要要求借款人应向贷款人提供借贷协议所需要的各种文件，包括：各类担保文件，如保证书或物权担保协议等；有关借款人设立和存在的文书，如公司章程、营业执照等；有关借款人借款的授权文件，如股东大会或董事会的决议等。

（2）涉及每一笔具体贷款的先决条件，即借款人提取每一笔贷款前必须满足的条件，如借款人没有违背在订约时所做的陈述与保证并且也没有发生任何违约事件。

10. 提款

提款应由借款人在承诺期内进行，承诺期届满后，即使借款人未提完协议规定的全部贷款金额也无权要求提取。该条款主要规定提款的形式、提款的地点等。

11. 贷款的偿还

借款人偿还本金的方式有三种，即到期一次偿还、宽限期后分次偿还和无宽限期的逐年分次偿还。

12. 陈述与保证

陈述与保证是指借款人对与借贷有关的事实，包括法律、财务和商务等状况所作出的说明，并对该说明的真实性作出保证，或者对自己承担的其他义务作出保证。在国际贷款中，贷款人与借款人分处于不同的国家，贷款人对借款人的情况并不了解。因此，对于是否与借款人订立贷款协议，在很大程度上依赖借款人对其自身的经济情况和有关的法律事项作尽可能全面、详细的陈述。对借款人来说，所作的陈述与保证越少，所受的约束越少；对贷款人来说，要求借款人说明与保证越多，所得到的保障就越大。违反陈述与保证，贷款人可以采取合同上或法律上规定的救济方法。

在不同的借贷协议中，陈述与保证的范围有很大的差异。通常包括：①借款人是依法成立并有效存在的法律实体，具有订约资格。②借款事宜已获得适当授权。③已经取得借款所需的官方批准文件。④贷款协议的签订和履行不违反法律、法规、借款人的公司章程及对借款人有拘束力的其他合同。⑤贷款协议是合法有效的，并可按其条款的规定强制执行。⑥不存在对借款人的财产构成重大不利影响的诉讼，也不存在此类诉讼的威胁。⑦借款人的财务报表是根据公认的会计准则做成，并经适当的审计，能全面、准确地反映借款人的财务和经营情况，不存在未披露的重大负债。最新财务报表公布之后，借款人的财务状况未发生重大的不利变化。⑧借款人如果是政府或政府机构，应声明借款行为属于商业行为而非政治行为，不得主张豁免。⑨其他事项。

13. 约定事项

约定事项指借款人在贷款协议中承诺在贷款期限内将做什么、不做什么，或双方约定借款人应做什么、不能做什么的协议条款。一般包括以下内容。

1）消极担保条款

消极担保条款，即借款人在偿还全部贷款以前，不得在其资产或收益上为其他债权人设定抵押权、质权或其他担保物权，也不得允许这些担保物权继续存在。

消极担保条款的主要作用在于通过限制借款人为其他债权人设定担保物权，保证无担保的贷款人的清偿请求权不从属于其他有担保的债权人。

2）比例平等条款

比例平等条款在国际借贷协议中往往与消极担保条款同时使用。它指借款人对无担保物权的贷款人承担义务，不得给予任何其他无担保物权的债权人以法律上的优先权。

比例平等条款与消极担保条款的区别在于，消极担保条款是为了使贷款人请求偿还贷款的权利不次于有担保权益的债权人的权利；而比例平等条款则是为了使贷款人的权利不次于其他无担保权益的债权人的权利，至少是要使贷款人的受偿次序与借款人的其他无担保权益的债权人处于比例平等的地位。

3）保持资产条款

订立保持资产条款的目的在于要求借款人以适当的方法维持其现有及将来取得的财产，并对其处分资产及收益的行为作适当的限制，使借款人保持较强的清偿能力。该条款主要包括以下内容：

（1）保险。要求借款人就其企业和财产向信誉良好的保险公司投保，以保证借款人的资产不因意外风险损失而大幅减少。

(2) 限制股息分配。约定借款人用于分配股息的利润不得超过当年纯利润的一定比例。

(3) 限制处分资产。即要求借款人不得出售、转移、出租或以其他方式处分其企业财产的全部或实质性部分。但借款人正常业务过程中的财产处分或产品销售不在限制之列;不影响借款人生产能力、营业性质的偶然性的小额财产处分不在限制之列。

(4) 禁止提供信贷或承担责任。除正常的业务往来外,要求借款人不得为他人提供信贷或为他人的债务提供担保。

4) 禁止合并

借款人与其他公司合并会导致其资产与负债状况的重大变化,因而影响贷款人的债权利益。因此,贷款协议几乎都要求借款人保证在还清贷款本息之前,不得与其他公司合并。

5) 财务约定事项

财务约定事项通常要求借款人定期向贷款人提供财务报表,并保持适当的资产净值和流动比率等财务指标。

14. 违约事件

该条款是国际借贷协议中最重要的债权保障措施之一。只要发生贷款协议所规定的违约事件,贷款人即可根据违约程度采取相应的救济措施。

1) 实际违约事件

实际违约事件表现为:借款人未能依照约定偿还到期的贷款本金、利息和支付约定的各项费用;违反陈述与保证条款;违反财务约定事项条款;其他违约事件。

2) 预期违约事件

预期违约指借款人虽没有实际违约,但这些事件的发生足以表明借款人的财务状况正在发生变化,最终势必导致实际违约,因此贷款协议也将此类事件规定为违约事件,以便贷款人据此及时采取措施,以保护其权益。主要包括:

(1) 连锁违约,又称交叉违约,是指借款人虽未直接违反本贷款协议,但由于它在其他债权债务关系中违约,或其他债务被宣告加速到期,因此也视为对本贷款协议的违反,构成本贷款协议的违约事件。

(2) 借款人丧失清偿能力。如借款人被宣告破产,或以书面承认自己无力清偿到期债务等。

(3) 借款人的财产被征用。

(4) 借款人的状况发生重大的不利变化。这是对事先无法预料的违约事件所作的总括性规定。据此,只要贷款人认为借款人的财务状况、经营状况或对其经营具有影响的其他情况发生了重大不利变化,且有合法证据的支持,即可构成预期违约。

3) 违约救济

一旦发生违约,贷款人可同时或单独采取合同上的救济和法律上的救济。

(1) 合同上的救济。包括:对尚未提取的贷款,取消或中止借款人的提款权;对已提取但尚未到期的贷款,可宣告贷款加速到期,要求借款人立即偿还;对于已到期仍未偿还的贷款，可要求借款人支付违约利息；对于金钱违约，如果贷款人持有借款人的存款，贷款人可将该存款与借款人的还款相互抵消；行使担保物权或向保证人求偿。

（2）法律上的救济。主要包括解除借贷协议，请求实际履行，请求损害赔偿等。

15. 法律适用条款

一般来说，在国际借贷协议中可供选择的法律主要有以下四种：借款人所在国家的法律，贷款人所在国家的法律，贷款市场地法，第三国法等。

二、主要国际贷款及其法律问题

（一）国际银团贷款

1. 概念及种类

国际银团贷款，又称国际辛迪加贷款，是指由若干家银行共同向一个借款人提供巨额中长期贷款的国际贷款模式。其筹备和运转都比独家银行贷款要复杂得多，但在国际贷款中，独家银行能承担的贷款金额毕竟有限，即使有的跨国银行资金雄厚，出于风险集中的考虑，通常也不愿将资金集中贷给一个人。

国际银团贷款分为直接式银团贷款和间接式银团贷款。前者指在经理银行的组织下，各贷款银行直接与借款人订立同一模式的贷款协议，贷款工作由各贷款银行在借贷协议中指定的代理银行统一管理的贷款模式。后者指由牵头银行单独与借款人签订贷款协议，再通过一定的方式将其一部分贷款份额转让给其他愿意参加银团贷款的各参与银行。

2. 银团贷款的运转程序

（1）一家银行受借款人的委托为借款人物色愿意提供贷款的数家银行以组织一笔贷款，这家银行称为经理银行。具体做法是：由借款人交给经理人一份委托书作为借款人委托他代为物色贷款银行的授权依据；然后由经理人向借款人出具一份义务承担书，表示愿意承担为借款人组织银团贷款的义务。

（2）经理银行与借款人共同拟订一份有关借款人的财务及其他情况的信息备忘录或情况备忘录，分发给对此项贷款计划有兴趣的银行，作为后者考虑是否参加辛迪加贷款的依据。

（3）借贷协议的谈判与签署。由经理银行与借款人举行谈判，商定借贷协议的各项条款。在直接贷款方式下，由各贷款银行与借款人签署借贷协议，然后各贷款银行选定一家代理银行负责贷款管理工作；在间接参与方式下，由牵头银行与借款人签署借贷协议，牵头银行再将贷款参与权授予其他贷款银行。

3. 银团贷款中各当事人的关系

1）直接式银团贷款中当事人的关系

直接式银团贷款中的当事人主要包括经理银行，借款人，各参加贷款的银行，代理银行。

在国际银团贷款中，经理人往往由几家银行组成。经理人的作用是为借款人物色贷款银行，组成银行财团向借款人发放贷款；协助借款人编制供贷款人阅读的情况备忘录；协助律师草拟借贷协议及有关法律文件；安排借贷协议下的首期贷款。可见，经理人主要是在借贷协议签订之前这个阶段发挥作用。借贷协议一经签订，贷款的管理工作就由代理银行负责，除非经理人同时兼任代理银行，否则经理人在借贷协议成立后就成为普通的贷款人，不再具有特别的身份。

经理人与借款人之间是依据委托书而建立起来的合同关系。其主要义务是根据委托书的规定，为借款人物色贷款银行，组织银行财团向借款人贷款。

经理人与贷款银行之间，经理人有义务通过“信息备忘录”向贷款银行如实介绍借款人的情况，即向贷款银行承担披露事实的义务。如果经理人在情况备忘录中对重要事实作了不正确的说明，则应对贷款银行因此而遭受的损失负责。

各参与行与借款人之间的关系。各参与行与借款人的权利义务是各自独立的，互不承担连带责任。因此，如果一家银行不履行其贷款义务，借款人只能向该银行追究违约责任，而不能要求银团中的其他贷款银行承担责任。

代理行与其他当事人的关系。在银团贷款中，银行财团一般都在其成员中指定一家银行作为代理银行，代表银团负责有关贷款的管理工作。因此，代理行是银团的代理人而非借款人的代理人，其权利义务由借贷协议规定，它与财团成员的关系是代理人与本人的关系。

2）间接式银团贷款中当事人的关系

间接式银团贷款中涉及的当事人主要包括牵头银行、借款人以及参加贷款权人。

在间接式银团贷款中，先由牵头银行与借款人签订总贷款协议，然后通过下列方式将贷款部分转让给各参与银行。

（1）合同更新或替代，即由借款人、牵头银行与参加贷款权人三方达成一项协议，据此，借款人解除了牵头银行与其签订的借款协议中的一部分贷款义务，改为参加贷款权人承担。这实际上是由借款人与参加贷款权人订立一个新的借贷协议。这种做法大陆法上称为合同更新，英美法称为合同替代。这种替代或更新的结果，使其具有与直接参与式银团贷款相同的效果。借款人与参与行之间确立的新的贷款关系是独立于原贷款协议而存在的。牵头银行和参与行是分别与借款人存在独立权利义务关系的两个贷款人，它们之间相互不承担连带责任。

（2）不披露身份的代理，即隐名代理。由牵头银行作为财团其他成员的代理人同借款人签订借贷合同，但不披露其本人的身份。从形式上看，牵头银行并非以代理人的身份而是以本人的身份与借款人订立贷款协议，因此只有牵头银行与借款人之间存在直接权利义务关系。一旦发生违约，借款人也只能对牵头银行行使请求权。但如果这种隐名代理关系被公开或披露，借款人即可选择向牵头银行或参与行要求履行贷款义务。

（3）让与，即将牵头银行与借款人订立的借贷协议中的一部分贷款义务连同其收益一同让与其他贷款银行。其特点是通过让与方式取得参加贷款权的银行可以取得对借款人的直接请求权。采取让与方式需要经过借款人的同意，借款人一般不同意此做法，因此许多借贷协议都对让与参加贷款权的做法加以限制。

(4) 转贷款。各参与行将借款人所需资金额贷给牵头银行,牵头银行再根据其与借款人之间签订的贷款协议将相应的资金转贷给借款人。据此,只有牵头银行与借款人之间存在直接合同关系,各参与行与借款人之间则不存在任何权利义务关系。但各参与行向牵头银行提供的贷款通常都约定为无追索权贷款,即在各参与行与牵头银行的贷款协议中均规定以借款人依约还本付息作为牵头银行向各参与行履行还本付息义务的前提,如借款人拒不还款,各参与行均无权向牵头银行追索,也无权追诉借款人;反之,只要借款人依约还款,牵头银行即应将借款人的偿还额在各参与行之间按各自的参与比例分配,即使牵头银行破产,各参与行也有权就借款人的偿还款优先受偿。

总之,在间接式银团贷款下,当事人之间的关系在很大程度上取决于参加贷款权所采用的方法。参加贷款权的方法不同,当事人之间的关系也就有所不同。

(二) 项目贷款

1. 项目贷款的概念与特点

项目贷款是指向特定的工程项目提供贷款,以项目的预期收益为偿还贷款的主要来源,并将经营该项目的经济单位的资产作为贷款人的附属担保物。

这种融资方式主要用于石油、天然气、煤炭等自然资源开发项目,以及交通运输、电力、化工、林业及农业等大型工程建设项目。这类项目的共同特点在于需要大型投资,主办这些项目的公司或政府越来越感到难以完全承担这类项目的投资风险,并且传统的融资方式也不能完全满足这类大型项目融资的要求。因此项目融资便应运而生。

与传统的贷款方式相比,项目贷款具有如下特点:①从贷款对象上看,工程项目的主办人一般都专门为该项目的融资而成立一家新公司,贷款人把资金贷给工程项目公司而不是贷给该项目的主办人。偿还贷款的义务也是由工程项目公司来承担,而不是由其主办人承担。②从还款来源看,项目贷款的还款来源是项目公司的预期收益及作为附属担保物的项目公司的资产。③从贷款担保来看,项目贷款中,贷款人用抵押权和经营转让取得的合同权益作为对借款人违约的补救。前者包括以土地、建筑物、厂房、机器设备等资产作为抵押品;后者包括产、供、销方面的长期合同以及其他附属性协议或合同权益的转让。

总之,项目贷款的一个主要特点或优点在于,项目主办人将本应由他自己承担的还债义务,部分地转移到该工程项目本身;也就是将原来由借款人承担的风险部分地转移给贷款人,由借贷双方共同承担。

2. 项目贷款的种类

项目融资以贷款人的可追偿范围为标准,分为无追索权项目融资和有限追索权项目融资。

(1) 无追索权项目融资。是指贷款人向项目主办人设立的项目公司提供贷款,只能以该项目的经营收益为还款资金来源,并以项目公司的资产作为担保物,项目主办人或其他第三人不提供任何担保。即使项目经营失败,其收益和资产的价值不足以清偿贷款,项目主办人也无须承担还款责任,即贷款人对包括项目主办人在内的第三人无任何追索权。

(2) 有限追索权的项目融资。在项目融资中,贷款人为了减少风险,除要求以贷款项目的收益作为偿还贷款的来源，并在项目公司的资产上设定担保物权外，还要求其他与项目有利害关系的第三方当事人提供各种担保。这些第三人包括项目的主办人、项目产品的未来购买者、东道国的政府或其他保证人。这些保证包括完工保证、无论提货与否均须按合同规定付款的保证等。当项目不能完工或经营失败，项目本身的资产或收益不足以清偿债务时，贷款人有权向上述各个担保人追偿。但各担保人对项目所负的责任，仅以各自所提供的担保金额或按有关协议所承担的义务为限。

3. 与项目贷款有关的法律文件

（1）完工担保协议。其主要内容是项目主办人向贷款人保证，除原计划内的融资外，如果需要额外资金，主办人将进一步提供使项目能于预定的日期完工的资金。如主办人不履行其提供资金的义务，或该项目不能按时完工，则应偿还贷款人的贷款。

（2）投资协议。是项目主办人与项目公司之间签订的协议，其主要内容是规定主办人同意向项目公司提供一定金额的财务支持。

（3）购买协议。是主办人与贷款人之间签订的协议。据此，当项目公司不履行它与贷款人订立的借贷协议时，主办人将购买相当于贷款人给予项目公司贷款的数额。这种购买协议是主办人对贷款人就其向项目公司贷款提供的一种保护。

（4）先期购买协议。是项目公司与贷款人拥有的金融公司订立的协议。按照这种协议，金融公司同意向项目公司预付购买项目公司产品的款项；项目公司用这笔预付款从事项目建设，并对该款项支付利息。待项目投产后，项目公司按规定向金融公司交付项目产品；金融公司再向第三人转售这些项目产品，从而获得偿还贷款所需的资金。该协议一般是在贷款人通过一个金融公司向项目公司提供贷款时使用，协议签订后，金融公司会将该协议项下的权利让与贷款人。

（5）无论提货与否均须付款的合同。是项目公司与项目产品的买主订立的长期销售合同。据此，不论项目公司能否交货，买方都有义务支付约定的一定数量产品的货款，最低金额应相当于偿还贷款以及该项目的经营费用所需的金额。该合同实际上是项目产品的买方提供的一种担保。合同的买方可以是主办人，也可以是第三人。

4. 项目贷款的合同结构

1）双层次结构项目贷款

双层次结构项目贷款的安排是：第一层次，贷款人与项目公司订立贷款协议，由贷款人向项目公司提供贷款；第二层次，主办人通过与贷款人之间签订完工担保协议、购买协议，或通过与项目公司签订投资协议，为贷款人提供相应的担保。

2）三层次结构项目贷款

三层次结构项目贷款的安排是：第一层次，贷款人与项目公司订立贷款协议，由贷款人向项目公司提供贷款；第二层次，项目公司与项目产品购买人签订"无论提货与否均须付款"形式的远期购买协议，项目建成投产后，按协议出卖产品，用所得的货款偿还贷款人的贷款；第三层次，主办人向项目公司提供担保，保证购买人履行在提货或付款协议中承担的必须付款的义务。然后，由项目公司将提货或付款协议项下的权利连同主办人为该协议提供的担保，一并转让给贷款人。

3）四层次结构项目贷款

四层次结构项目贷款的安排是：第一层次，贷款人与其全资拥有的金融公司签订贷款协议，由贷款人向金融公司提供贷款，贷款金额相当于项目公司拟借入的所需款项；第二层次，金融公司与项目公司签订远期购买协议，金融公司把从贷款人处借到的款项支付给项目公司，作为购买项目公司产品的预付款；第三层次，项目投产后，项目公司向金融公司交付产品，金融公司则按提货或付款协议将产品转手给第三人，以所得的货款偿还贷款人的贷款；第四层次，主办人就项目公司依远期购买协议交付产品的义务向金融公司提供担保，或者就购买人在提货或付款协议中的付款义务向金融公司提供担保。最后，金融公司将上述提货或付款协议项下的权利连同主办人提供的担保全部转让给贷款人，作为偿还贷款的担保。

三、国际借贷担保

在国际借贷中，贷款人往往要求借款人提供各种担保，以确保其贷款能得到偿还。国际借贷担保可分为信用担保与物权担保两大类。

（一）信用担保

1. 国际借贷中的保证

保证是债务人以外的第三人作保证人担保债务人履行债的制度。在国际借贷中，保证是指借贷协议的贷款人与保证人通过协议约定，当借款人不履行其债务时，由保证人负责履行。

保证具有以下特征：第一，保证合同的从属性。保证合同是为确保借贷协议的履行而订立的协议。借贷协议是主合同，保证合同是从合同，它是以借贷的存在和有效为前提的。借贷协议无效，保证合同也不发生法律效力。第二，保证人责任的次位性。相对于借贷协议的主债务人即借款人，保证人是从债务人。只有在借款人到期无力偿还或拒不偿还时，贷款人才有权要求保证人代为履行清偿义务。

在国际借贷中，保证人可以是自然人也可以是法人。作为保证人的法人包括借款人以外的其他公司，商业银行，政府机构等。但在实践中，由于国际借贷金额较大，自然人一般不可能充当保证人；为避免承受不必要的金融风险，除了在国际官方贷款中为公私企业提供担保外，政府和政府机构一般也不充当保证人。因此，国际借贷中最常见的保证人是银行等金融机构以及其他具有代偿能力的公司企业，其担保资格取决于银行法、公司法等法律以及公司章程的规定。

2. 见索即付担保

见索即付担保，又称为“凭要求即付担保”，是指担保人（通常是银行或其他金融机构）应申请人（债务人）的要求或指示，对受益人（债权人）允诺承担如下义务：只要受益人要求付款，担保人立即支付其约定的金额。

见索即付担保具有以下特点：第一，独立性。见索即付担保是非从属性的担保，担保人承担的义务独立于基础合同,担保人不能以基础合同所产生的抗辩事由来对抗受益人。第二,担保人责任的主位性。在传统银行担保中,借款人承担的是第一位的付款责任,担保人承担的是第二位的付款责任。但在见索即付担保中,担保人对受益人承担的是无条件的第一位的付款责任,不享有先诉抗辩权。第三,无条件性。见索即付担保是无条件的,即担保人仅凭受益人的要求即应付款,而不问其付款要求是否有合理的依据,不问他所担保的主债务是否得到确实履行。

目前,见索即付担保方面的国际惯例主要有国际商会的《见索即付保函统一规则》《合同担保统一规则》,以及联合国国际贸易法委员会《联合国独立担保和备用信用证公约》。

3. 备用信用证

备用信用证是银行应开证申请人(债务人)的要求,向受益人(债权人)开出的、凭受益人提交的与信用证相符的单据(债务人的违约证明书及其他单据)付款的书面凭证。备用信用证是19世纪50年代首先在美国银行界兴起的。当时,美国法律禁止国内银行开立保证书从事担保业务。为了规避这项限制,美国银行将其信用证业务扩大到担保领域。于是,备用信用证应运而生。1998年4月,国际商会正式公布了专门用以规范备用信用证的惯例即《国际备用信用证惯例》,并于1999年1月1日正式生效。除此之外,国际商会《跟单信用证统一惯例》、联合国国际贸易法委员会《联合国独立担保和备用信用证公约》也适用备用信用证。

备用信用证的基本特点是它独立于作为其基础的借贷合同。在信用证业务中,有关各方处理的是单据,而不是与单据有关的借贷行为。因此,银行只凭信用证规定的单据如违约证明书和其他单据付款。备用信用证与一般商业信用证都具有信用证的特点。它们最主要的区别在于,商业跟单信用证是一种国际支付方式,受益人(卖方)履行交货义务后凭提单等商业单据要求开证行支付货款;而备用信用证实质上是一种银行担保,当申请人不履约时,由开证人凭受益人提交的申请人违约证明等单据支付赔偿。

4. 安慰信

安慰信通常指一国政府为其下属机构或母公司为其子公司向贷款人出具的、表示支持并愿意为该下属机构或该子公司的还款提供适当帮助的书面文件。

安慰信没有固定格式和标准条款,但一般包括如下内容:出信人表示其已知晓并同意借款人的融资安排;母公司声明在子公司未还清贷款以前,将在子公司保持一定比例的股权;出信人声明其将在管理和资金方面给予借款人必要的支持。

安慰信能否作为国际借贷担保的一种形式,其性质和效力究竟如何,理论上和实践上存在很大的争论。一般认为,安慰信仅具有道义上的约束力,而无法律效力。然而,在安慰信中,如果出信人具有明确的担保承诺,也可能会被认为具有担保的效力。因此,安慰信的性质及效力主要取决于其本身的措辞,并根据信函的形式、当事人的意图等多种因素综合判断。

(二)物权担保

国际借贷中的物权担保,是指借款人或第三人以自己的资产为贷款债务的履行提供的担保。物权担保在国内借贷实践中运用较多，但在国际融资活动中，使用物权担保的方式相对较少。

1. **物权担保的特征**

（1）从属性。担保物权的成立和执行，都以贷款债权的存在为前提；债权消失，担保物权随之消失。

（2）附随性。担保物权通常随贷款债权的转移而转移。

（3）不可分性。是指物权担保对其所担保的债权承担全部责任，即使债权一部分因清偿而消灭时，担保物仍是全部地被用来担保余下部分的债权。

（4）优先受偿性。借款人到期没有清偿债务，贷款人有权将担保物变卖，就其价金优先受偿。

2. **物权担保的种类**

（1）按担保物的性质不同，分为动产担保和不动产担保。动产担保是指在有形动产（如货物和机器设备）和无形动产（如股票、专利权、商标权等）上设定的担保；不动产担保则是指在不动产（如土地、建筑物）上设定的担保。

（2）按担保权人对担保物的占有和控制的程度不同，分为质权担保和抵押权担保。质权担保是指债务人将其资产转移给债权人由债权人占有而提供的担保。抵押担保是指债务人或第三人提供一定的财产作债权担保，但债务人仍保留对该资产的占有和使用而提供的担保。

3. **浮动担保**

浮动担保又称浮动抵押，是指借款人以其现有的和将来取得的全部资产为贷款人的利益而设定的一种物权担保。它起源于19世纪的英国，后来逐步为许多国家所接受。

浮动担保具有以下三个特点：第一，浮动担保的标的物是企业的全部财产。既包括现有的财产，也包括将来取得的财产；既包括有形动产和不动产，也包括合同权利、专利权、商标权等无形财产。第二，担保物的价值和形态处于不确定状态。相对于固定担保而言，浮动担保的担保物在设定担保时处于不确定状态，在价值上时增时减，在形态上也不断发生变化，所以称其为浮动担保。只是在债务人违约，或债务人公司发生停业清理或解散等事由时，才以公司当时拥有的全部财产特定为担保物。第三，浮动担保不转移占有，并且在出现债务人违约或债务人公司停业、解散等情况以前，债务人可在正常业务中处分已设定担保的企业资产，无须担保权益人作出解除担保权益的表示。

与其他形式的担保物权相比，浮动担保具有以下优点：第一，当借款人违约时，贷款人可以指定接管人接管借款人的企业，为自己的利益继续经营。如果经营成功，贷款人可从中获利，贷款风险也将因此而降低。但如果采用其他担保物权形式，贷款人的主要救济方法是出售担保物，救济方法有较大的局限性。第二，浮动担保可以把企业或项目的全部资产包括在担保物的范围之内，而其他的担保物权则只能以某种特定的财产作为担保物，不能把企业或项目的全部资产包括在内。

正因为浮动担保具有上述特点及优点，因此它在国际借贷，尤其是国际项目融资中得到广泛应用。

第三节 国际证券制度

一、国际证券概述

（一）国际证券的概念与特征

国际证券是指一国政府、金融机构、公司或企业为筹集资金在国外或国际证券市场发行的，以发行地所在国货币或可兑换货币为面值的证券。

与国内证券相比，国际证券具有以下四个特点：第一，证券的发行人和投资者分属于不同国家。一般情况下，国际证券的发行人是一国政府、金融机构和公私企业，而国际证券的购买者是属于另一国法律管辖的投资机构或个人。第二，证券的发行地不在发行人所在国境内。国际证券一般不是在发行人所在国的国内市场发行并流通，而是在发行人所在国境外或国际证券市场上发行并流通。从此意义上可以说，国际证券是指通常在国际市场上发行和流通的证券。第三，证券以发行地所在国货币或可兑换货币为面值。与国内证券不同，国际证券不是以发行人所在国货币确定面值，而是以发行地所在国货币或某一种或多种可兑换货币确定面值。第四，证券的法律适用具有多样性。国内证券一般只涉及一个国家的当事人，因而不涉及复杂的法律适用问题。相反，国际证券的发行和交易不仅涉及发行人所在国的法律，而且涉及发行地和交易地所在国的法律及市场交易规则，法律适用复杂。

（二）国际证券的种类

国际证券可以依据不同的标准进行不同的分类。比如，按证券上是否记载持有人的姓名，可分为记名证券和不记名证券；按发行人发行证券时是否提供担保，可分为担保证券和无担保证券；按发行方式的不同，可分为公募证券和私募证券；按持有人享有的权利性质不同，可分为股票和债券。从研究的角度来看，最重要的国际证券是国际股票和国际债券。

1. 国际股票

股票是股份有限公司签发的证明股东所持股份的凭证。股票是股份的表现形式，是股东权利存在的证明及股东行使权利的凭证。国际股票是各国股份公司在国外或国际证券市场发行并交易的股票。

2. 国际债券

债券是发行人依照法定程序发行的，约定在一定期限内还本付息的有价证券。国际债券是指一国政府、金融机构、公司或企业为筹集资金在国际证券市场上发行的债券。国际债券按面值货币与发行地的关系，可分为外国债券和欧洲债券两大类。

（1）外国债券。是指发行公司在某一外国发行的，以该外国货币为面值的债券。其特点是债券发行人在一个国家，债券的面值货币和货币发行市场则属于另一个国家。世界上最重要的外国债券市场是瑞士、美国和日本的外国债券市场。外国政府或公司在美国发行的美元债券被称为扬基债券；在日本发行的日元债券被称为武士债券。外国债券的发行须经发行地所在国证券主管机关审核，并受发行地所在国有关法律的管制。东道国往往对外国债券区别对待，适用与国内债券发行、交易不同的登记程序及条件。

(2) 欧洲债券。是指在面值货币所在国以外的国家发行的债券。其特点是债券发行人属于一个国家，债券在另一个或另几个国家金融市场上发行，债券面值用第三国货币表示。欧洲债券与外国债券不同，它们虽然也以特定的货币计值，但通常是在几个国家的资本市场上同时发行，各东道国对这种由跨国承销团承销、以外币计值的债券的发行往往没有特别的登记、披露等要求。除了日本、德国等国外，货币发行国对使用其货币计值但在境外发行的债券一般也不予管理。因此，从法律管制方面看，欧洲债券实际上是一种无国籍债券。

欧洲债券的最初形式为在欧洲发行的、以美元计值的债券。现在，欧洲债券发行的地理范围已不限于欧洲，还包括亚洲等地的国际债券市场。

二、国际证券发行与流通的法律管制

（一）国际证券发行的法律管制概述

发行国际证券涉及许多国家的法律，其中主要涉及证券发行人所在国的法律和证券发行地所在国的法律。这些国家对国际证券的发行都实行程度不同的管制。

1. 证券发行人所在国对发行国际证券的管制

在国际证券市场上，证券发行人发行国际证券一般都必须经本国政府有关部门审查批准，否则不得发行国际证券。这是一国行使属人管辖权的重要表现。证券发行人所在国对本国居民对外发行证券进行管制的主要原因有：掌握和管理本国对外债务数额，了解本国资金需求情况，维护国家信誉；维护本国国际收支平衡，防止大量资金引入国内市场，引起通货膨胀，造成物价上涨。

证券发行人所在国管理对外发行国际证券的机构通常为中央银行或其他证券监管部门。这些机构主要是通过数量限制、最低准备金制度、利率管制、税收管制，以及其他管制措施等对本国居民发行国际证券进行管制。

2. 证券发行地所在国对发行国际证券的管制

由于发行国际证券不仅涉及本国资本市场资金的流动方向，而且涉及本国证券投资者的经济利益，所以证券发行地所在国对发行国际证券进行严格的监督管理。

证券发行地所在国管制国际证券的法律形式及具体措施不尽相同，但主要是通过两个方面的法律制度进行管制：一是证券发行审核制度；二是信息披露制度，包括初次发行披露与持续披露。

（二）国际证券发行的审核制度

各国关于证券发行的审核制度有两种：一是注册制；二是核准制。

1. 注册制

注册制，又称申报制或形式审查制，是指政府对发行证券不作实质条件的限制，发行人发行证券依法向政府证券主管机关申请注册，将与证券发行有关的一切信息和资料真实、准确、充分地公布于众；证券主管机关只对所公开信息的形式要件和真实性负责审查；申请若在法定期限内未被否定，即自行生效，发行人即可发行所申报的证券。

注册制以“公开主义”为原则。据此，发行人具有公开一切有关证券发行的资料的法定义务，并不得有虚假陈述或重大遗漏，否则要承担民事及刑事责任。其理论假设是所有投资者都有依据公开信息作出正确投资判断的能力，证券主管机关只是审查信息材料的真实性、完整性，而无权对证券发行行为及证券本身作出价值判断。

2. 核准制

核准制又称实质审查制，是指发行人发行证券除依法公开有关证券发行的全部资料外，还须符合一定的实质条件；证券主管机关不仅要对所公开信息资料的真实性进行审查，而且要依据法定的标准，对发行人的经营状况、管理人员资格、资本结构、资金投向等方面进行实质性审查。只有经审查核准后，证券才可发行。

通过对所发行的证券进行实质审查，可以通过法律手段防止无投资价值或投资价值不高的证券进入证券市场，有利于保护中小投资者的利益。核准制较多地适用于证券市场历史不长、证券法制尚不健全、投资者素质不高的国家和地区。

与注册制相比，核准制可以比较有效地保证发行公司的质量，从而更好地保护投资者的利益。但其不足之处在于容易培养投资者的依赖心理，从而疏于作出独立的投资判断；对发行证券的实质审查也增加了证券主管机关的工作负担，降低其工作效率。注册制虽然能避免核准制的上述不足，但由于投资者获得信息的不确定性及其投资判断能力的限制，因此在保护投资者利益方面，它并不能达到理想的效果。因此，注册制与核准制相结合，可以说是现代各国证券发行监管的一种发展趋势。

证券发行审核方面，我国最初实行的是核准制。2019 年 12 月 28 日第十三届全国人民代表大会常务委员会第十五次会议审议通过的《中华人民共和国证券法》对证券发行制度做了系统的修改完善，全面推行注册制。根据该法第 9 条，公开发行证券，必须符合法律、行政法规规定的条件，并依法报经国务院证券监督管理机构或者国务院授权的部门注册。未经依法注册，任何单位和个人不得公开发行证券。

（三）信息披露制度

1. 信息披露制度的含义

信息披露制度是指证券发行人在发行国际证券时，须将与证券发行有关的一切信息资料向公众公开，使证券投资者在分析和评价证券风险及利润的基础上作出投资决策的一种法律制度。信息披露制度基于证券发行和交易的公开原则，使投资者在购买证券时能获得据以作出投资决策所必需的一切信息资料，防止证券欺诈行为，保护投资者的利益。信息披露制度是贯穿于证券发行和交易整个过程的一项基本制度，它通常包括两个环节：一是在证券发行阶段通过说明书进行初次披露；二是已发行的证券在交易所上市后，发行人应就其最新的财务状况和经营状况履行持续披露的义务。

2. 初次发行披露

就证券发行阶段来说，信息披露的主要形式是招股说明书。所谓说明书，是证券发行人为邀请公众认购或购买拟发行证券而向证券投资者发出的，含有证券发行条件的一种法律文书。

目前，世界上大多数国家的法律明确规定，证券发行人发行证券时必须向证券主管机关提交说明书，并对说明书的要求十分严格，即须达到充分披露的程度。虽然有些国家如意大利和荷兰没有规定证券发行人负有提交说明书的法律义务，但一般也要求公募发行的国际证券在某一证券交易所挂牌上市时，证券发行人仍须向证券交易所提供说明书。关于说明书应当包括哪些内容，不同国家的法律规定不尽相同。一般来说，主要包括两个方面的内容：一是有关证券发行人财务状况和经营状况的资料；二是有关证券发行条件的资料。

在强调证券发行人履行提交说明书义务的同时，也规定了一些例外，允许证券发行人在符合法律规定的条件下，无须提供说明书。这些例外情况主要包括：通过私募方式发行证券，政府、政府机构或地方政府发行的证券等。

3. 持续信息披露

为了让证券投资者不仅在发行证券时能够了解有关证券发行人财务状况的资料，而且在证券流通阶段能够继续及时了解有关证券发行人财务状况的资料，各国证券法规都规定，在证券交易所挂牌上市的证券发行人，负有连续披露有关资料的义务。这种披露主要是通过定期报告和临时报告来实现的。

1）定期报告

定期报告是证券发行人定期向证券主管机关或其指定机构提交的，向证券投资者公开披露其经营状况和财务状况的书面文件。定期报告主要包括年度报告和中期报告，有的国家还包括季度报告。

年度报告是证券发行人就某一会计年度的经营和财务状况等事项所做的报告，其内容一般包括公司概况、公司财务会计报告和经营情况等有关事项。各国证券法均规定证券发行人负有向证券主管机关或其指定机构提交年度报告的义务。例如我国《证券法》第 79 条规定，上市公司、公司债券上市交易的公司、股票在国务院批准的其他全国性证券交易场所交易的公司，应当按照国务院证券监督管理机构和证券交易场所规定的内容和格式编制定期报告，在每一会计年度结束之日起 4 个月内，报送并公告年度报告，其中的年度财务会计报告应当经符合本法规定的会计师事务所审计。

中期报告是证券发行人就某一会计年度前 6 个月的经营和财务状况等事项所做的报告，其内容与年度报告内容类似。例如我国《证券法》第 79 条除了规定年度报告的报送及公告外，还要求在每一会计年度的上半年结束之日起 2 个月内，报送并公告中期报告。

季度报告是证券发行人就某一会计年度每 3 个月的经营和财务状况等事项所做的报告，其目的在于保证信息公开的及时性。

2）临时报告

临时报告是指发生可能对公司证券交易价格产生较大影响，而投资者尚未得知的重大事件时，证券发行人向证券主管机关及时披露的书面文件。临时报告的作用在于弥补定期报告的不足，使投资者和股东及时了解公司所发生的重要事件，以便作出相应的投资决策。

世界上许多国家都规定有临时报告制度。例如我国《证券法》第 80 条规定，发生可能对上市公司、股票在国务院批准的其他全国性证券交易场所交易的公司的股票交易价格产生较大影响的重大事件，投资者尚未得知时，公司应当立即将有关该重大事件的情况向国务院证券监督管理机构和证券交易场所报送临时报告，并予公告，说明事件的起因、目前的状态和可能产生的法律后果。该条进一步规定，前款所称重大事件包括：公司的经营方针和经营范围的重大变化；公司的重大投资行为，公司在一年内购买、出售重大资产超过公司资产总额 30%，或者公司营业用主要资产的抵押、质押、出售或者报废一次超过该资产的 30%；公司订立重要合同、提供重大担保或者从事关联交易，可能对公司的资产、负债、权益和经营成果产生重要影响；公司发生重大债务和未能清偿到期重大债务的违约情况；公司发生重大亏损或者重大损失；公司生产经营的外部条件发生的重大变化；公司的董事、三分之一以上监事或者经理发生变动，董事长或者经理无法履行职责；持有公司 5%以上股份的股东或者实际控制人持有股份或者控制公司的情况发生较大变化，公司的实际控制人及其控制的其他企业从事与公司相同或者相似业务的情况发生较大变化；公司分配股利、增资的计划，公司股权结构的重要变化，公司减资、合并、分立、解散及申请破产的决定，或者依法进入破产程序、被责令关闭；涉及公司的重大诉讼、仲裁，股东大会、董事会决议被依法撤销或者宣告无效；公司涉嫌犯罪被依法立案调查，公司的控股股东、实际控制人、董事、监事、高级管理人员涉嫌犯罪被依法采取强制措施；国务院证券监督管理机构规定的其他事项。

4. 违反信息披露的法律责任

为维护证券投资者的合法权益，促使证券发行人严格履行披露义务，并防止其在说明书中作虚假陈述或故意漏报重要资料，各国通过证券法、公司法以及民法和刑法等，对违反信息披露义务的人追究相应的法律责任。

就责任主体而言，主要包括：①证券发行人、公司发起人、董事及其他对说明书负责的人；②会计师、律师等专业性中介机构；③证券经理人、证券包销人等证券经营机构。

就责任形式而言，不仅包括民事责任，如请求损害赔偿，而且包括刑事责任。

（四）国际证券上市的法律管制

国际证券基本上都在证券交易所挂牌上市，进行买卖。通过在证券交易所挂牌上市，可以增强证券对投资者的吸引力，并且可以筹集到巨额资金。其缺点是费用较高，手续较复杂等。

1. 外国证券的上市条件

发达国家的证券法一般不规定公司的上市条件，而是由证券交易所的规则作出规定。各证券交易所对外国公司上市条件的规定不尽相同，但均从资本数额、股东人数、股份分布、盈利水平等方面作出要求。与本国公司上市条件相比，在股东人数、资本数额、持股分散等方面往往对外国公司提出更高的要求，但在会计标准、信息披露等方面对外国公司则比本国公司更为灵活。

2. 外国证券的上市程序

就证券上市的程序而言，发达国家对外国证券的上市适用与国内证券的上市大致相同的程序。上市程序的规定因各国实行注册制和核准制而有所不同。在实行注册制的国家，外国证券的上市一般只需在上市地国家证券管理机关登记注册即可上市；而在实行审核制的国家，外国证券必须符合证券交易所规定的上市条件，并经证券管理机关批准方可上市。

思考题

1. 简述《国际货币基金协定》的主要修订内容。
2. 简述国际货币基金组织成员国在汇兑安排方面的义务。
3. 国际货币基金组织贷款的特点是什么？
4. 简述特别提款权的性质。
5. 在国际借贷协议中，贷款人可以通过订立哪些条款来保护自己的利益？
6. 简述国际银团贷款中当事人之间的关系。
7. 与传统的国际贷款相比，项目贷款有哪些特点？
8. 简述国际证券监管体制。

第十章

国际税法

本章主要内容及重点

本章主要内容分为五个部分。第一部分为国际税法的基本理论，讲述国际税法的概念、渊源、原则和作用；第二部分为税收管辖权，涉及税收管辖权的概念、分类，以及居民税收管辖权和收入来源地税收管辖权的概念及其行使中的问题；第三部分为国际重复征税，包括国际重复征税的概念、类型、发生及解决方法等；第四部分为国际逃税与避税，讲述国际逃税与国际避税的概念，国际逃税与国际避税的主要方式及防止等问题；第五部分为国际税收协定，涉及国际税收协定的概念与分类，国际税收协定范本及其内容，中国的税收协定政策等问题。

本章重点是税收管辖权种类，国际重复征税的解决，国际逃税与避税的防止，国际税收协定的主要内容等。

第一节　国际税法概述

一、国际税法的概念和渊源

（一）国际税法的概念

理论界对国际税法的概念主要有狭义和广义两种观点。狭义的观点认为，国际税法的调整对象仅仅是国家之间的税收分配关系。广义的观点认为，国际税法的调整对象既包括国家之间的税收分配关系，也包括一国政府与跨国纳税人之间的税收征纳关系。从国际税法的产生过程及其几十年的实践中，我们认为广义的观点更合理。简言之，国际税法是调整国际税收关系，即国家间税收分配关系以及国家与跨国纳税人之间税收征纳关系的各种法律规范的总称。国际税法是国际经济法的一个重要分支。

国际税法具有“跨国法”和“混合法”的性质。首先，从调整对象来看，国际税法既包括国家之间的税收分配关系，又包括国家与跨国纳税人之间的税收征纳关系；其次，从法律规范来看，国际税法既包括国际税收条约和国际惯例，又包括各国的涉外税收法律；最后，从主体来看，国际税法的主体既包括国家，又包括跨国纳税人。

（二）国际税法的渊源

国际税法的渊源是指国际税收法律规范的各种具体表现形式。国际税法主要有以下两个渊源。

1. **各国的涉外税收立法**

税收管辖权独立是国家主权独立的具体体现。它意味着一国政府有权制定本国的涉外税收立法，确定本国税收管辖权的范围，并对管辖范围内的人和物进行征税。因此，各国的涉外税法是国际税法的重要渊源。

2. **国际税收条约**

由于各国拥有独立平等的税收管辖权，因而在跨国所得征税问题上经常发生冲突，产生重复征税的问题；由于各国税法不可能非常完善，往往为纳税人逃避税收提供机会。为协调各国间的税收分配关系，防止纳税人逃避税收，一些国家相互之间订立双边或多边税收条约。这些条约构成国际税法的组成部分，缔约当事人必须自觉遵守。

此外，国际惯例也是国际税法的渊源。

二、国际税法的原则和作用

（一）国际税法的原则

国际税法是国际经济法的一部分，国际经济法的基本原则也是国际税法的基本原则。同时，国际税法也有其特有的原则，其中最主要、最为各国所公认的是以下两项原则。

1. **国家税收管辖权独立原则**

国家税收管辖权独立原则的本质是一个国家在征税方面行使权力的完全自主性，对本国的税收立法和税务管理具有独立的管辖权。在国际税法领域，这一原则是指一国通过制定法律，确定本国税收管辖权的范围，有权对属于该范围内的征税对象进行征税。对国家税收管辖权的限制，只能是一种在国家间相互自愿和平等协调的基础上的自我限制。

2. **公平原则**

公平原则可以分为国家间税收分配关系中的公平原则和涉外税收征纳关系中的公平原则。前者是各国在处理与他国之间的税收分配关系上应遵循的基本原则，其实质就是公平互利。后者具体包括两方面内容：一是税收的横向公平，即经济情况相同、纳税能力相等的纳税人，其负担也应相等；二是税收的纵向公平，即高收入者应当比低收入者多纳税。

（二）国际税法的作用

国际税法的作用主要体现在以下两个方面。

第一，国际税法是各国维护国家主权和利益的重要手段。在国际经济交流和合作中，跨国纳税人利用各种手段逃避税收，严重损害了各国的税收利益和国家主权。国家可以通过涉外税收立法和国际税收条约制定有效的措施，加强国际合作，防止国际逃避税活动，维护国家利益和国家主权。

第二，国际税法是国家间贯彻平等互利原则，促进国际经济交往不断扩大的有效法律手段。这一作用体现在国家之间的税收分配关系中。国家之间只有依据平等互利的原则，就各自税收管辖权的实施范围和程度、消除或缓和税收管辖权冲突的办法等有关国际税收分配问题，达成国际税收协定，才能在维护各自主权的基础上，有效地避免或减轻国际重复征税等冲突，平等互利地分配税收利益，从而促进国际间经济交往的不断扩大和发展。

第二节 税收管辖权

一、税收管辖权概述

（一）税收管辖权的概念

税收管辖权是国际税法的一个根本性概念，是分析国际税收关系的前提，国家之间税收权益的协调即由此开始。

从国际法的角度而言，管辖权是国家主权的一个重要方面，它是指行使独立主权的国家对其领域内的一切人、财、物和行为均享有管辖的权利。所谓税收管辖权，就是一种征税权，它是国家的管辖权在税收上的具体体现。也就是说，任何一个主权国家，在不违背国际法的前提下，都有权选择最优的或对本国最有利的税收制度。这一制度包括三项基本内容：一是征税主体，即由谁来征税，具体而言是由国家行使征税权，由国家的税务部门行使税收的管理权；二是纳税对象，即对什么征税，通常而言包括所得和财产等；三是纳税数量，即征多少税，既包括宏观整体税负的确定，也包括各具体税种的确定，还包括有关税目、征税数量的确定。

（二）税收管辖权的类型

管辖权上的属地原则和属人原则，在国际税法上分别表现为收入来源地税收管辖权和居民税收管辖权。

1. 收入来源地税收管辖权

一个主权国家根据属地原则所确立起来的税收管辖权称为收入来源地税收管辖权。在实行收入来源地税收管辖权的国家，以所得来源地或财产存在地为征税标志。它要求纳税人就来源于本国领土范围内的全部所得和财产缴税。

2. 居民税收管辖权

居民税收管辖权是一个主权国家按照属人原则所确立的税收管辖权。在实行居民税收管辖权的国家，对属于本国居民的一切所得和财产征税。换言之，一个国家征税的范围可以跨越国境，只要是属于本国居民取得的所得，不论是境内所得还是境外所得，国家均享有征税的权力。

实行居民税收管辖权的理论基础是：国家对居民提供了社会公共服务和法律保护，那么居民就应该对国家履行纳税义务，这是一种权利与义务相对等的关系。因此，对居民的境外收入而言，收入来源国不能独占税收管辖权，税收权益应该在收入来源国和居住国之间进行分配。

二、居民税收管辖权

居民税收管辖权是按照属人原则确立的一种税收管辖权，其管辖范围是居民纳税人。

根据各国的税法，一国的居民纳税人既包括自然人，又包括法人。纳税人居民身份的存在，是一国行使居民税收管辖权的前提条件。

（一）自然人的居民身份的确认

在各国税法实践中，对自然人居民身份的确认主要采用以下四种标准。

1. 住所标准

采用住所标准，是指以自然人在征税国境内是否拥有住所这一法律事实，决定其居民或非居民纳税人身份。由于住所具有固定性和确定性，采用住所标准易于确定纳税人的居民身份。然而住所作为一种法定的个人永久居住场所，并不一定反映一个人的真实活动场所，单纯按照住所标准确定纳税人居民身份显然是有缺陷的。

2. 居所标准

居所一般是指个人经常居住的场所，不具有永久居住的性质。所谓居所标准就是指以个人在境内是否具有某种经常居住的场所，作为确认个人居民或非居民身份的标准。这一标准在很大程度上反映了个人与其主要经济活动地之间的联系，但缺陷是对"居所"缺乏客观统一的识别标志。

3. 居住时间标准

采用居住时间标准就是以个人在征税国境内居留是否达到一定的期限，作为确认其居民或非居民的标准。这种标准显得具体明确，易于在实践中掌握执行。不过各国税法对居住期限的规定不一，有的为半年，有的为 1 年。

4. 国籍标准

采用国籍标准，纯粹以居民与国籍国之间的法律关系作为税收管辖权的依据。按照一国法律的规定，任何个人如果取得该国的国籍，就被认为是该国的居民，该国就可以对其行使居民税收管辖权。

（二）法人的居民身份的确认

关于法人的居民身份的确认，各国立法实践中主要采用以下三种标准。

1. 法人注册成立地标准

任何公司如果按照一国法律规定，在该国登记注册，取得该国的法人地位，则成为该国的法人，该国就可以对其行使居民税收管辖权。例如美国税法规定，凡按照合众国或合众国各州的法律规定进行登记注册而设立或组建的公司，都属于本国法人，可对其行使居民税收管辖权，就其世界范围的所得征税。

法人的注册成立地标准相当于自然人的国籍标准，其优点是纳税人法律地位明确，并易于识别，缺点是较难反映法人的真实活动地。

2. 法人实际管理和控制中心所在地标准

这一标准是指公司的实际管理和控制中心设在哪一国，便视为哪一国的居民公司。所谓法人的实际管理和控制中心所在地，是指作出和形成法人的经营管理重要决策的地点。法人的经营管理的重要决策一般是经过董事会研究决定，因而董事会经常举行会议的地点，是判断法人实际管理和控制中心所在地的重要标志。

3. 法人总机构所在地标准

这一标准是指公司的总机构设在哪一国，便视为哪一国的居民公司。所谓总机构是指负责管理和控制企业的日常经营业务活动的中心机构。

（三）居民税收管辖权的冲突及其解决

由于各国对纳税人居民身份的确认标准不同，因而不可避免地产生各国都不认为是本国居民或两个国家都认为是本国居民的情况，即居民税收管辖权的冲突。各国一般通过在双边税收协定中确定某种冲突规则的办法来解决这一冲突。

1. 自然人居民身份冲突的解决

（1）纳税人在某一国设有永久性住所，应认为它是该国的居民。如果他在缔约国双方同时具有永久性住所，应认为他是与其人身关系和经济关系更密切的（重要利益中心）所在国的居民。

（2）如果重要利益中心所在国无法确定，或在缔约国任何一方都没有永久性住所，应认为是其有习惯性居所所在国的居民。

（3）如果他在缔约国双方都有或都没有习惯性居所，应认为是其国籍国的居民。

（4）如果他同时具有缔约国双方的国籍，或者不是其中任何一国的国民，则应由缔约国双方的主管部门通过协商解决其居民身份的归属。

2. 法人居民身份冲突的解决

目前，各国通过双边税收协定解决法人居民身份冲突的方式有两种：一是在发生法人居民身份冲突的情况下，由缔约国双方的主管部门通过协商解决其居民身份的归属；二是由缔约双方在协定中事先确定一种解决冲突应依据的标准。

三、收入来源地税收管辖权

征税国对非居民主张收入来源地税收管辖权的依据，在于认定其收益或所得来源于征税国境内。在所得税法上，纳税人的各项收益或所得一般可划分为四类，即经营所得，劳务所得，投资所得和财产所得。

（一）对非居民经营所得的征税

经营所得又称营业所得或营业利润，是指自然人或法人从事工业、商业、建筑业等经营活动取得的所得。经营所得来源地的确认，各国一般采用经营活动发生地原则。为了明确划分所得的来源，各国税法和避免重复征税的协定中都采纳了“常设机构”的概念。一国居民在另一国境内从事经营活动，可能基于某种物的因素或人的因素而构成常设机构的存在。

1. 构成常设机构的经营场所

“常设机构”这一概念首先是指一个企业进行其全部或部分营业的固定场所。这一场所应具备三个特征：一是有一个受企业支配的营业的场所或设施的存在；二是这种营业场所或设施应具有固定的性质，即应具有确定的地理位置，并且应具有长期经营的性质；三是企业通过这种固定的场所从事的是营业性质的活动。

2. 构成常设机构的代理人的活动

尽管一国企业在另一国境内并未通过某种固定的场所从事营业活动，但如果它在另一国境内通过特定的营业代理人开展业务，仍有可能构成常设机构的存在。这种营业代理人的活动应符合以下两个条件：一是它必须是依附于企业的非独立代理人；二是企业授权非独立代理人从事特定性质的营业活动。

（二）对非居民劳务所得的征税

个人劳务所得可分为独立个人劳务所得和非独立个人劳务所得。前者是指个人独立地从事某种专业性劳务和其他独立性活动所取得的收入；后者是指个人由于受雇于他人从事工作所取得的报酬，包括工资、薪金和各种劳动津贴等。各国税法确认个人所得来源地的标准主要可归纳为两种：一是劳务行为发生地或提供地；二是劳务所得的支付地。

1. 跨国独立劳务所得的一般课税原则

（1）固定基地原则。一国居民取得的独立劳务所得，应仅由其居住国一方课税。但是，如果一国居民在另一国境内设有经常从事独立劳务活动的固定基地，作为收入来源地的另一国有权对属于该固定基地的那部分所得征税。

（2）183天规则。一国居民在某一会计年度内在另一国境内连续或累计停留时间超过183天，作为收入来源地国的另一国有权对该居民的跨国独立劳务所得征税。

2. 跨国非独立劳务所得的一般课税原则

一国居民在另一国受雇而取得的非独立劳务收入，可以在另一国征税。但在同时具备以下三项条件时，应仅由居住国一方征税：①收款人在某一会计年度内在另一国境内累计停留时间不超过183天；②有关的劳务报酬并非由另一国居民的雇主或代表该雇主支付的；③该项劳务报酬不是由雇主设在另一国境内的常设机构或固定基地所负担。

（三）对非居民投资所得的征税

投资所得，是指纳税人从事各种间接投资活动而取得的如股息、利息、特许权使用费等项目的收益。来源国对非居民纳税人的投资所得，一般都采取从源预提的方式征税。这种征税方式通称为预提税，即由支付人在向非居民支付投资所得款项时按税法规定代为扣缴应纳税款，是所得税的一种源泉征收方式。

（四）对非居民财产所得的征税

对非居民财产所得，特别是针对非居民运用与转让不动产所取得的所得，各国的通行做法是由财产所在国征税。但对转让从事国际运输的船舶或飞机，以及属于经营上述船舶或飞机的动产所获的收益，应仅由转让者的居住国一方独占征税。

第三节 国际重复征税

一、国际重复征税的概念和类型

（一）国际重复征税的概念

所谓重复征税，是指同一征税主体或不同征税主体对同一纳税人或不同纳税人的同一征税对象或税源进行的两次或两次以上的征税，包括国内重复征税与国际重复征税。国际重复征税一般可分为狭义的重复征税和广义的重复征税。

1. 狭义的国际重复征税

狭义的国际重复征税是指两个或两个以上的国家在同一时期内，对同一跨国纳税人的同一征税对象或税源征收相同或相似的税。

国际重复征税具有以下特点：①征税主体的非同一性。是指行使征税权力的主体是两个或两个以上拥有独立的税收管辖权的国家。②纳税主体的同一性。是指同一纳税人在两个或两个以上的国家同时负有纳税义务。③纳税客体的同一性。即征税的客体是同一征税对象或税源，同一笔所得或收益被两个或两个以上的国家征税。④税种的同一性或类似性。是指有关国家征收的税种必须是相同或类似的。国际税收所涉及的征税对象主要是所得税。国际重复征税大多发生在各国所征的所得税上。同一性就是指所得税这一税种，类似性是指与所得税相似的一些有关税种。至于具体包括哪些税种，由有关国家在签订国际税收协定时，通过列举适用的税种范围这一办法来解决。⑤纳税期间的同一性。是指由两个或两个以上的国家进行的征税，必须是在同一期间内发生的。

2. 广义的国际重复征税

有关国家在对跨国纳税人的所得征税时，对不同纳税主体或纳税客体征税，也会出现国际重复征税；有时由于对同一笔所得或收益计算的标准和方法不同，也可导致国际重复征税的发生。这些均属广义的国际重复征税。例如，张先生和李女士原为夫妻，现已离婚，分别居住在甲、乙两个国家。在甲国居住的张先生按期向居住在乙国的李女士支付赡养费。按甲国税法规定，支付给已离婚的原配偶赡养费，不能在应纳税所得额中扣除；按乙国税法规定，已离婚的妇女所得到的赡养费属于其他所得，应并入收入中纳税。这样一来，这笔赡养费就被甲、乙两个国家同时征税。

（二）国际重复征税的类型

1. 法律性重复征税

法律性重复征税是指根据税法规定，对同一纳税人采取不同的征税原则而引起的重复征税。一般表现为两个或两个以上的征税主体，对同一纳税人的同一征税对象的重复征税。当实施这类重复征税的征税主体处于两个或两个以上国家时，就成为法律性国际重复征税。

2. 经济性重复征税

经济性重复征税是指同一征税主体或不同征税主体，对由同一经济交易联系起来的不同纳税人的同一征税对象或税源的重复征税。例如，对公司和股东、债权人和债务人、丈夫和妻子、交易活动的买方和卖方等的重复征税。为了与法律性重复征税相区别，有些著作中将经济性重复征税称为重叠征税。以对股份公司和股东的征税为例。从法律概念来说，股份公司和股东是两个不同的纳税人。但从股份公司和股东的关系来说，股份公司的利润是股东分得股息的源泉，股份公司的利润和股东的股息出自同一经济渊源。因此，对属于同一经济渊源的利润和股息分别进行征税，就形成重复征税。在股份公司和股东位于两个或两个以上国家时，对公司利润、股息所得进行重复征税的，是两个和两个以上的征税主体，这时就会发生经济性国际重复征税。

二、国际重复征税的产生

（一）国际重复征税产生的原因

归纳起来，国际重复征税的产生有以下三方面的原因。

1. 纳税人所得或收益的国际化

随着世界经济的发展，各国间的经济交流日益频繁，从事跨国生产经营活动的现象越来越普遍，带来所得或收益的国际化。当纳税人在居住国以外的一国或数国获得所得或拥有财产，或者在居住国与另外一国或数国同时获得所得或拥有财产时，就要对两个或两个以上的国家负有双重或多重的纳税义务，成为跨国纳税人，从而产生国际重复征税的问题。纳税人所得或收入的国际化，是发生国际重复征税的前提条件。

2. 各国所得税制的普遍化

自从1799年所得税在英国创立以来，至今已过二百多年。19世纪末，世界上实行所得税的国家还很少。到了20世纪，特别是第一次世界大战以后，发达国家纷纷进行以建立所得税制为主的税制改革。第二次世界大战以后，更多的国家开始征收所得税，并且在实施过程中不断改革和完善。一方面，所得税涉及的征税范围不断扩大，另一方面，各国所得税税率普遍提高，所得税收入占各国税收收入的比重逐步上升。目前除极少数国家外，世界各国几乎都建立了所得税制度，对自己管辖范围内的所得或财产征税。当纳税人跨国界获取所得或拥有财产时，居住国和收入来源国对这笔所得或财产同时征收所得税或财产税，就不可避免地出现国际重复征税。由此可见，各国所得税税制的普遍化，也是国际重复征税产生的前提条件之一。

3. 各国行使税收管辖权的交叉重叠

税收管辖权是一个主权国家在税收管理方面所行使的、在一定范围内的征税权力，属于国家主权在税收领域中的体现。各国行使税收管辖权的交叉重叠，是国际重复征税产生的根本原因。例如，甲、乙两国都行使收入来源地税收管辖权和居民税收管辖权。在这种情况下，两国既对发生在本国境内的一切所得征税，又对本国居民在境外取得的所得征税。对每一国来说，不论某人是否为其居民，只要在本国境内有所得就要征税；不论某人是在境外还是境内取得所得，只要他是本国居民，在各国取得的所得，都要向本国履行纳税义务。国际重复征税就是在这种情况下，即在税收管辖权交叉重叠的情况下产生的。

（二）国际重复征税发生的方式

如上分析，国际重复征税的根本原因是税收管辖权的交叉重叠。从各国征税实践和税法角度分析，国际重复征税发生的方式，也就是税收管辖权重叠的形式，分为两种情况，即不同税收管辖权的交叉重叠和相同税收管辖权的交叉重叠。

1. 不同税收管辖权的交叉重叠

主要是指居民税收管辖权与收入来源地税收管辖权的交叉重叠。这是最重要、最普遍的国际重复征税方式。世界上大多数国家都同时行使居民税收管辖权和收入来源地税收管辖权。由于居民税收管辖权是针对本国居民来源于境内外的所得征税，而收入来源地税收管辖权是针对非居民来源于本国境内的所得征税，这就使一个具有跨国收入的纳税人。一方面要作为居民纳税人向其居住国就来源于世界范围内的收入承担纳税义务；另一方面，要作为非居民纳税人，向收入来源国就其在该国境内取得的收入承担纳税义务，由此便产生了国际重复征税。

【案例】 某英国居民开设的甲公司，在美国设立一家分公司。该公司在某纳税年度取得利润600万英镑。由于英国行使居民税收管辖权，甲公司须将此600万英镑向英国税务当局申报纳税。另一方面，由于美国行使收入来源地税收管辖权，甲公司还要就来源于美国的这600万英镑，向美国税务当局申报纳税。这样，同一笔跨国所得在两个国家都承担了纳税义务，从而造成国际重复征税。

2. 同种税收管辖权的重叠

1）收入来源地税收管辖权与收入来源地税收管辖权重叠

这是有关国家采用的对于境内所得或财产的确定标准不同造成的。例如，对劳务所得来源地的确认，有的国家以劳务所得支付地为标准，有的以劳务提供地为标准，有的以停留时间长短为标准。不同国家采用的标准不同，就可能造成同一笔劳务所得，同时被两个或两个以上的国家确定为来源于其境内的所得，从而发生国际重复征税。

【案例】 美国A公司派雇员Z先生到中国的一家中美合资企业从事技术指导，Z先生的薪金由A公司支付。按照中国的个人所得税法规定，以纳税人实际提供劳务地作为劳务报酬所得来源地。Z先生的劳务提供地在中国，因此，中国确定其劳务报酬为来源于中国境内的所得，对该所得征税。美国以劳务所得支付地为标准，认为Z先生的劳务报酬在美国支付，是来源于美国境内的所得，也对其征税。这样，Z先生的同一笔劳务报酬同时被中、美两国征收个人所得税。

2）居民税收管辖权与居民税收管辖权重叠

这是行使居民税收管辖权的国家采用的居民纳税人的确定标准不同造成的。基于不同的标准，就可能造成一个跨国纳税人同时被两个国家确定为居民，从而承担双重纳税任务。

【案例】 英、美两国均行使居民税收管辖权，对自然人居民纳税人的确定标准，英国采用住所标准，美国采用居住时间标准。B先生在英国拥有永久性住所，但出于经商目的，某一纳税年度，他在美国居住达183天以上。根据英、美两国的标准，两国同时认定B先生为本国的居民纳税人，对其行使居民税收管辖权，从而B先生的全部所得或财产将在两国承担双重纳税义务。

（三）国际重复征税对经济的影响

国际重复征税随着国际经济交往的加深和各国所得税制度的发展而变得日益普遍和严重。这种现象的存在无疑会产生各种消极影响，具体表现在以下三方面：一是违背税收公平原则；二是引起有关国家之间的税收利益冲突；三是阻碍国际经济合作与发展。

国际重复征税的弊端及其带来的消极影响，已引起了各国政府、跨国纳税人、经济学家和国际经济组织的高度重视。如何减轻或消除国际重复征税，是国际税收权益分配关系的核心问题，世界各国都在积极寻求减轻或消除国际重复征税的途径和方法。

三、避免国际重复征税的方法

目前，减少、避免和消除国际重复征税的常用方法主要有免税法，抵免法，扣除法和签订税收协定四种。

（一）免税法

免税法又称豁免法，是指居住国对本国居民来源于非居住国的跨国收益、所得或一般财产价值，在一定的条件下，放弃行使居民税收管辖权，免予征税。

免税法包括两种形式：一是全额免税法，是指居住国政府对本国居民纳税人征税时，允许其从应纳税额中扣除其来源于国外并已向来源国纳税的那部分所得。例如，甲国的某跨国公司母公司在纳税年度获取本国收益500 000美元，它在乙国有一子公司，同年获得收益300 000美元，甲、乙两国所得税税率分别为40%和35%，子公司在乙国获得的收益在甲国免税，则母公司只需就本国获取的收益向甲国缴纳所得税200 000美元（即500 000美元×40%）。这种方法在国际税收实践中极少被采用。二是累进免税法，是指采取累进税制的国家，虽然从居民纳税人的应税所得中扣除其来源于国外并已经纳税的那部分所得，但对其他所得确定适用税率时仍将这部分免税所得考虑在内，即对纳税人其他所得的征税，仍适用依据全部所得确定的税率。

免税法通过对国外收益免税，有利于资本输出。但这种方法是建立在减少本国税收的基础上，而且不考虑收益来源国的税率高低，因而并没有体现公平税负的原则，也使跨国纳税人得以利用国际税负的差别逃避税，所以并不是解决国际重复征税的最好方法。

（二）抵免法

抵免法是指行使居民税收管辖权的国家，对其居民的国外所得征税时，允许居民把已缴的外国税额从应向本国缴纳的税额中扣除。该方法的指导思想是承认收入来源地管辖权的优先地位，但不放弃居民税收管辖权。抵免法能消除国际重复征税，是目前普遍采用的避免国际重复征税的方法。

按照抵免数额的不同，抵免法可分为全额抵免和普通抵免两种类型。前者是指本国居民在境外缴纳的税款，可以按照本国税法规定计算出的应缴税款，予以全部免除。后者是指本国居民在汇总境内、境外所得计算缴纳所得税或一般财产税时，允许扣除其来源于境外的所得或一般财产收益按照本国税法规定计算的应纳税额，即通常所说的抵免限额，超过抵免限额的部分不予扣除。全额抵免和普通抵免的区别在于普通抵免要受抵免限额的限制。

按照纳税人的国内公司与国外公司之间的不同法律关系，可以将抵免法分为直接抵免和间接抵免两种方法。直接抵免法主要适用于位于居住国的总公司与位于非居住国的分公司之间。由于国外分公司不具有独立的法人地位，它与总公司同属一个经济实体，因此分公司已向国外缴纳的税额，可以视同为总公司缴纳的，居住国允许将其从本国应缴纳的总税额中予以扣除，但是抵免额不得超过国外分公司所得按照跨国公司居住国税率计算的应纳税额，即抵免限额。计算公式如下：

应纳居住国税额＝(居住国所得＋国外分公司所得)×居住国税率－允许抵免额

间接抵免法适用于不同属于一个法人的母公司与子公司之间。由于母、子公司分别为不同的经济实体，子公司的收益不能全额并入母公司的应税收益，它所缴纳的外国公司所得税不能视为母公司缴纳的税额，不可以从母公司应缴的居住国所得税中直接抵免，只有在母公司收到子公司汇来的股息，并将收到的股息并入公司收益中向居住国缴纳所得税时，居住国才允许从应纳税额中免除这部分股息已缴纳的外国所得税。

（三）扣除法

扣除法是指居住国在行使居民税收管辖权时，允许本国居民用已缴纳给非居住国的所得税或一般财产税税额，作为向本国汇总申报应税收益、所得或财产价值的一个扣除项目，就扣除后的余额，计算征收所得税或一般财产税。采用扣除法只能减轻或缓和国际重复征税，并不能完全消除之。抵免法与扣除法二者的区别在于，前者是将国外已纳税款作为国内应纳税额的扣除，而后者则是抵减应税所得。

表 10-1 说明了重复征税、扣除法和抵免法对一家美国公司的国外来源所得的所得税的不同影响。假设美国公司有来源国所得 100 美元，美国的所得税率为 34%，国外所得税率为 30%。

表 10-1　不同情况下所得税的不同影响　　　　单位：美元

	重复征税	扣除法	抵免法
国外公司所得	100	100	100
国外公司所得税(税率 30%)	30	30	30
国外税后所得	70	70	70
美国对国外所得征收的所得税(税率 34%)	34		
美国对国外税后所得征收的所得税(税率 34%)		23.8	
美国对国外所得征收的所得税扣减国外公司所得税后的余额			4
美国税后所得	36	46.2	66
实际税率	64%	53.8%	34%

在重复征税的情况下，国外来源所得100美元在国外缴纳30%的所得税，即30美元，在美国缴纳34%的所得税，即34美元，共缴纳所得税64美元，实际税率为64%。在扣除法下，美国仅对国外税后所得70美元征收34%的所得税，即23.8美元，所以共缴纳所得税53.8美元，实际税率为53.8%。在抵免法下，由于美国税率大于国外税率，所以税收抵免限额为30美元，还要在美国缴纳4美元所得税，因此共缴纳34美元，实际税率为34%。

免税法、扣除法和抵免法等三种方法具体使用哪种，适用条件如何，主要由各国在本国税法中作出规定。例如，法国、澳大利亚和拉丁美洲的一些国家采用免税法；日本、美国、德国、英国、意大利等国家采用抵免法。

（四）签订税收协定

各国政府之间可以通过双边或多边谈判，签订避免国际重复征税的协定。税收协定与各国税法的单行规定相比，有着更大的优越性，因为它能协调双方的税收管辖权，规定双方都能接受的消除国际重复征税的方法，并使各国在国际经济交往中获得相互对等的税收待遇。

各国之间缔结的避免重复征税协定，从结构安排和条款顺序上看，主要参照了经济合作与发展组织（OECD）于1977年发表的《关于避免对所得和财产重复征税的协定范本》（简称《OECD范本》）和联合国经济和社会理事会于1979年通过的《关于发达国家与发展中国家间重复征税的协定范本》（简称《联合国范本》）。这两个范本基本一致，所不同的是《OECD范本》较注重发达国家的利益，而联合国范本则兼顾了缔约国双方的利益，较易为发展中国家所接受。

税收协定范本规定避免重复征税的方法为免税法和抵免法。为了避免纳税人受到歧视，还规定了缔约国一方国民到另一方从事活动所应受到的一些税收无差别待遇。应该说，《OECD范本》和《联合国范本》促进了各国之间税收协定的规范化，各国之间的税收协定正成为协调国际税收关系、避免重复征税的重要工具。

（五）其他方法

除了免税法、抵免法和扣除法等外，有些国家还采取低税法或延期征税法。

1. 低税法

所谓低税法，是指对本国居民来源于国外的所得适用较低的税率，以缓解或消除国际重复征税。例如比利时政府规定对来源于国外的所得按正常税率减征80%。

2. 延期征税法

所谓延期征税法，是指居住国政府对纳税人在国外的所得在一定期限内暂不征税。例如美国税法规定，国外子公司的利润在作为股息汇回美国母公司以前可不在美国纳税。延期征税法并没有减少纳税人的应纳税额，只是延长了缴税的时间。

第四节　国际逃税与避税

随着人们收益的日益国际化和跨国公司的迅猛发展，以及许多国家的税率和实际税负的上升趋势，国际逃避税现象也越来越严重。当一些高税国发现自己的财政收入顺着有形和无形的漏洞流出时，各种反避税措施便应运而生。

一、国际逃税与避税的概念与成因

（一）国际逃税与避税的概念

国际逃税是指跨国纳税人运用欺诈伪造、弄虚作假、巧立名目等手段，蓄意瞒税，以期减少或不纳税款的违法行为。国际避税是指跨国纳税人利用两个以上国家税法和国际税收协定的差别、漏洞、特例和缺陷，规避或减轻其纳税义务的行为。

虽然国际逃税与国际避税都是纳税人为了达到减轻税负的目的而实施的行为，但它们是两个不同的概念。二者的不同之处在于：首先，国际逃税和国际避税的本质区别是，国际逃税是否定应税经济行为的存在，而国际避税是否定应税经济行为的原有形态，因此，国际逃税常常采用的是最直接的欺诈和隐瞒手法，国际避税则多是利用税法条文本身存在的缺陷和不足，采用较巧妙的办法。其次，国际逃税所采用的手段具有欺诈性，是非法的，是对税法的公然违犯和践踏；而国际避税所采用的是合法或不违法的手段，不具有欺诈的性质。最后，国际逃税的直接后果表现为世界范围内税基总量的减少，而国际避税一般并不改变世界范围内的税基总量，仅仅造成税基总量中适用高税率的那部分向低税率和免税的那部分的转移。

虽然国际逃税与国际避税相比较有“合法”与“违法”之分，但由于各国法律标准不同，使得某一跨国纳税人所进行的某种减轻税负的行为，在一国为逃税行为，在另一国则为避税行为。另外，跨国经营者常常将避税和逃税行为交织在一起穿插进行，在从事避税活动时暗地里做一些逃税的花样，或在逃税过程中又伴之以某些避税手段。

（二）国际逃税与避税产生的原因

任何逃避税行为其主观原因都可以归结为一条，那就是利益驱动。国际逃避税产生的客观原因有：沉重的税收负担，激烈的市场竞争，各国税收管辖权选择和运用的不同，各国间课税的程度和方式不同，各国税制要素的规定不同，各国避免国际重复征税的方法不同，各国税法实施有效程度的差别，其他非税收方面法律上的差别等。

二、国际逃税与避税的方式

（一）国际逃税的方式

跨国纳税人进行国际逃税的方式多种多样，最常见的有以下三种。

1. 隐匿不报应税所得

隐匿不报应税所得是指纳税人不填报纳税申报单，隐匿其应税所得与财产。常用的办法有进行无记名证券投资，将收入转移到国外银行，利用外国银行为客户保密等条件，使国内税务当局无法稽查。

2. 谎报所得和虚构扣除

谎报所得表现为以多报少或不如实说明所得的性质，将一种所得谎报为另一种所得，如将贷款利息作为投资股息申报，以达到少纳税的目的。虚构扣除是指虚构成本费用等可扣除项目，以减少应税所得，如多摊折旧，虚列利息支出，虚构佣金等以少报多，无中生有的各种方法。

3. 伪造账册和收付凭证

伪造账册主要是设双账，一套为伪造的虚假账目，以应付东道国税务当局的检查，另一套为反映企业真实经营状况的账簿，但严格保密，自行掌握。伪造收付凭证主要是指在购入时多开发票，在售出时少开发票或不开发票，从而达到少缴税的目的。

（二）国际避税的方式

国际避税的基本方式主要有以下五类。

1. 通过纳税人的国际转移进行避税

纳税人的国际转移，是指一国的纳税人迁移出该国，成为另一国的纳税人，或没有成为任何一国的纳税人，以规避或减轻其纳税义务的国际避税方式。例如纳税人从高税国迁往低税国成为低税国的居民。

2. 纳税人不迁移进行国际避税

利用有关国家税法和税收协定的漏洞和缺陷，纳税人有时不迁移也可以规避或减轻其纳税义务。例如纳税人虚假迁移其住所，即纳税人法律上已迁出了高税国，但实际上并没有在其他任何国家取得住所。由于各个国家关于住所或居所的法律规定不同，法律解释也不同，使纳税人利用住所或居所的虚假迁移进行国际避税成为可能。

3. 通过征税对象的国际转移进行避税

征税对象的国际转移，是指一国的征税对象转移出该国，成为另一国的征税对象，或没有成为任何一国的征税对象，以规避或减轻纳税人纳税义务的国际避税方式。这类避税方式花样很多，非常复杂，如通过建立免税常设机构转移应税所得。目前，许多国家的双边税收协定都对跨国纳税人常设机构的经营活动规定了大量免税待遇。这些经营活动包括货物仓储，存货管理，货物购买，广告宣传，信息提供或其他辅助性营业活动等。这样，跨国纳税人就可以把设在没有这类免税待遇的国家的常设机构所从事的货物购买、存储等活动，转移到有免税规定的国家的常设机构中去，以转移应税所得，达到避税的目的。又如，跨国公司可以通过关联企业之间的转让定价转移应税所得，从而避税。其基本做法是：高税国企业向其低税国关联企业销售货物，提供劳务，转让无形资产，提供贷款时制定低价；低税国企业向其高税国关联企业销售货物，提供劳务，转让无形资产，提供贷款时制定高价。这样，跨国公司的利润就可以从高税国转移到低税国。

4. 不转移征税对象进行国际避税

利用有关国家税法和国际税收协定的漏洞和缺陷，有时不转移征税对象也可以规避或减轻税收负担，如改变企业的组织形式进行避税。不同性质的企业获得所得的性质也不同，不同性质的所得可能会有不同的税收待遇。例如采取总分公司组织形式，需要就其世界范围的所得合并计算征收所得税，而采取母子公司组织形式，就各自的所得分别计算征收所得税。因此，利用企业组织形式的变化，就可以在征税对象不进行国际转移的条件下规避税收。

5. 利用避税地进行国际避税

所谓避税地,狭义上是指那些不课征某些所得税和财产税,或者所得税和财产税税率远远低于国际一般水平的国家和地区;广义上是指那些能够为纳税者提供某种合法避税机会的国家和地区。人们一般所说的"避税地"都是广义上的概念。避税地一般必须具备两个条件:一是政治上相对稳定;二是法律规定允许跨国经营者自由出入境,并满足其社会公共设施先进、生活和工作环境良好等方面的需求。另外还要实行自由宽松的海关条例、银行管理条例、工商管理办法、外汇管理办法等。

跨国纳税人利用避税地避税的形式多种多样,主要有以下三种方式:一是在避税地建立常设机构,这是最常用的国际避税手法。二是通过集团内部收入与费用的分配,向避税地常设机构转移应税所得。通常是高税国的总机构向避税地常设机构分配其费用,借此转移部分所得。三是建立基地公司,即以避税地为基地而建立的从事转移和积累利润的避税公司。基地公司有各种形式,如持股公司,金融公司,贸易公司,信托公司,投资公司,保险公司,专利公司等。

三、国际逃税与避税的防止

(一) 防止国际逃避税的一般国内法措施

防止国际逃避税需要从税收立法到征收管理全过程的协调。许多国家从以下三方面加强了征收管理,制定了比较严密的税收管理制度。

(1) 纳税申报制度。严格要求一切从事跨国经济活动的纳税人及时、准确、真实地向国家税务机关申报自己所有的经营收入、利润、成本或费用列支等情况。

(2) 会计审计制度。目前,许多国家都严格了对涉及外国公司会计业务的审计制度,一般都要求外国公司,特别是股份公司所申报的各类报表一律要经过公证会计师的审核,否则不予承认。

(3) 所得核定制度。纳税人不能提供准确的成本或费用凭证,不能正确计算应税所得额时,可以由税务机关参照一定标准,估计或核定一个相应的所得额,然后据以征税。此举的目的多是为了避免跨国纳税人利用不准确的成本或费用逃税,同时也可以简化征收手续。

(二) 防止国际逃避税的特别国内法措施

1. 防止纳税主体通过国际转移进行逃避税的措施

(1) 对自然人国际转移的限制。有的国家规定,自然人移居国外必须属于"真正的"和"全部的"移居才予以承认,对"部分的"和"虚假的"移居则不予承认。例如德国规定,纳税自然人虽已失去本国居民身份,但仍有经济联系的,应连续对其征收有关的所得税;荷兰政府也规定,本国居民到国外定居不满 1 年就迁回,尚未取得外国居民身份者,应连续视为荷兰居民征税。

(2) 对法人国际转移的限制。有的国家对法人的国际转移给予有条件的允许。例如荷兰规定，准许本国企业在战时或其他类似祸害发生时迁移到荷属领地，而不作避税处理，但对于其他理由的迁移，一般认为是以避税为目的而不予承认，仍连续负有纳税义务。又如英国规定，如果一家公司未取得同意而迁出境外，将受到两种惩罚：一是公司将继续负有在英国的纳税义务，如同根本未迁移出境一样；二是将受到刑法的制裁。

2. 防止通过征税对象国际转移进行逃避税的措施

通过征税对象国际转移进行逃避税主要发生在关联企业之间。这些企业之间的财务收支活动、利润分配形式体现着“集团利益”的特征，对这种避税活动给予限制，关键是应坚持“独立竞争”标准，即按照有关联的公司任何一方与无关联的第三方公司，各自以独立经济利益和相互竞争的身份出现，在相同或类似的情况下，从事相同或类似的活动所应承担或归属的成本、费用或利润的标准来衡量某个公司的利润是否正常，是否在公司之间发生了不合理的安排。凡是符合“独立竞争”标准的，在征税时就可以承认，否则要按照这一标准进行调整。

3. 防止利用避税地逃避税的措施

针对国际避税地的税收优惠办法，一些国家从维护自身的税收权益出发，在本国的税法中相应作出规定，以防止国际避税发生。其中美国的防范措施规定最复杂，也最典型。美国《国内收入法典》规定，只要在国外某一公司的“综合选举权”股份总额中，有50%以上分属于一些美国股东，而这些股东每人所持有的综合选举权股份又在10%以上时，这个公司就视为被美国纳税人控制的外国公司，即外国基地公司。在上述条件下，凡按股息比例应归到各美国股东名下的所得，即使当年外国基地公司未分配，也应计入各美国股东本人当年所得额中合并计税，这部分所得称为外国基地公司所得，应缴外国税款可以获得抵免，以后这部分所得实际作为股息分配给美国股东时，则不再征税。这样规定的目的就是为了避免美国公司向国际避税地转移利润，长期积累所得进行避税。

（三）防止国际逃避税的国际法措施

目前，各国之间通过有关条约或协定达成的防止国际逃税与避税的措施，主要有以下两方面内容。

1. 情报交换

关于情报交换的范围，由各国在谈判中具体确定。关于情报交换的方法，由各国在税收协定中确定，一般有例行交换，经特别请求的交换，一方主动提供等三种方法。

2. 征税方面的相互协助

征税方面的相互协助是指缔约国一方代表另一方税务当局执行某种征税行为，如代为送达纳税通知单，代为实施某种管理保全措施，甚至代为征收税款。与情报交换相比，这种相互协助的广度和深度都很有限，其主要原因：一是在消除国际逃税与避税问题上，有关国家的利益常常是对立的；二是基于主权观念，因为税收与一国的主权紧密相联。

第五节　国际税收协定

一、国际税收协定的概念、类型及沿革

（一）国际税收协定的概念

国际税收协定是指两个或两个以上主权国家为协调相互之间的税收分配关系和处理税务方面的问题而签订的双边或多边书面文件。国际税收协定是在第二次世界大战之后，基于经济发展的客观需要而广泛发展起来的。

（二）国际税收协定的分类

国际税收协定按照参加国家的多少，分为双边和多边两类；按照涉及内容和范围的大小，分为综合与单项两种形式。凡由两个国家参加签订的协定，称为双边税收协定。凡由两个以上国家参加签订的协定，称为多边税收协定。综合性税收协定以协调国家间税收分配关系为调整对象，通常是指国家间签订的关于对所得和财产避免重复征税和防止偷漏税的协定。综合税收协定在适用的税种上仅限于直接税性质的税种，包括所得税和财产税，它在承认所得来源国与纳税人居住国双方均享有征税权的基础上全面协调国家间的税收分配关系。单项税收协定是对国际经济交往中涉及的税收问题，仅就其中的某个方面，以特定的目的所达成的税收协议，如为发展国际运输，在互利互惠的基础上所签订的空运企业税收协定和海运企业税收协定。单项税收协定在适用税种上没有特别限定，可以适用于一种税，也可以是多种税的相互免除或削减，所谋求的是由纳税人居住国独占征税。

（三）国际税收协定的产生和发展

世界上最早的双边税收协定是1843年比利时与法国签订的，主要是为了解决两国在税务问题上的相互合作和情报交换。奥匈帝国和普鲁士王国于1899年缔结了世界上第一个防止重复征税的协定，提出不动产所得、抵押贷款利息所得、常驻代表机构所得以及个人劳务所得，可以由收入来源国征税，其他类型所得由居住国征税。

第二次世界大战以后，由欧洲经济合作组织草拟了国际税收协定范本。此后包括有澳大利亚、奥地利、比利时、英国、美国等24个成员国的OECD财政事务委员会继续进行了研究工作。1963年提出了税收协定草稿，随后发表了《关于避免对所得和财产重复征税的协定范本》。在实践基础上，1977年OECD修改并正式通过了上述的税收协定范本。联合国于1979年制定了具有相当影响的联合国税收协定范本。发展中国家之间及发展中国家与发达国家之间签订的税收协定主要依照联合国税收协定范本。

自从世界上出现地区性经济集团和大国政治集团后，又产生了多边税收协定。它是在双边税收协定的基础上发展起来的。由于涉及的国家较多、范围较广，协调起来比较困难，因而目前缔结的多边协定还不多。主要有1971年签订的《印第安集团内避免重复征税的协定》，1975年及以后欧共体与非洲、加勒比和太平洋地区发展中国家签订的《洛美协定》等。

综上所述，国际税收协定自 1843 年出现以来，经历了一个从单项到综合、从双边到多边、从随机到模式化的发展过程。

二、国际税收协定范本及其内容

（一）国际税收协定范本

国际税收协定产生初期，签订税收协定的国家比较少。进入 20 世纪以后，世界经济一体化的进程不断加快，越来越多的国家加入签订国际税收协定的行列。因此，迫切需要制定出国与国之间签订税收协定时可供参照和遵循的国际标准。国际税收协定范本就是在这种环境下产生的，其主要作用在于为各国签订税收协定提供一个规范性样本，为解决协定谈判过程中遇到的技术性难题提供有效的帮助。税收协定范本具有两个特征：一是规范化，可供签订国际税收协定时参照；二是内容弹性化，能适应各国的实际情况，可由谈判国家协商调整。

如前所述，1977 年 OECD 正式通过了《关于避免对所得和财产重复征税的协定范本》。① 联合国范本的产生背景是因为 20 世纪 60 年代以后，有大量的发展中国家加入联合国。它们认为《OECD 范本》倾向于反映发达国家利益，没有全面反映发展中国家的要求。为此，联合国经济及社会理事会通过了一项决议，成立一个由发达国家与发展中国家代表组成的专家小组，研究制定能够广泛代表不同区域和不同税收制度的国际税收协定范本。这个税收专家小组于 1979 年通过了《关于发达国家与发展中国家间重复征税的协定范本》。② 联合国范本的主要意义在于探索一条发达国家与发展中国家缔结税收协定的便利途径，并且制定适用于这些协定的指导原则。这些指导原则既符合发达国家，也符合不发达国家的利益。《联合国范本》与《OECD 范本》的基本不同点在于，《联合国范本》强调收入来源地税收管辖权原则；《OECD 范本》虽然在某些特殊例子中承认收入来源地税收管辖权原则，但强调的是居民税收管辖权原则，比较符合发达国家利益。

经合组织和联合国这两个国际税收协定范本是世界各国处理相互税收关系的实践总结，它们的产生标志着国际税收关系的调整进入了成熟的阶段。这两个范本主要包括以下六方面的基本内容。

1. 征税权的划分与协定的适用范围

两个范本在指导思想上都优先考虑收入来源地管辖权原则，即从源课税原则，由纳税人的居住国采取免税或抵免的方法避免国际重复征税。两个范本对协定的适用范围基本一致，主要包括纳税人的适用范围和税种的适用范围。

2. 常设机构的确定

两个范本都对常设机构的含义作了规定。常设机构是指企业进行全部或部分营业活动的固定场所，包括三个要点：第一，有一个营业场所，即企业设施，如房屋、场地或机器设备等。第二，这个场所必须是固定的，即建立了一个确定的地点，并有一定的永久性。第

---

① 经合组织范本颁布后进行过十次修订，目前最新的是 2017 年修订的范本。

② 联合国范本颁布后进行过两次修订，目前最新的是 2011 年修订的范本。

三，企业通过该场所进行营业活动。常设机构范围确定的宽窄，直接关系居住国与收入来源国之间税收分配的多寡。《OECD范本》倾向于把常设机构的范围划得窄些，以利于发达国家征税；《联合国范本》倾向于把常设机构的范围划得宽些，以利于发展中国家。

3. 预提税的税率限定

对股息、利息、特许权使用费等投资所得征收预提税的通常做法，是限定收入来源国的税率，使缔约国双方都能征到税，排除任何一方的税收独占权。税率的限定幅度，两个范本有明显的区别。《OECD范本》要求税率限定很低，这样收入来源国征收的预提税就较少，居住国给予抵免后，还可以征收到较多的税。《联合国范本》没有沿用这一规定，预提税限定税率要由缔约国双方谈判确定。

4. 税收无差别待遇

《OECD范本》和《联合国范本》都主张平等互利的原则。缔约国一方应保障另一方国民享受到与本国国民相同的税收待遇。

5. 避免国际逃避税

两个范本在这方面所采取的措施主要有以下两个方面。

(1) 情报交换。分为日常交换和专门交换。日常的情报交换，是指缔约国定期交换有关跨国纳税人的收入和经济往来资料。通过这种情报交换，缔约国各方可以了解跨国纳税人在收入和经济往来方面的变化，以正确地核定应税所得；专门的情报交换，是指由缔约一方提出需要调查核实的内容，由另一方帮助核实。

(2) 转让定价。为了防止和限制国际避税，缔约国各方必须密切配合，并在协定中确定各方都同意的转让定价方法，以避免纳税人以转让价格的方式转移利润，逃避纳税。

6. 税收饶让规定

税收饶让是指居住国对本国居民纳税人已向来源国实际缴纳的税额以及对来源国为鼓励外国投资者而减免的那部分税额予以抵免。大多数发展中国家在与发达国家签订税收协定时，都要求发达国家实行税收饶让。

（二）国际税收协定的适用范围

国际税收协定适用的范围主要包括两方面：一是协定适用于哪些纳税人；二是协定适用于哪些税种。

1. 适用的纳税人

早期的国际税收协定，一般适用于缔约国双方的居民，以国籍原则来确定协定的适用范围。随着经济生活的日益国际化，特别是第二次世界大战以后，跨国投资和国际间人员流动的急速增加，完全按国籍原则来行使税收管辖权越来越脱离现实，于是逐渐放弃了国籍原则，而以住所或居所为原则来行使税收管辖权。近期签订的避免重复征税协定，一般都在第一条开宗明义规定："本协定适用于缔约国一方或者同时为双方居民的人"。

2. 适用的税种

国际税收协定适用于哪些税种，需要由缔约国双方结合各自的税制情况加以商定。总的原则是把那些基于同一征税客体，由于国家间税收管辖权重叠，而存在重复征税的税种列入协定的适用范围。国际上的通常做法是限于所得税等直接税。中国在对外已签订的避免重复征税协定中,列入协定的税种主要是所得税。

(三)中国的税收协定政策

中国同外国缔结税收协定的工作,是自 1978 年实行对外开放政策以后才开始的。最早签订的单项税收协定是 1979 年 1 月 23 日在巴黎签订的《中华人民共和国政府和法兰西共和国政府关于互免航空运输企业税捐的协定》。为了适应对外开放,引进外资和技术及对外发展经济合作的需要,从 1981 年起,中国对外开始进行缔结综合税收协定的谈判工作。最早签订的综合税收协定是 1983 年 9 月 6 日签订的《中华人民共和国政府和日本国政府关于对所得避免重复征税和防止偷漏税的协定》。截至 2020 年 4 月底,我国已对外正式签署 107 个避免双重征税协定。① 中国早期的税收协定,多是与 OECD 成员国或其他发达国家签订的,一般站在发展中国家的立场,倾向于对所得实行收入来源地税收管辖权,更多地采用联合国税收协定范本,以维护本国的经济利益。如对常设机构的界定范围较广,对股息、利息和特许权使用费预提税税率定得较高,而且许多协定有税收饶让条款。而近年来,随着国际经济形势的变化和中国对外经济交往的扩大,中国对外签署税收协定时,往往根据缔约另一方的具体情况,灵活采用《联合国范本》和《OECD 范本》的相关条款,并逐步更多地采用《OECD 范本》,对来源国征税所要求的条件更为严格了。这可能是缔约另一方政策影响的结果,也可能是中国对其他发展中国家而言,处于资本输出国地位所致的政策变化。

思考题

1. 什么是国际税法?其渊源和原则有哪些?
2. 自然人和法人居民身份的确认标准有哪些?
3. 何谓国际重复征税?解决国际重复征税的方法有哪些?
4. 简述国际逃税与国际避税的概念及其区别。
5. 国内法防止国际逃避税的主要方式有哪些?
6. 简述国际税收协定范本的主要内容。

---

① 数据来源于中国国家税务总局官网,http://www.chinatax.gov.cn/n810341/n810770/index.html,2021 年 8 月 16 日访问。

第十一章

国际商事仲裁

本章主要内容及重点

本章主要内容分为四个部分。第一部分概述性分析国际商事仲裁的含义、特征、种类；第二部分全面介绍仲裁协议的概念、特征、类型、内容以及效力；第三部分论述国际商事仲裁中适用的法律，分别是仲裁协议适用的法律、仲裁适用的程序法和实体法；第四部分介绍国际商事仲裁裁决的承认和执行制度，明确承认和执行仲裁裁决的概念，说明拒绝承认和执行仲裁裁决的理由，并对我国承认和执行外国仲裁裁决进行介绍和分析。

本章的重点是国际商事仲裁协议，国际商事仲裁中的法律适用，国际商事仲裁裁决的承认和执行。

第一节　国际商事仲裁概述

一、国际商事仲裁的含义

（一）仲裁的含义

仲裁又称“公断”，是指争议双方当事人根据自愿达成的协议，将有关争议事项提交独立的第三方依一定程序审理并作出对双方有拘束力的裁决的争端解决方式，属于非诉讼程序。

据说公元前在希腊和古罗马城邦就有了通过仲裁方式解决贸易纠纷的先例，而且在有关的罗马法中有相关记载。[①] 中世纪后期，随着商品交换的发展、商事往来增多，仲裁作为解决商事争议的手段逐渐得到重视，从 17 世纪末开始一些国家相继颁布仲裁法（或在民事诉讼法中）对仲裁解决商事纠纷的地位予以确认和规范。20 世纪之后尤其是第二次世界大战之后，随着经济和技术的发展，商事交易不断扩大，仲裁以其独有的优势逐渐发展成为解决国际商事争议的重要方式。先后有一些世界性和区域性国际公约诞生，也有联合国通过的示范法，表明以仲裁方式解决商事争议的广泛性和重要性并且国际商事仲裁制度在趋同化的过程中日臻完善。

仲裁起源于跨国的商事交往，但并不局限于商事仲裁，根据争议主体和争议性质不同，

① 陈治东著，《国际商事仲裁法》，法律出版社，1998 年，第 1 页。

可将仲裁分为国际仲裁、国内仲裁和国际商事仲裁。国际仲裁是指作为国际公法主体的国家之间将某一属于国际公法的争端提交第三方仲裁，是解决国际争端的方式之一。国内仲裁是指同一国家的争议当事人将其在国内履行的商事交易引起的纠纷交国内第三方仲裁的制度，包括经贸、劳动等方面的争议。国际商事仲裁包括国际或涉外经济贸易仲裁以及国际海事仲裁，主要强调其私法上的涉外性和国际性。

（二）国际商事仲裁的含义

尽管国际商事仲裁在国际范围内早已得到普遍认可并有相关条约对其加以调整，但对国际商事仲裁的内涵和外延还没有达成一致的理解。

1. 关于“国际”

认定商事仲裁的“国际”性有以下三种判断标准。

（1）以实质性连结因素为判断依据。这些因素包括仲裁地点，当事人国籍，住所或居所，法人注册地，公司管理中心所在地等，如果这些因素中有一个具有国际性即认定为该仲裁是国际商事仲裁。英国等欧洲国家和中东国家的立法中即采用这种标准作为认定国际商事仲裁的依据。《欧洲国际商事仲裁公约》也采用此标准，其第 1 条第 1 款规定：“本公约适用于自然人或法人为解决其相互间在国际贸易中发生的争议而缔结的仲裁协议，但以签订协议时该自然人或法人的惯常居住地或所在地在各缔约国中为限。”

（2）争议性质作为判断依据。这是通过对争议的性质加以分析，争议涉及国际商业利益，解决该争议的商事仲裁即为国际商事仲裁，法国、美国和加拿大等国以及国际商会采用此标准来认定商事仲裁是否有“国际”性。尽管以争议性质判断仲裁的性质仍然要考虑上述实质性连结因素，如当事人国籍、法人注册地或营业中心地，但因只要牵涉“国际商事利益”就被认定为国际商事仲裁，实际范围较上述标准扩大了。在这种情况下，相同国籍的当事人之间争议具有涉外因素则认定为该仲裁具有“国际”性，如合同的签订地或履行地或财产所在地在外国。

（3）混合前两种标准作为判断依据。联合国国际贸易法委员会的《国际商事仲裁示范法》采用这种混合标准，兼采两种标准的优点，对国际商事仲裁作最广义的解释，如将仅仅是仲裁地位于国外的情况也包括在内。

2. 关于“商事”

大多数国家都将非商业性的争议排除在仲裁管辖之外，因此，为确定争议可否以仲裁方式解决以及仲裁裁决能否得到本国或外国法院的执行，对“商事”含义的确定就显得尤为重要。但是各国对何为“商事”，也没有一致的理解。1958 年联合国《承认与执行外国仲裁裁决公约》没有解释“商事”的含义，但允许各国提出“商事保留”，即声明保留的国家仅承认和执行在其他缔约国境内做出的具有商事性质的仲裁裁决。根据联合国国际贸易法委员会 1985 年公布（2006 年修订）的《国际商事仲裁示范法》第 1 条第 1 款的注释，①“商事”一词应作广义解释，使其包括不论是契约性或非契约性的一切商事性质的关系所引起的事项。

---

① 如无特别说明，本章引用的是 2006 年修订后的《国际商事仲裁示范》条文。

商事性质的关系包括但不限于下列交易：供应或交换货物或服务的任何贸易交易，销售协议，商事代表或代理，保理，租赁、建造工厂，咨询，工程，使用许可，投资，筹资，银行，保险，开发协议或特许，合营和其他形式的工业或商业合作，空中、海上、铁路或公路的客货载运。无论是公约还是国内法都倾向于对“商事”作广义的理解，以使更多的起因于契约和非契约商事法律关系的争议能够通过仲裁方式解决。

二、国际商事仲裁的特点和种类

（一）国际商事仲裁的特点

1. 仲裁的特点

与其他争端解决方式如斡旋、调解和司法诉讼相比，仲裁有其显著不同之处。

（1）当事人间的仲裁协议具有法律效力。当事人在争议发生前或发生后就争议解决达成的协议，在符合法律规定的情况下，不能单方反悔，除非有法律规定，如一方提起诉讼另一方应诉或仲裁协议无效，否则只能通过仲裁解决。斡旋和调解也是根据当事人自愿的意思表示才能启动，但更随意，可随时因一方反悔而终止。司法诉讼则是法院依司法管辖权因一方申请受理并解决当事人之间争议的程序，并不要求双方当事人达成一致的协议即可启动程序。

（2）仲裁人由当事人指定并在整个解决争议的过程中担当裁判的角色。仲裁庭所作裁决不需征得当事人的同意，可以比诉讼更多考虑商业惯例，有的国家允许进行友好仲裁。斡旋中的斡旋人只起到沟通、劝解和协商的作用，不参加当事人间的讨论和谈判，更不必提出解决方案，和解协议完全自愿达成。调解人有与斡旋人相似的作用，但可以参加讨论和谈判并在双方自愿的基础上提出认为公正合理的解决方案。司法诉讼中的法官由国家任命，只能在法律规定的范围内受理、审判案件，解决争议。

（3）仲裁事项和范围由当事人约定。仲裁人不能就该事项和范围以外的问题作出裁决，否则裁决得不到法院的承认和执行。斡旋和调解则不存在这样严格的要求，法院的受理范围由法律规定。

（4）仲裁裁决具有法律拘束力。在当事人不自动履行仲裁裁决的情况下，由法院强制执行。斡旋和调解的结果不具有强制执行力，法院判决和裁决当然具有拘束力和强制执行力。

2. 国际商事仲裁的特点

国际商事仲裁具有一般内国仲裁的特点的同时，又有不同于国内仲裁的特点，概括地表现在其国际性上，具体有以下五个部分。

（1）仲裁机构都是聘请不同国家的法律和业务专家任仲裁员，而且同一案件中通常是由不同国籍的仲裁员组成仲裁庭。

（2）当事人可以在众多仲裁机构中选择一个组成仲裁庭，如选择比较著名的常设国际商事仲裁机构，也可以选择仲裁庭的组织形式即组成临时仲裁庭审理案件。

（3）当事人可以根据仲裁规则选择仲裁地点，即可以选择一个非仲裁机构所在地作为仲裁地。

（4）当事人可以在仲裁协议中规定选择适用的仲裁程序，即选择该仲裁机构之外常设仲裁机构的仲裁规则。

（5）仲裁裁决可以根据国际公约在国外得到承认和执行，1958年的《承认与执行外国仲裁裁决公约》（以下简称《纽约公约》）现已有160多个成员国，使仲裁裁决不致因相关国家拒绝执行变成一纸空文。

（二）国际商事仲裁的种类

国际商事仲裁按照组织形式划分，可以分为临时仲裁和机构仲裁。

1. 临时仲裁

临时仲裁是与机构仲裁相对的称谓，实际上是指较灵活的仲裁组织形式。采用这种仲裁形式，不通过常设仲裁机构的组织而由当事人直接指定仲裁员组成仲裁庭，仲裁地点和仲裁程序由当事人自行选择，在选择某一仲裁机构的仲裁规则时可以对某些条款作必要的改动。

临时仲裁需要双方当事人的密切合作。任何一方的故意拖延都可能使仲裁陷入僵局，在这种情况下除非有仲裁地法律救济，否则很难达到解决争议的目的。

2. 机构仲裁

机构仲裁是指由常设仲裁机构进行的仲裁，也是国际上较常采用的仲裁形式。常设仲裁机构是为通过仲裁方式解决争议专门设立的组织形式，有固定的机构所在地，有组织章程和仲裁规则，一般有仲裁员名单。常设仲裁机构在仲裁过程中本身不担当仲裁人的角色，只起到行政管理和组织的作用，如按规定代当事人指定仲裁员、递送文件和证据等，为开庭中的记录和翻译等安排工作人员、收取仲裁费用等。

常设仲裁机构按照性质和影响的范围可以大致分为国际性常设仲裁机构，国家性常设仲裁机构和专业性常设仲裁机构。① 国际性常设仲裁机构是根据某一国际组织的决议或某一公约设立的附设机构，有世界性和区域性之分。前者如巴黎国际商会下设的国际商会仲裁院，世界银行下设的解决投资争端国际中心；后者如美洲国家间商业仲裁委员会。国家性常设仲裁机构是某一国家决定设立的附属于国内商会或行业协会的民间组织，其中有些在国际上享有广泛的声誉，如瑞士斯德哥尔摩仲裁院，英国伦敦商会仲裁院，美国仲裁协会，日本仲裁中心。近年来，中国国际经济贸易仲裁委员会受理的案件日趋增多，在国际上有广泛影响。专业性的常设仲裁机构是由某一行业协会在组织内设立的专门解决本行业纠纷的机构，如伦敦黄麻协会，伦敦油籽商业协会，荷兰鹿特丹皮毛交易所等，都设有仅对会员开放的常设仲裁机构。有的专业性常设仲裁机构不附属于行业协会，具有开放性，如英国海事仲裁协会和中国海事仲裁委员会。

---

① 韩德培主编，《国际私法新论》，武汉大学出版社，1997年，第707-708页。

第二节　国际商事仲裁协议

一、国际商事仲裁协议的概念和类型

（一）国际商事仲裁协议的概念

国际商事仲裁以仲裁协议为基础，所以在国际商事仲裁制度中仲裁协议有至关重要的意义。仲裁协议就是双方当事人在争议发生前在合同中载明或在争议发生后以任何书面形式达成的同意将该争议交付仲裁的一种协议。

没有仲裁协议就没有仲裁，仲裁协议是仲裁高度自治性的集中反映，因为仲裁协议中清楚地表明当事人自愿将争议交付仲裁的意图，仲裁裁决具有拘束力的理论根据正在于此。

（二）国际商事仲裁协议的类型

仲裁协议的类型有仲裁条款，仲裁协议书以及其他形式的协议。

1. 仲裁条款

仲裁条款是双方当事人在订立国际商事合同时，包括在合同中的表示愿意将履行该合同过程中发生的争议交付仲裁的专门条款，该仲裁协议是针对将来发生的争议订立的。仲裁条款详略皆可，大型项目合同中一般较详细载明仲裁机构名称，仲裁地点，仲裁庭的组成方式，适用的程序法和实体法，使用的语言等。一般国际货物买卖可能只规定仲裁的形式，如临时仲裁或机构仲裁，机构仲裁需指明机构名称。

2. 仲裁协议书

仲裁条款是当事人在签订交易合同时包含在交易合同中的条款，具有事前性，而仲裁协议书则是在双方争议发生后就争议解决方式达成的仲裁协议，是独立于交易合同的一项专门协议，为现存争议或者说已经发生的争议而订立，显然具有事后性。这种形式订立仲裁协议的情况不是很多，它的效力和作用与仲裁条款完全相同。

3. 其他形式的协议

能证明双方愿意将争议交付仲裁的共同意思表示，如信函、备忘录、电子邮件和传真，以及接受仲裁管辖的书面表示等形式，也被认为构成仲裁协议。1958 年《纽约公约》第 2 条第 2 款规定："书面协议指当事人所签订或在互换函电中所载明的契约仲裁条款或仲裁协定。"联合国《国际商事仲裁示范法》第 7 条规定，仲裁协议的内容以任何形式记录下来的，即为书面形式，无论该仲裁协议或合同是以口头方式、行为方式还是其他方式订立的。电子通信所含信息可以调取以备日后查用的，即满足了仲裁协议的书面形式要求；电子通信是指当事人以数据电文方式发出的任何通信；数据电文是指经由电子手段、磁化手段、光学手段或类似手段生成、发送、接收或储存的信息，这些手段包括但不限于电子数据交换、电子邮件、电报、电传或传真。因此，满足仲裁协议书面形式要求的方式是多样的。

二、国际商事仲裁协议的效力和独立性

（一）仲裁协议的效力

仲裁协议之所以重要是因为其一经订立即具有法律效力，各国国内法和国际公约无不通过赋予仲裁协议以法律效力来保障仲裁制度的独立性和权威性。当然仲裁协议与其他合同一样是在法律许可范围内的意思自治，不符合法律规定的仲裁协议无效。

仲裁协议的法律效力主要体现在对当事人的效力，对仲裁机构和仲裁庭的效力，对法院的效力和仲裁裁决执行的效力。

1. 对当事人的效力

当事人之间一旦达成针对某一争议的仲裁协议，就意味着该争议只能通过仲裁解决，不能再求助于司法途径，除非仲裁协议无效或双方一致同意。当事人在达成仲裁协议的同时丧失了就该争议提起诉讼的权利，反而承担了不得起诉的义务。仲裁协议对当事人的另一个效力是双方必须自动执行基于仲裁协议作出的裁决，否则法院就会介入强制执行。

2. 对仲裁机构和仲裁庭的效力

仲裁协议是仲裁机构取得仲裁管辖权的依据，其中被选择的仲裁机构根据仲裁协议约定的仲裁地点、仲裁程序规则、仲裁范围以及仲裁庭的组成方式等进行组庭和审理。任何一方当事人都可以不存在有效的仲裁协议为由提出仲裁管辖抗辩，如我国《仲裁法》第 4 条规定：当事人采用仲裁方式解决纠纷，应当双方自愿，达成仲裁协议，没有仲裁协议，一方申请仲裁的，仲裁委员会不予受理。仲裁机构的受案范围、仲裁庭对争议的审理范围都严格受到仲裁协议约定事项的制约，超出仲裁协议约定的争议范围作出的裁决当事人可以拒绝执行，法院也可依据法律和职权撤销。

3. 对法院的效力

一项有效的仲裁协议排除了法院就该争议事项的管辖权，法院在一方提起诉讼、另一方作实体答辩之前依据有效仲裁协议提出的管辖抗辩的情况下，要拒绝受理该案件，除非被诉方没有就司法管辖提出异议而进行了实体答辩。另外，有效的仲裁协议也是法院据以执行仲裁裁决的根据。

4. 对仲裁裁决执行的效力

当事人就争议解决达成仲裁协议，仲裁庭根据仲裁协议作出的仲裁裁决对当事人有法律拘束力，必须遵照履行，若一方不承认裁决的效力，另一方可申请法院强制执行。

（二）国际商事仲裁协议的独立性

仲裁协议的独立性是指无论仲裁条款形式还是仲裁协议书形式的仲裁协议独立于商事合同，合同中的仲裁条款与其他条款是可分离和可独立的，作为主合同的商事交易合同无效，不影响仲裁协议的效力。仲裁协议作为当事人商事利益得以实现的保障，即使商事交易合同无效，仲裁协议仍为有效，由此，对仲裁协议效力的异议应由仲裁庭作出裁定。英国法院最早在海曼诉达文斯一案中确立了仲裁条款可独立于它所由成立的依

据而存在。① 德、意、比、法、日、荷以及瑞士等国都承认仲裁协议的独立性，我国亦然。

三、国际商事仲裁协议的内容

仲裁协议是仲裁机构取得仲裁管辖的依据，其内容是否明确直接关系到解决争议的效率。仲裁协议的内容一般包括仲裁机构，仲裁地点，提交仲裁的事项，仲裁的程序规则等，适用的实体法和仲裁裁决的终局效力是否作为仲裁协议的内容视情况而定。

（一）将争议提交仲裁的意思表示

当事人通过一定的表述表明愿意将双方之间的争议事项提交仲裁解决，这是仲裁协议中最重要的内容。

（二）仲裁机构

机构仲裁中，仲裁协议中明确约定仲裁机构有重要意义。除英美国家允许在仲裁协议表明仲裁的意思就尽量赋予仲裁协议效力外，一般都将约定机构仲裁作为仲裁协议的实质性要件，如我国《仲裁法》第 18 条规定：仲裁协议对仲裁事项或者仲裁委员会没有约定或者约定不明确的，当事人可以补充协议；达不成补充协议的，仲裁协议无效。仲裁协议效力要依赖各国立法和法院承认，不在仲裁协议中明确仲裁机构，使仲裁协议的效力处在不确定状态之中，当事人间约定的仲裁方式解决争议就不一定能实现。此外，明确约定仲裁机构也是某仲裁机构取得管辖权的依据，几乎所有常设仲裁机构的仲裁规则都规定，没有在仲裁协议中明确约定由该仲裁机构仲裁即不予受理，即使有交付仲裁的意思表示和仲裁地点。对于在仲裁协议中约定几个仲裁机构是否影响仲裁协议的效力还存在争议，但为便于争议解决，应赋予首先提起仲裁的一方以选择权，实行首选原则如果也不违背另一方的本意因而也是公平的。

临时仲裁的情况下，不必在仲裁协议中约定仲裁机构，但必须约定仲裁庭的组成方式。因为在临时仲裁中没有常设仲裁机构提供行政和后勤方面的工作，不约定仲裁庭的组成方式和仲裁程序就不能顺利仲裁，造成仲裁延误或陷入僵局的境地。

（三）仲裁地点

机构仲裁中常设仲裁机构必然与特定地点相联系，所以选择机构仲裁时，仲裁地点一般不难确定。但有些常设仲裁机构的仲裁规则允许当事人选择并非机构所在地的地点进行仲裁。

仲裁地点的确定直接决定该仲裁受哪一国家法律的管辖，从而对认定仲裁协议的效力等事项有特别重要的意义。例如约定的仲裁地点在英美国家，即使没有明确仲裁机构仲裁协议也会得到法院的支持从而使仲裁得以顺利进行，所以在此情况下仲裁地点甚至比仲裁机构更重要。尤其在特定地点只有一个仲裁机构或某一仲裁机构与特定地区相联系，约定仲裁地点顺理成章地被认为是由该地的特定仲裁机构仲裁，如约定在斯德哥尔摩仲裁即指

---

① 余劲松、吴志攀主编，《国际经济法》，北京大学出版社、高等教育出版社，2000 年，第 483 页。

斯德哥尔摩仲裁院仲裁，惯例中被普遍接受，海事、期货等领域尤其如此。另外，仲裁地点还关系到解决争议适用的实体法。在当事人没有约定适用的实体法时，仲裁庭一般依仲裁地国际私法规则确定准据法或直接适用仲裁地实体法。

（四）提交仲裁的事项

仲裁协议中就哪些争议提交仲裁解决应有约定，约定的争议范围即仲裁庭受理的范围。在国际商事合同中当事人一般约定将由合同产生和与合同有关的争议提交仲裁，仲裁庭超越管辖范围的裁决，当事人可以拒绝执行，法院也会撤销该裁决。但是因合同产生的侵权问题如欺诈、不正当竞争或侵犯知识产权等是否在仲裁范围尚有争议，即使当事人约定可将其提交仲裁，也涉及“可仲裁性”的问题。[①] 20 世纪七八十年代以来，国际上对原本被认为不可仲裁的争议由仲裁解决有很大的缓和，如德国、美国对有关反托拉斯争议和涉及国际合同的证券交易的争议都被纳入了仲裁的范围。

（五）仲裁的程序规则

仲裁的程序规则是指当事人和仲裁庭据以进行仲裁的程序规范，包括仲裁管辖权，仲裁员的指定和仲裁庭的组成，仲裁的提起和答辩，仲裁裁决的效力等。在机构仲裁中，一般当事人约定由某一个常设仲裁机构仲裁也就选择了该仲裁机构的仲裁规则，因为各国仲裁机构和国际性仲裁机构都制定了自己的程序规则。但是，只有一些常设仲裁机构要求必须适用本机构的仲裁规则，很多都允许当事人选择自己认为合适的程序规则，如瑞典斯德哥尔摩仲裁院。《中国国际经济贸易仲裁委员会仲裁规则（2015 年版）》规定，当事人约定将争议提交仲裁委员会仲裁的，视为同意按照本规则进行仲裁；当事人约定将争议提交仲裁委员会仲裁但对本规则有关内容进行变更或约定适用其他仲裁规则的，从其约定，但其约定无法实施或与仲裁程序适用法强制性规定相抵触者除外；当事人约定适用其他仲裁规则的，由仲裁委员会履行相应的管理职责。伦敦国际仲裁院和日本商事仲裁协会规定，当事人可以选择《联合国国际贸易法委员会仲裁规则》。

上述内容并不是所有仲裁协议的实质要件，如我国《仲裁法》第 16 条规定：“有效仲裁协议应包括如下三项内容：请求仲裁的意思表示，仲裁事项，选定的仲裁委员会。”除上述内容，仲裁协议还可约定仲裁所用语言、仲裁员的人数和国籍以及适用的法律等。实体法的选择直接关系当事人之间的权利义务，因此在仲裁协议中约定很有必要，对于大宗交易合同尤其重要，在一般国际贸易关系中或因疏忽或很难达成一致，实体法就可能交给仲裁庭来决定。对于裁决的终局效力问题一般国内法和国际公约都有肯定的规定，但要注意的是，有的国家立法要求当事人在仲裁协议中规定仲裁协议是终局的，否则不视为终局，可以到法院上诉。

---

① 陈治东著，《国际商事仲裁法》，法律出版社，1998 年，第 108 页。

第三节　国际商事仲裁中的法律适用

一、国际商事仲裁协议的准据法

仲裁协议的法律效力是仲裁得以进行和裁决得以执行的依据，但仲裁协议的法律效力根据什么来确定，即仲裁协议的准据法是什么？这是相当重要又易被忽视的问题。

（一）依当事人的意思自治原则确定

仲裁协议的效力面临不同环节的多个法院的审查，在仲裁协议的执行阶段、申请撤销仲裁裁决阶段和申请承认与执行仲裁裁决阶段都可能被法院认定为无效，从而影响仲裁的顺利进行，所以确定仲裁协议的准据法是解决双方之间实体问题的先决条件。根据商事交易中的意思自治精神，作为当事人之间为解决争议而达成的仲裁协议应与主合同一样享有对当事人意思自治的尊重，即当事人在约定了仲裁协议所适用的法律时，法院应根据该法律确认仲裁协议的效力，这样就能使不同环节的多个法院在认定仲裁协议效力时适用的法律取得最大限度的一致。

实际上，仲裁协议的准据法问题与仲裁协议的独立性问题密不可分。传统的观点下，仲裁协议附属于商事合同，没有独立适用的法律；随着仲裁协议独立性原则的确立，仲裁协议的准据法也越来越得到重视，法院也承认当事人可以就仲裁协议适用的法律做出与交易合同不同的选择。对当事人就仲裁协议选择法律的意思给予足够的尊重是现代私法理念的体现，但实际上单独就仲裁协议作出法律选择的情况并不多见。

（二）当事人未明示选择时适用裁决作出地法或仲裁地法

当事人没有明示仲裁协议所适用的法律时，仲裁庭享有确定准据法的自由裁量权，国际上比较普遍的是采用裁决作出地法。瑞典、英国、美国在理论和实践上倾向于这种认识，1958 年《纽约公约》、1961 年《欧洲公约》及 1975 年《美洲公约》也持这种态度。我国法律没有就此规定，但我国是《纽约公约》缔约国，应在没有国内法规定的情况下参照国际公约的规定，我国仲裁机构在实践中也是这样做的。

在裁决作出之前或者说在强制履行仲裁协议前需要判断仲裁协议的效力，应依照裁决作出地法律，而在实践上裁决作出地往往是仲裁所在地。一方面，在裁决还未作出的情况下不能确定最终裁决作出地；另一方面，实践中，裁决作出地与仲裁协议中指定的仲裁地很少有不一致的情况。仲裁庭的仲裁员常有不同国籍，此时即使通过邮寄方式在仲裁裁决上签名，仲裁员也会注意在裁决书上统一裁决作出地，以使该地与仲裁进行地（仲裁地）一致。

依照仲裁地或裁决作出地法决定仲裁协议的效力主要是为便于仲裁的进行和裁决的执行，因为世界上大多数国家都规定仲裁协议不能与本国强行法和公共秩序相抵触。仲裁协议因违背仲裁作出地或仲裁地法而被撤销，仲裁裁决便不能在外国得到承认和执行。

（三）依一般冲突规则确定仲裁协议的准据法

当事人选择仲裁协议的适用法律是最不易发生歧义的方式，但实践中当事人往往忽视这一点。在缺乏当事人的明示选择、仲裁地又难以确定的情况下，如何确定仲裁协议的准据法，实践中做法不一。例如瑞士采用倾向于使之有效的原则，瑞士《仲裁法》规定：如果仲裁协议符合①当事人间选择的法律；②支配争议主要事项的准据法，或特别是支配主合同的准据法；③瑞士法律，仲裁协议即为有效。

依一般冲突规则确定仲裁协议的准据法在1961年《欧洲公约》中有明确规定，其第6条2(3)款："如果双方当事人对适用于仲裁协议的法律没有规定并且在将争议诉诸法院时，作出裁决地国家无法确定，则依受理争议的法院的冲突规则所规定的有效法律。"即按确定合同准据法的冲突规则确定仲裁协议的准据法。如以仲裁协议缔结地、仲裁协议当事人住所、国籍、居所、营业地、争议标的所在地等为连结因素，具体依何种连结因素确定还有赖于各法院依据有关的合同法律适用标准确定。

二、国际商事仲裁中的程序法适用

（一）国际商事仲裁程序法的范围

国际商事仲裁基于仲裁协议，所以仲裁协议的效力是个先决问题，其效力的确定又必须通过准据法的确定。仲裁协议效力的认定本身也属程序法事项，前一节已就此单独论述，本节只涉及仲裁程序的其他事项。

广义的仲裁程序事项涉及的法律不仅指仲裁程序法，也应包括仲裁规则。前者是有关国家的仲裁法律、法规和判例或司法解释，调整范围广泛，既包括仲裁庭及其内部的运作事项，也包括仲裁庭外部的运作事项如强制证人作证、财产保全、裁决的撤销、裁决的执行；后者是仲裁机构制订供当事人直接适用的程序规则，仅涉及仲裁庭内部的运作事项。仲裁程序法和仲裁规则的确定有不同的标准。

受传统理论的影响，争议解决适用的程序法和实体法必须属于同一法律体系，还有仲裁制度中当事人未选择适用的法律的情况下仲裁庭唯有适用仲裁地法，使当事人和仲裁庭没有选择适用仲裁程序法的自由。但是近年这种理论受到"非内国仲裁"理论的挑战。"非内国仲裁"理论是随着商事国际化进程加快发展起来的，实质是排除仲裁程序对仲裁地法的限制和控制，使仲裁在裁决执行前不受任何法律体系的审查和监督，双方可以约定仲裁不遵循任何国家的程序法，只依照当事人选择的仲裁规则，因而该裁决也称"浮动裁决"。这一理论和做法受到很多批评，但对于网上仲裁来说该理论应有广阔的运用空间，备受理论与实务界关注。

（二）仲裁程序法的确定

尽管"非内国仲裁"的理论受到批评，但受到该理论影响，仲裁程序法的确定标准也有所变动，不再限于仲裁地法。

1. 适用当事人合意选择的仲裁程序法

当事人就仲裁适用的程序法作出选择时，一些国家立法和国际文件完全尊重当事人的意思自治，如瑞士、法国、奥地利、比利时、日本等国都允许当事人合意选择仲裁程序法。《国际商事仲裁示范法》第19条第1款规定："在不违背本法规定的情况下，当事人可以自由约定仲裁庭进行仲裁时所应当遵循的程序。"应理解为包括仲裁程序法和仲裁规则。多数仲裁机构也允许当事人选择仲裁规则或合意改变本机构仲裁规则。

适用当事人选择的仲裁程序法可能引出的问题是所选择的仲裁规则或程序法与仲裁地法相冲突，从而面临仲裁裁决被撤销的风险。如果选择的法律或规则与仲裁地法中的强制规则或公共秩序相违背，仲裁地就会否定仲裁协议的效力或撤销仲裁裁决，从而使仲裁受阻或外国拒绝承认和执行仲裁裁决。所以当事人在选择适用的程序法和仲裁规则时应相当谨慎。

2. 当事人未选择程序法时仲裁庭可行使确定权

当事人选择仲裁程序法的自由现已被作为私法自治的一部分得到仲裁庭的承认和尊重，但现实情况是很多仲裁协议中没有约定仲裁程序法，或只就仲裁规则有约定。对此，许多国家仲裁法赋予仲裁庭确定仲裁程序法或仲裁规则的权力，如《瑞士联邦国际私法》第182条第2款，《德国民事诉讼法》第1042条第4款。《国际商事仲裁示范法》第19条第2款规定："未达成此种约定的，仲裁庭可以在不违背本法规定的情况下，按照仲裁庭认为适当的方式进行仲裁。"

仲裁庭虽有确定程序法的权力，但有关法律没有对如何确定给出指引，没有连结因素的限制。根据有关理论与实践，仲裁庭有以下两种做法。

一是推定当事人默示选择。如当事人已约定由某一仲裁机构指派首席仲裁员，则该仲裁机构所在地可能被作为重要连结因素，从而使该地程序法被作为当事人默示选择的程序法适用；如果当事人选择某个法律体系作为解决争议实质问题的法律，则推定其中的程序法为该仲裁程序中的可适用法。另外仲裁庭以某一程序法开始仲裁程序而当事人没有反对，推定当事人默示同意了程序法的适用。

二是适用仲裁地法。仲裁地当然地被作为仲裁庭确定仲裁程序法中考虑的重要连结因素，因为仲裁地与仲裁的密切联系，只有仲裁地法能够有效规范仲裁行为，任何一个仲裁地国的强行法和公共秩序都会适用于该仲裁程序，仲裁协议的效力、仲裁裁决是否撤销、能否得到外国的承认和执行都受制于此。因而仲裁庭在当事人没有选择适用的仲裁程序法时通常适用仲裁地法。1958年《纽约公约》第5条规定，"仲裁庭的组成或仲裁程序与当事人间的协议不符，或当事人间未订此种协议时，而与进行仲裁的国家的法律不符"，有关国家可以拒绝承认和执行。1961年《欧洲公约》和1975年《美洲公约》有类似规定。这些在国际商事仲裁领域颇具影响的公约作如此规定，使当事人未协议选择仲裁程序法情况下仲裁庭的自由裁量权受到极大限制。

三、国际商事仲裁中的实体法适用

合同实体法是确定合同效力、合同条款含义、当事人权利与义务、履约方式与违约后果的依据。国际商事仲裁中的实体法作为解决当事人双方之间争议、判定是非曲直的依据，对处理案件有重要意义，是否适用得当直接关系到案件处理的公正性和效率。仲裁庭在解决争议的过程中确定实体法的方法主要有如下三种。

（一）适用当事人选择的仲裁实体法

仲裁是私法自治的直接产物，当事人选择仲裁实体法的自由是自治的重要方面，尽管有的国家对当事人所选择的实体法限定了一些连结因素，但随着当今经济贸易自由化的发展，私法自治的程度和范围呈现出前所未有的状况，各国对当事人选择实体法的限制也在缩减，甚至可以选择与案件没有任何联系的国家的法律。例如英国、瑞典、荷兰、奥地利等国允许仲裁实体法与合同没有客观联系，只要其选择是善意合法的，与仲裁地或裁决执行地公共秩序、公共利益不发生冲突，都会得到相关法律和仲裁庭的认可。

至于选择实体法的时间是否影响其适用，一直存在争议。在订立合同时和在争议发生后选择仲裁实体法，虽时间有异，本质上都是当事人意思自治，正如当事人有权在订立合同后对某些合同内容进行修改一样，应该赋予当事人事后选择实体法的自由。

（二）依冲突规则确定仲裁实体法

1. 依仲裁地的冲突规则确定实体法

当事人没有选择仲裁实体法，仲裁庭应依一定的冲突规则确定仲裁实体法。一般仲裁庭依仲裁地冲突规则确定仲裁实体法，其依据是“地域理论”，即当事人选择了仲裁地也就间接地选择了可适用的冲突规则，这使实体法的适用具有可预见性和统一性的优点。但仲裁地冲突规则的适用也受到批评，反对的意见主要有两个根据：一是仲裁地可能不止一个，使仲裁适用的冲突规则难于确定；二是仲裁地的选择是当事人出于方便、中立等的考虑，可能与仲裁地冲突法根本没有关系，以此确定准据法可能不符当事人的原意。

2. 依非仲裁地的冲突规则确定实体法

在适用何种冲突规则确定实体法的争论中，除了上述采用仲裁地冲突规则的方法，有人提议依仲裁员本国的冲突规则决定适用的仲裁实体法。但此方法面临如何确定仲裁员本国法以及仲裁中可能有仲裁员变更的难题。有人主张以裁决执行地国家冲突规则确定实体法，但裁决在哪里执行、是否会被拒绝执行以及执行地的数量都使这个方法难以奏效。还有人主张采用与争议有最密切联系的冲突规则确定实体法，这时所确定的准据法即可能是与争议有最密切联系的国家的实体法也可能是与争议毫无联系的国家的实体法，所以该主张也受到质疑。

在依非仲裁地冲突规则确定实体法的实践中，有的仲裁员适用一般冲突规则确定应予适用的实体法。该方法是在分析和比较一些或所有国际私法体系的基础上，确立一种为国际上普遍接受的冲突规则，据此确定仲裁实体法。

（三）直接确定仲裁实体法

1. 直接适用国内实体法

在当事人没有选择仲裁实体法的情况下，有的仲裁员并没有根据任何国家的冲突规则而是直接适用某一实体法解决争议。在与争议有关的几个地点的实体法基本上有着同样的规定和解释，此时法律之间的冲突是“虚假冲突”，可直接适用该内容相同的实体规则解决争议。在与争议有关地点的法律有不同规定即存在“真实冲突”的情况下，仲裁员不依某个国家的冲突规则，而是综合考察与合同争议相关的因素，选择适用的实体法。实际上比较普遍的做法是仲裁员根据最密切联系原则直接确定仲裁实体法，当然，最密切联系的因素有很多，如合同缔结地、履行地，标的物所在地，当事人的国籍、住所、居所，以及法人的登记地和营业地等。具体运用何种联系因素决定适用的仲裁实体法，有赖于仲裁员在全面分析的基础上作出判断。

2. 直接适用非国内规则

在一方当事人为国家或国际组织的商事合同争议中，当事人或仲裁庭多选择国际法或一般法律原则作为可适用的准据法。此类争议多与自然资源开发和投资有关。

值得注意的是，有些学者主张以现代商人法解决国际商事争议。现代商人法是指源于国际公约、国际贸易惯例以及标准格式合同等体现公平、效率等概念的规则。私人争议解决中适用现代商人法，避免复杂的法律选择过程，也避免了当事人因不熟悉某国内法造成的困难，所以各国当事人多被允许选择商法作为准据法。另外，比较多地适用商人法的情况是将其与某一国内法体系结合起来适用，如日本和我国的法律都有将国际商人法作为补充适用规则的规定。在国际公约和一些国际文件中，也规定仲裁员可以根据国际贸易规则、实践或惯例作出裁决，如 1961 年《欧洲公约》第 7 条第 1 款规定，无论适用当事人指定的法律还是仲裁员自己确定的法律，仲裁员都应考虑到合同条款和贸易惯例。

第四节　国际商事仲裁裁决的承认和执行

一、国际商事仲裁裁决的承认和执行概述

虽然仲裁具有民间性的特点，仲裁庭根据仲裁协议作出的仲裁裁决，一般都能得到当事人的履行，因为仲裁本身就是当事人的自愿选择。但有的当事人不自动履行仲裁裁决，就需要外力强制执行，这就需要借助法院司法权对仲裁裁决予以认可并施以强制措施使其得到履行。国际商事仲裁往往涉及不同国家或地区的当事人，这就产生了对外国仲裁裁决的承认和执行问题。国际上有关承认和执行仲裁裁决的公约有 1923 年的《关于仲裁条款的日内瓦议定书》，1927 年的《关于执行外国仲裁裁决的日内瓦公约》和 1958 年《纽约公约》。《纽约公约》是最全面最重要的普遍性公约。

（一）国际商事仲裁裁决承认和执行的含义

承认是使仲裁裁决在法院地国取得认可的程序，据此仲裁裁决被赋予与司法判决一样裁决效力，从而得以执行。执行是在法院对仲裁裁决已认可的前提下，再通过强制措施使仲裁裁决确认的权利义务得以实现。承认是相对静态的司法行为，而执行是动态的采取司

法强制措施的行为。在当事人自愿履行仲裁裁决的情况下，仲裁裁决无须承认和执行。

一个仲裁裁决要得到强制执行必须首先得到法院的承认，承认是执行的基础，但并不是每一个需要承认的裁决都能导致执行程序。在有关确权的仲裁裁决中，不需要执行即可实现裁决确定的状态，也就是说只有含有给付内容的仲裁裁决才可能导致法院行使职权的执行行为。

（二）内国裁决和外国裁决

在法院受理强制执行仲裁裁决的申请时，往往首先区分仲裁裁决是内国裁决还是外国裁决，因为各国对不同性质的裁决适用不同的程序和条件，对外国裁决的承认和执行有更严格的要求。当今国际社会普遍承认仲裁裁决尽管其包含有复杂的国际因素，但它必定与某个法律体系相联系，从而具有某个国家的国籍因素。

内国裁决在不同的国家有不同的标准，根据有关法律不属于内国裁决的都是外国裁决。裁决不是由被申请承认和执行裁决地作出的，一般普遍认为是外国裁决。关键是裁决作出地与被申请承认和执行裁决地属同一国家的情况下，不同国家有不同的规定。总体来说，认定外国裁决的标准主要有两个：一是裁决作出地标准；二是非内国裁决标准。

根据裁决作出地标准，一裁决是在内国作出则是内国裁决，反之为外国裁决。如瑞典仲裁法规定："在国外作出的仲裁裁决，为外国仲裁裁决。在适用本法时，执行仲裁程序所在地的国家，即认为是作出仲裁裁决的国家。"《纽约公约》第 1 条第 1 款规定："由于自然人或法人之间的争执而引起的仲裁裁决，在一个国家的领土做成，而在另一个国家请求承认和执行时，适用本公约。"

根据非内国裁决标准，依据内国法律认为不属其内国裁决的仲裁裁决是外国裁决，由此在内国作出的仲裁裁决有可能被认定为外国裁决。至于以什么根据确定一仲裁裁决为内国裁决，依各国国内法。如法国法规定，裁决作出所适用的程序法为外国法则该裁决为外国裁决，这样，即使该裁决是在法国境内作出的，只要适用了外国的程序法即为外国裁决。

《纽约公约》对公约适用的裁决范围兼采两种认定方法，在依裁决作出地标准之后，第 1 条第 1 款又规定："本公约对于仲裁裁决经申请承认和执行所在国认为非内国裁决者，亦适用之"。这是为求得更具广泛性而采取的调和做法。

二、拒绝承认和执行外国仲裁裁决的理由

有关国家根据公约有承认和执行外国仲裁裁决的国际义务，但某些情况下可以拒绝承认和执行一仲裁裁决。据以拒绝承认和执行的理由既可能是法院依职权自行决定，也可能是由于当事人提出的抗辩事由。

（一）由被申请执行人举证的事由

1. 仲裁协议无效

仲裁协议当事人没有行为能力；根据当事人选择的法律，或没有选择法律，根据仲裁作

出地国家的法律仲裁协议无效，裁决的作出没有根据和基础，裁决就没有强制执行效力。

2. 仲裁程序不当

仲裁程序不当是指没有按照仲裁规则和有关法律的要求进行仲裁。比如作为裁决执行对象的当事人在仲裁中没有得到有关指定仲裁员或者进行仲裁的适当通知，或没有给予该当事人平等的申辩机会，但在得到适当通知而该当事人未行使申辩的权利，不构成不予执行裁决的事由。当仲裁协议规定了仲裁庭的组成方式和仲裁程序，实际仲裁中没有按照该规定，或者在仲裁协议未规定时没有按照仲裁地法的规定组成仲裁庭或进行仲裁程序，都能成为法院拒绝承认和执行该裁决的理由。当事人自行约定或选择的规则不能与仲裁地强行法发生冲突，否则，仲裁裁决将被仲裁地法院撤销。

3. 仲裁员超越权限仲裁

仲裁员对超出仲裁协议规定的事项，如仲裁协议没有提到或没有包括在仲裁协议规定范围内的争议进行仲裁，属仲裁员超越权限仲裁。仲裁协议无效的裁决虽也得不到强制执行，但不属仲裁员越权仲裁；没有就仲裁协议规定的全部事项进行仲裁（即漏裁）不会影响裁决的效力，也不是仲裁员的越权仲裁，这种情况下可以根据当事人申请或仲裁庭自行决定对漏掉的事项补充仲裁。

4. 仲裁裁决未发生拘束力或已被撤销或停止执行

根据《纽约公约》第 5 条第 5 款规定，请求承认和执行的裁决对当事人尚无拘束力，或者被裁决作出地国或裁决所依据的法律的国家主管机关撤销或停止执行，被申请承认和执行裁决的法院可以拒绝承认和执行该裁决。

（二）法院依职权自行决定的事由

依仲裁方式解决国际商事争议得到国际社会的广泛支持，仲裁庭作出的裁决一般都能得到《纽约公约》缔约国的承认和执行，但也必须以不违背该国的公共利益和公共政策为条件。法院根据本国法律和政策依职权拒绝承认和执行违反本国公共秩序和公共政策的仲裁裁决，是得到普遍认同的做法。另外，如果根据被申请承认和执行裁决地法律，争议的事项具有不可仲裁性，法院亦可拒绝承认和执行该仲裁裁决。

三、我国对外国仲裁裁决的承认和执行

（一）我国承认和执行外国仲裁裁决的法律渊源

我国对外国仲裁裁决承认和执行主要规定在《民事诉讼法》和《仲裁法》中。根据我国 2017 年修订的《民事诉讼法》第 283 条，国外仲裁机构的裁决，需要中华人民共和国人民法院承认和执行的，应当由当事人直接向被执行人住所地或者其财产所在地的中级人民法院申请，人民法院应当依照中华人民共和国缔结或者参加的国际条约，或者按照互惠原则办理。我国于 1987 年 1 月 22 日加入《纽约公约》，1987 年 4 月 22 日该公约对我国生效。1987 年 4 月 10 日我国最高人民法院向全国各高级人民法院和中级人民法院发出“关于执行我国加入《承认和执行外国仲裁裁决公约》的通知”，对执行公约作了具体规定。《仲裁法》对国内裁决和外国裁决不予执行的条件作了区分。

（二）根据《纽约公约》承认和执行外国仲裁裁决

我国在加入《纽约公约》时作了互惠保留和商事保留。互惠保留指我国仅对《纽约公约》其他缔约国领土内作出的仲裁裁决适用该公约。商事保留是指我国仅对按照我国法律属于契约性和非契约性商事法律关系所引起的争议适用该公约。所谓"契约性和非契约性商事法律关系"，具体是指由于合同、侵权或者根据有关法律规定而产生的经济上的权利义务关系，例如，货物买卖，财产租赁，工程承包，加工承揽，技术转让，合资经营，合作经营，勘探开发自然资源，保险，信贷，劳务，代理，咨询服务和海上，民用航空，铁路，公路的客货运输以及产品责任，环境污染，海上事故和所有权争议等，但不包括外国投资者与东道国政府之间的争端。

根据《纽约公约》，我国的人民法院在受理承认及执行外国仲裁裁决申请时，对被执行人举证证明属第 5 条第 1 款规定的情形和法院自行认定有第 2 款规定的情形，可拒绝承认和执行该仲裁裁决。

思考题

1. 国际商事仲裁的特点是什么？
2. 国际商事仲裁协议有哪些类型？
3. 国际商事仲裁协议的效力是怎样的？
4. 试述国际商事仲裁中的法律适用。
5. 拒绝承认和执行国际商事仲裁裁决的理由有哪些？

参考文献

[1] 陈安.国际经济法学专论[M].北京：高等教育出版社，2002.
[2] 陈安.国际经济法学[M].北京：北京大学出版社，2001.
[3] 余劲松.国际经济交往法律问题研究[M].北京：人民法院出版社，2002.
[4] 余劲松，吴志攀.国际经济法[M].北京：北京大学出版社，高等教育出版社，2000.
[5] 刘颖，邓瑞平.国际经济法[M].北京：中信出版社，2003.
[6] 陈治东，朱榄叶.国际经济法学[M].北京：法律出版社，1999.
[7] 王传丽.国际贸易法[M].5版.北京：法律出版社，2012.
[8] 曹建明.国际经济法概论[M].北京：法律出版社，1999.
[9] 曹建明.国际经济法学[M].北京：中国政法大学出版社，2000.
[10] 余劲松.国际经济法问题专论[M].武汉：武汉大学出版社，2003.
[11] 曾德明.国际经济贸易法[M].长沙：湖南大学出版社，1998.
[12] 何力.国际贸易法[M].上海：复旦大学出版社，2000.
[13] 郭学德.国际经济法教程[M].北京：中国经济出版社，2001.
[14] 曹宪志，王德素.国际技术贸易实务[M].北京：法律出版社，1989.
[15] 汤宗舜.知识产权的国际保护[M].北京：人民法院出版社，1999.
[16] 郭寿康.国际技术转让[M].北京：法律出版社，1989.
[17] 陶凯元.国际服务贸易法律的多边化与中国对外服务贸易法制[M].北京：法律出版社，2000.
[18] 曹建明，贺小勇.世界贸易组织[M].北京：法律出版社，2011.
[19] 余劲松.国际投资法[M].5版.北京：法律出版社，2017.
[20] 李仁真.国际金融法[M].武汉：武汉大学出版社，2005.
[21] 吴志攀.国际金融法[M].北京：法律出版社，1999.
[22] 李仁真.国际金融法专论[M].武汉：湖北人民出版社，1995.
[23] 李国安.国际货币金融法学[M].北京：北京大学出版社，1999.
[24] 董世忠.国际金融法[M].北京：法律出版社，1989.
[25] 刘丰名.国际金融法[M].北京：中国政法大学出版社，1996.
[26] 赵威.国际融资法理论与实务[M].北京：中国政法大学出版社，1995.
[27] 余劲松.国际经济法学[M].2版.北京：高等教育出版社，2019.
[28] 李仁真.国际金融法新视野[M].武汉：武汉大学出版社，2015.
[29] 刘剑文.国际税法[M].北京：北京大学出版社，1999.

[30] 高尔森.国际税法[M].北京：法律出版社，1993.
[31] 中国国际税收研究会.中国税收协定实务全集[M].北京：人民出版社，1999.
[32] 葛惟熹.国际税收学[M].北京：中国财政经济出版社，1994.
[33] 陈治东.国际商事仲裁法[M].北京：法律出版社，1998.
[34] 韩德培.国际私法新论[M].武汉：武汉大学出版社，1997.
[35] 单文华.国际贸易法学[M].北京：北京大学出版社，2000.
[36] 韩健.现代国际商事仲裁法的理论与实践[M].北京：法律出版社，1993.

遇见未来教育
在西港启行

西港遇见未来教育编委会 编

同济大学出版社

序 言

引入营地教育产业，是河港集团落实河北省委、省政府重要指示精神的重要举措。河港集团坚持港城融合，以推动港口转型升级与经济发展、提高人民幸福感为目标，战略性加速引入新兴产业，将培养未来人才、践行教育现代化理念作为责任和义务。

以营地教育产业为引领，集团希望通过引入优质营地资源带动创造性平台的发展，从而形成秦皇岛营地教育产业集群，用以承接京津冀地区高校功能疏解和转移，吸引教育产业链更多集聚，共同促进西港产业联动发展。河港集团的未来发展路线图已经成型：依托教育产业，继而全面推动西港区旅游、金融、大健康、会展等产业的融合发展，打造具有国际竞争力的西港区产业体系。

2019 年夏末，由河港集团投资建设的启行西港营地正式拉开帷幕。教育界的专家学者、热心教育事业的各界精英聚集到一起，畅谈未来教育。借由《遇见未来教育：在西港启行》一书的出版，我们向更多有志之士发出邀请，西港是秦皇岛港开埠之地，衷心希望这里也将成为未来教育发展的新高地。